聖嚴研究 第三輯

Studies of Master Sheng Yen **Vol.3**

二〇一二年五月

聖嚴研究

第三輯

目錄

聖嚴法師禪法中之
法華思想及法華禪觀
——靈山勝會尚未散，法華鐘鳴靈山境

王晴薇

國立臺灣師範大學國際華語與文化學系助理教授

▋摘要

　　本文擬將聖嚴法師之禪法，置於由佛教禪觀於漢代傳入中國直至近代共約兩千年的發展歷程之背景，來考察聖嚴法師禪觀思想之歷史定位。並由聖嚴法師對經典與禪觀關係的闡釋，及其融會大乘經典與禪觀之修行方式，來探索其在漢傳禪修發展歷程中之特殊歷史意義。

　　由於聖嚴法師之禪觀涵蓋範圍相當廣，其禪觀之解讀亦須以漢傳佛教禪法整體的發展為背景，方可更深入地解讀其禪法之歷史定位與歷史意義，並對於聖嚴法師所欲承襲之漢傳禪觀為何，其開展方式又為何，進行清晰的歷史溯源。由太虛大師漢傳禪法發展觀點來看，聖嚴法師之禪法承襲了漢傳禪法在禪宗成立於唐朝之前的一個重要特色，即以大乘經典為禪觀之本的修法，因此本文以聖嚴禪觀中之「法華禪觀」為考察重點，分析聖嚴法師禪觀之歷史意義。

　　此一研究觀察角度之提出，乃源於筆者對下列幾個問題點之探索與思考。首先，聖嚴法師之傳承為臨濟及曹洞二

宗，但此二宗之思想，甚至溯源至成立於唐朝之禪宗之整體
思想特質，皆非以《妙法蓮華經》為中心。如印順導師在
《中國禪宗史》分析禪宗思想而歸納出禪宗之整體走向為：
由菩提達摩初傳四卷《楞伽阿跋多羅寶經》而至六祖之後，
眾流逐漸匯歸於曹溪，轉為以《金剛般若波羅蜜多經》為主
之發展歷程。此論已為學界普遍接受，然而由聖嚴法師整體
思想及禪法來看，其禪法之一大特色乃為其對《妙法蓮華
經》之特別推崇。聖嚴法師自身不但在閉關修行時期禮拜
《妙法蓮華經》，在討論「默照禪法」及「話頭禪」時，亦
常引用《妙法蓮華經》。此外，聖嚴法師一向強調之「觀音
法門」亦出自《妙法蓮華經》。更引人深思的是聖嚴法師所
創建之「法鼓山」之「法鼓」一詞可見於《妙法蓮華經》
中，而不見於《金剛般若波羅蜜多經》或其他常被視為禪宗
思想代表之大乘經典中。聖嚴法師更鑄造「法華鐘」為法鼓
山之重要精神象徵之舉，明顯地標舉了《妙法蓮華經》在其
「建設人間淨土」活動中之核心重要性。

　　究竟聖嚴法師以禪師身分標舉《妙法蓮華經》之思想來
源為何？聖嚴法師又如何看待《妙法蓮華經》與禪觀間之關
係？聖嚴法師對於經典與禪觀間的關係之闡述及修行觀，對
於中國禪史發展歷程，有何特殊義涵？

　　本文藉由分析聖嚴法師禪法著作、《法華經》講記、傳
記及其他相關著作來釐清聖嚴法師禪法中所蘊涵之「法華
思想／禪觀」，並在追溯聖嚴法師「法華禪觀」源頭之過程
中，探討「法華禪觀」在中國不同時代之發展及實踐，及
「法華禪觀」在整體中國禪法中之重要性。

關鍵詞：聖嚴法師、鳩摩羅什、《妙法蓮華經》、法華禪　　　觀、大乘禪觀

一、前言：問題之提出

聖嚴法師之禪法思想涵蓋面極廣，不但融攝印度、中國佛教思想，且對於中國佛教由天台、華嚴、禪宗、淨土，乃至明末會通思想皆以其獨特的方式判攝抉擇，以淺近的方式擘畫出切近現代社會需求之正信佛教與禪法。❶然而正因其禪法思想之含攝範圍相當廣，其禪法之解讀亦須以漢傳佛教禪法整體的發展為背景，方可深入地解讀其禪法之歷史定位與歷史意義，並對於聖嚴法師所欲承襲之漢傳禪法為何，其開展方式又為何等問題，進行清晰的歷史溯源。本文擬將聖嚴法師之禪法思想置於一由漢代禪法初傳入中國直至近代共約兩千年的背景中，來討論聖嚴禪觀思想之歷史意義。由太虛大師漢傳禪法發展觀點來看，聖嚴法師之禪法承襲了漢傳禪法在禪宗成立於唐朝前的一個重要特色，即以大乘經典為禪觀基礎的修法，因此本文擬以聖嚴法師禪法中之「法華禪觀」為中心，來嘗試分析聖嚴禪法之歷史意義。

此一研究觀察角度之提出，乃源於筆者對下列問題之思考。首先，聖嚴法師之傳承為臨濟及曹洞二宗，但此二宗之思想，或更整體的來說，禪宗思想並不常被視為以《妙法蓮華經》為其中心。如印順導師在《中國禪宗史》分析禪宗思想之走向，一由菩提達摩初傳四卷《楞伽阿跋多羅寶經》而至六祖之後，眾流逐漸匯歸於曹溪，以《金剛般若波羅蜜多經》為主之發展歷程。此論已為學界普遍接受，然而由聖嚴法師整體思

---

❶ 見辜琮瑜《聖嚴法師的禪學思想》，臺北：法鼓文化，2002年。

想及禪法來看，聖嚴法師禪法之一大特色為其對《妙法蓮華經》之特別推重。聖嚴法師自身不但在閉關修行時期禮拜，在討論「默照禪法」亦時常引用《妙法蓮華經》。此外，聖嚴法師一向強調之「觀音法門」乃出自《妙法蓮華經》。聖嚴法師所創建之「法鼓山」之「法鼓」一詞亦較常見於《妙法蓮華經》中，而不見於《金剛般若波羅蜜多經》或其他常被視為禪宗思想代表之大乘經典中。而鑄造「法華鐘」為法鼓山之重要精神象徵之舉，更標舉了《妙法蓮華經》在其「建設人間淨土」活動中之核心重要性。

究竟聖嚴法師以禪師身分標舉《妙法蓮華經》之思想來源為何？聖嚴法師又如何看待《妙法蓮華經》與禪觀間之關係？聖嚴法師對於經典與禪觀間的關係之闡述及修行觀，對於中國禪史發展歷程，有何特殊義涵？

本文藉由分析聖嚴法師禪法著作、《法華經》講記、傳記及其他相關著作來釐清聖嚴法師禪法中所蘊涵之法華思想／禪觀，並在追溯聖嚴「法華禪觀」源頭之過程中，探討「法華禪觀」在中國不同時代之發展及實踐，及「法華禪觀」在整體中國禪法中之重要性。

二、中國早期法華禪觀之歷史溯源

《妙法蓮華經》在中國佛教史上占有相當重要之地位，然大多數的學術考察，較重視其所宣說之「唯一佛乘」、「會三歸一」、「如來壽量」等思想，而有關其禪觀面向之研究數量較少。有關法華禪觀之少數研究中，聖嚴法師於1994年出版的〈中國佛教以《法華經》為基礎的修行方法〉一文為重要之

先趨。❷

　　雖然《妙法蓮華經》在中國佛教史上占有重要之地位，然而有關漢傳禪法的研究中，鮮少將「法華禪觀」視為漢傳禪法之一環來加以考察。大多的漢傳禪法研究皆集中於天台禪觀及禪宗所傳出禪法之考察。有相當多的日本學者常將早期中國禪史劃定為禪宗之「準備期」，如忽滑谷快天的《中國禪學思想史》及其他重要禪學研究成果，大多以此論點來探討中國早期禪史。❸受日本學風影響之西方學者 Dumoulin 在其 Zen Buddhism: A History 一書中，對中國早期禪史亦持同樣態度。❹楊曾文將此一階段的研究稱為「日本禪宗研究之舊時期」，並以忽滑谷快天於1923年與1925年出版的《中國禪學思想史》上、下兩卷為此一時期結束的標記。❺

　　然而此種以禪宗立場為中心的中國早期禪史觀，隨敦煌文獻出土而興起一股向上溯源之學術風潮。此外，由敦煌文獻的發現而引起的大量中、日文研究成果也影響了英、美的禪學研究。由於這些敦煌文獻幾乎完全改寫了前代學者根據南宗史書所建立的禪宗史，西方學者一方面以新的學術典範重新形塑由鈴木禪學解脫而出的西方禪學史研究外，同時也由將「早期

---

❷ 釋聖嚴〈中國佛教以《法華經》為基礎的修行方法〉，《中華佛學學報》第七期，1994年，頁2-14。

❸ 參見朱謙之譯，忽滑谷快天《中國禪學思想史》，上海：上海古籍出版社，2002年。

❹ 參見Dumoulin, Zen Buddhism: A History — India and China, Macmillan, 1988.

❺ 同註❸，頁3。

中國禪史」劃定為禪宗「準備期」之中國禪史觀中跳脫出來，而開始注意到與禪宗同時期的其他禪修宗派。而如1983年由美國加州大學和舊金山禪學中心聯合舉辦的會議論文集結而成的 *Early Ch'an in China and Tibet* 一書，即是此種學術風潮之具體表現之一。❻ 在該次會議中，冉雲華以「僧稠之禪法」為題，揭示一個重要史實：雖然禪宗自隋唐之後支脈繁秀，貢獻巨大，然而考諸史實，七世紀時在中原不但有諸家禪修宗派並存，且其中最有影響力之禪宗系統，並非由菩提達摩所傳之禪宗，而是僧稠（480～560）一派的禪法。根據《續高僧傳・習禪論》可知，由五世紀後期至七世紀初期，僧稠及其弟子活動於高齊河北中原一帶，教導「念處」禪法；同時並有以「嘉尚頭陀」著稱之慧瓚（536～607）禪師僧團流行於晉趙一帶；菩提達摩「壁觀」一派傳於華中江洛一帶；而當時弘化一方的天台禪觀，雖因智顗（538～597）的弘傳而盛行於江南，然其源頭則始於北朝的慧文與慧思（514～577）禪師。冉雲華的研究清楚地標示出「中國早期禪史」不再僅僅是禪宗的「準備期」，而是一亟待開發的研究領域。2002年陳金華發表於 *T'uong Pao*（《通報》）之學術論文 "An Alternative View of the Meditation Tradition in China: Meditation in the Life and Works of Daoxuan (596～667)"（〈一個中國禪修傳統的不同觀點：道宣生活與作品中之禪修〉）接續了冉雲華對「中國早期禪史」之研究，並予以深化與延伸。陳金華在文中不但將道宣

---

❻ Whalen Lai and Lewis R. Lancaster edit, *Early Ch'an in China and Tibet*, Berkeley: Asian Humanities Press, 1983.

《續高僧傳・習禪論》部分譯為英文，並對道宣師承與其〈習禪論〉的撰述立場進行深入的歷史研究。❼然而這些研究，多未觸及大乘經典與禪觀之關係。

在此一學術界對禪學之研究背景下來看，太虛大師實為近代最早注意到《妙法蓮華經》禪觀特質者。在〈中國佛學特質在禪〉一文中，太虛大師將《妙法蓮華經》與《中論》、《大智度論》及《維摩詰經》同列為實相禪所本之「實相禪法」。❽且將中國由漢末至魏晉時期之禪法稱為「依教修心禪」，將大乘經典視為此一時期禪法之基礎與修法。然而由於太虛大師文中僅簡略地提出此種禪法之特質，且學術界對「法華禪觀」之討論亦相當有限，本文將對漢傳佛教大師修習「法華禪觀」之禪觀修行方式進行歷史考察。

《妙法蓮華經》之梵文為 *Saddharmapuṇḍarīka-Sūtra*，季羨林以為最初以古印度東部方言寫成，以其文字來看首先出現於印度東部古摩揭陀，之後逐漸往印度西北部流傳，並由該地區再傳入中亞、西域等地區，且在傳抄過程逐漸梵文化，其東部方言之特點也逐漸消失。❾有關《法華經》與大乘經典成立

---

❼ 參見Chen Jinhua, "An Alternative View of the Meditation Tradition in China: Meditation in the Life and Works of Daoxuan（596-667）", *T'oung Pao* LXXXVIII, 2002, pp. 332-395。

❽ 見太虛大師〈中國佛學特質在禪〉，收入張曼濤編《禪學論文集》，臺北：大乘出版社，1980年，頁9。

❾ 季羨林《中印文化關係史論》，《現代佛學大系》第十八冊，臺北：彌勒出版社，1984年，頁8。有關現代英、法、日等國考古學者在西域掘出之各種《法華經》抄本，請見坂本幸男著，陳春霞譯《法華部解說》，《文殊大藏經》第四十七冊。簡秀娥博士論文《法華經禪思想之研究》

階段史之關係，學者一般公認《法華經》之成立在《八千誦般若經》（《小品般若》）之後，如平川彰、橫超慧日、及辛嶋靜志皆持此看法。❿

中國流傳之《法華經》並非來自印度，而是來自西域。現收入《大正新脩大藏經》中的有四種譯本：

1.《薩曇分陀利經》一卷，西晉·失譯。

2.《正法華經》十卷，286年，西晉·竺法護譯。

3.《妙法蓮華經》七卷，406年，姚秦·鳩摩羅什譯。

4.《添品妙法蓮華經》七卷，601年，隋·闍那崛多與達摩笈多譯。

此外，《歷代三寶記》卷五及《開元釋教錄》記江南支謙於三國吳黃武二年至建興二年間（225～253）譯出《佛說三車喚經》，《歷代三寶記》卷五作：「《佛以三車喚經》一卷（出《法華經》）」；而《開元釋教錄》卷十四則記《佛說三車喚經》為《法華經》之一部分：「出《法華經》中異譯，應

中對於各種梵文本如何吉桑（B. H. Hodgson）等人所發現之尼泊爾本、娑夷水本、及中亞本及藏語譯本做出說明。見簡秀娥《法華經禪思想之研究》，東海大學中國文學系博士論文，2003年，頁40-50。

❿ 有關日本學者對《法華經》成立階段之各家看法，可參見望月良晃〈法華經の成立史〉，平川彰等編《法華思想》，講座·大乘佛教4，東京：春秋社，1982年，頁47-78。此外黃國清在〈從《小品般若》到《法華經》的思想轉變——以「佛命聲聞說大乘」及「佛塔與經卷供養」為中心〉（收於《世界宗教學刊》第九期，2007年，頁49-80）一文中，分析由《小品般若》中所見雖將經卷供養置於佛塔供養之上，但並未否認佛舍利價值，而至《法華經》強調經中已有如來全身之發展之歷程，與日本學者之研究成果進行對話。

是〈譬喻品〉。」⓫

　　以《法華經》之內容為依據，賴鵬舉並於〈中亞的禪法〉一文中界定出，現附於竺法護《修行道地經》末的《三品修行經》乃依《正法華經》中之「明珠喻」、「化城喻」及「火宅喻」來敍述聲聞、緣覺、菩薩三乘修行之不同。⓬如下文所示，羅什在譯出《妙法蓮華經》之後，也同時依照經文之「法華三昧觀法」，而收入《思惟略要法》中。此二位譯出《法華經》之大師在譯出《法華經》後，不約而同地皆以經文為依據，而開顯出「法華禪觀」之作法，值得研究《法華經》者特別注意。

　　有關《法華經》在中國之弘傳及中國僧人修習《法華經》之研究相當多，如坂本幸男分析《高僧傳》中鑽研《法華經》者共占入傳者二百六十七中之六十二人，若再加入附傳中提及之人數，則達八、九十人之多。⓭聖嚴法師亦曾作〈中國佛教以《法華經》為基礎的修行方法〉一文，文中標舉出《法

⓫ 見《大正藏》第四十九冊，頁58下與《大正藏》第五十五冊，頁629下。

⓬ 見賴鵬舉〈中亞的禪法〉，收入其《北傳佛教的般若學——論大乘佛教的起源》一書，頁168-182。賴鵬舉由梁僧佑《出三藏記集·新集經論錄》中之兩段記載為證，說明《三品修行經》在道安四世紀後葉之前即已存在，並由道安說明當時有人將《三品修行經》併入《修行道地經》二十七卷本中，成為其二十八品至三十品。見梁僧佑《出三藏記集·新集經論錄》：「《三品修行經》，（小字注）安公云近人合大修行經。」（《大正藏》第五十五冊，頁9上）及「《修行經》七卷二十七品。（小字注）舊云《修行道地經》，太康五年二月二十三日出。」（《大正藏》第五十五冊，頁7中。）

⓭ 參見坂本幸男《法華經の思想と文化》，東京：平樂寺書店，1965年，頁489-496。

華經》與中國大乘佛教重要人物之關聯，如天台智顗、三論宗
吉藏大師、法相宗玄奘大師、窺基、律宗道宣大師、華嚴宗
澄觀大師等人皆修習《法華經》並有相關註疏，指出了《法
華經》含攝由初機之二乘至最高空如實相之特殊重要性。⓮此
外，新田雅章以僧人註疏為其探討之主軸，以竺道生（355～
434）作《妙法蓮華經疏》⓯為起點開始探究。⓰

　　有關中國法華禪觀之研究，亦有簡秀娥及釋幸穎以統計
「三昧」或「法華三昧」一詞在《妙法蓮華經》中出現次數之
方法來加以研究。⓱然而對於法華禪觀在中國佛教發展歷程進
行全面性研究之論著，則尚未有學者進行系統性考察。由於六
世紀之前的法華禪觀特質乃為後代法華禪觀開展之基礎，筆者
在考察《高僧傳》及其他包括佛教石窟造像等史料後，擬將六
世紀前之法華禪觀細分為羅什譯《妙法蓮華經》之前、羅什僧
團與《妙法蓮華經》相關之活動等兩個時間階段來分析「法華
禪觀」在中國之發展概況。而在六世紀後法華禪觀之發展，則
分為慧思與智顗的法華禪觀，及宋元禪僧及明代諸家對《法華

⓮ 同註❷。

⓯ 見《卍續藏經》第二十七冊，第577號。

⓰ 如新田雅章〈中國的法華經研究〉即以道生與惠觀之法華思想為中國
　最早期的《法華經》解釋，見平川彰等著，林保堯譯《法華思想》，
　佛光出版社，2006年初版四刷。菅野博史 "The Reception of Lotus Sutra
　Thought in China," *Journal of Oriental Studies: The Lotus Sutra-Historical
　Development and Contemporary Issues*, Vol. 11, 2001, pp. 106-122。

⓱ 參見簡秀娥《法華經禪思想之研究》，東海大學中國文學系博士論文，
　2003年。並參見釋幸穎《天台「法華三昧」之探究──以慧思、智顗為
　中心》，圓光佛學研究所碩士論文，2009年。

經》之運用等兩小節來討論，以做為聖嚴法師法華禪觀之歷史背景。

（一）六世紀前的法華禪觀

1. 羅什來華前中國僧人對《法華經》之修持與禪定之關係

自竺法護譯《正法華經》及其他《法華經》譯本陸續譯出，至羅什譯《妙法蓮華經》間，共約有一百二十年左右的時間。其間陸續有中國僧人修持或註解《法華經》之記載。慧皎《高僧傳》所記此一時期修習《法華經》之高僧即有：〈義解篇〉中之竺潛、于法開、竺法崇、竺法義、竺法曠等；〈誦經篇〉中之釋曇邃；〈義解篇〉中之釋慧遠與釋慧靜；〈習禪篇〉中之釋法緒、釋僧遵、釋僧生等。雖然這些早期中國修習《法華經》之僧人傳記散於《高僧傳》之不同篇目中，然其共同點為這些僧人之傳記皆或多或少地提到禪、戒或懺之修持，由此可見中國早期僧人修習《法華經》多配合禪、戒或懺來修持。

由於慧皎在編纂《高僧傳》時，資料蒐集方面受限於當時之政治情勢，與《法華經》相關之記載以南方僧人之傳記為多，然亦收有少數關於《法華經》在中國北方、四川及高昌等地流傳之記載。以下則按其分布地點簡要分析這些傳記。《高僧傳》中對於僧人修習之《法華經》為何譯本並未標明，僅多以《法華》之簡稱來論述。然由於在羅什來華之前，現存於《大正藏》第九冊中標註為西晉‧失譯的一卷《薩曇分陀利經》之流傳狀況並不明，且因其經題採音譯，而不含意譯之「法華」二字，因此在本節中，筆者暫時假設《高僧傳》中早

於羅什譯經，且提及《法華》之傳記主要係指竺法護所譯《正法華經》，而《高僧傳》中有幾篇僧傳亦曾明言提及《正法華經》（如〈釋曇邃傳〉），此種說法則支持筆者這樣的假設。

（1）南方僧人修習《正法華經》之相關記載

《高僧傳》所記南方修習《正法華經》之僧人，有多位皆與皇室及士族有往來。且在其修習《正法華經》的過程中，皆有與觀音感應相關之記載。與《正法華經・光世音普門品》為中心之觀音信仰亦藉由這些僧人在士族階層中展開，因而有《光世音應驗記》等感應錄之出現。

修習《正法華經》之僧人中與高層士族關係最密切的應屬竺潛（竺法深）。竺潛為瑯琊人，俗姓王，為晉丞相王敦之弟。十八歲時出家，師中州劉元真為師。《高僧傳》卷第四〈進剡東仰山竺法潛傳〉中提到：「至年二十四講《法華》、《大品》，既蘊深解，復能善說，故觀風味道者，常數盈五百。」⓲由於《高僧傳》中記竺法深講《法華經》在其永嘉初年（307～312年間）避亂過江之前，因此其時距竺法護譯出《正法華經》時間並不遠。

《高僧傳》中另外記有受竺法深影響而出家之竺法義（西元380年寂）講說《法華經》及觀音感應之記載：

> ……棲志法門從深受學，遊刃眾典，尤善《法華》。後辭深出京，復大開講席，王導、孔敷並承風敬友。至晉興寧中，更還江左，憩于始寧之保山，受業弟子常有百餘。

⓲《大正藏》第五十冊，頁347下。

……至咸安二年，忽感心氣疾病，常存念觀音，乃夢見一
人破腹洗腸，覺便病愈。傅亮每云：「吾先君與義公遊
處，每聞說觀音神異，莫不大小肅然。」⓳

　　竺法義講說《法華經》之影響對象不但相當多，且對於當
時士族階級之影響亦相當深遠，其對象及於王導及孔敷等人。
最早的觀音感應錄《光世音應驗記》之編纂者傅亮曾於其序中
提到其所錄之七條觀世音感應乃回憶謝慶緒（謝敷）⓴贈傅亮
父親的《光世音應驗傳》一卷共十餘事而得。然由《高僧傳·
竺法義傳》之記載來看，傅亮之父亦曾與竺法義交遊，且亦受
其觀音感應影響。由此則傳記及《光世音應驗記》來看，「觀
音感應」與《法華經》中的〈光世音菩薩普門品〉密切關係，
因而「觀音感應」也可視為《法華經》的影響力在中國開展的
一個面向。「觀音感應」一向被視為一種以信仰及祈求救贖為
主的佛教感應，與經文義理之關係不深，然而由筆者於拙著
《慧思法華禪觀之研究──法華三昧與大乘四念處的互攝與開
展》第七章分析慧思《諸法無諍三昧法門》發現，慧思將以
「佛／菩薩禪觀」之法華觀行界定為如〈普門品〉中之「普現
色身三昧」。由此觀之，至少由慧思的角度來看，「觀世音菩
薩」普現色身之感應亦可被視為「法華禪觀」的一種展現。
　　《高僧傳》又記有于法開亦善《法華》之記載。于法開

⓳《大正藏》第五十冊，頁350下。
⓴有關謝敷之家世、生平、交遊、信仰特色請參見紀志昌據《晉書》及
　《續晉陽秋》所作之考察。紀志昌〈東晉居士謝敷考〉，《漢學研究》
　第二〇卷第一期，2002年，頁55-83。

善醫術，於晉升平五年（西元360年）間曾為孝宗視脈。在竺
法深及于法開的傳記中，有關《法華》僅簡單提及，而對其
《小品》相關之論述則較為詳盡，然而此二則記載亦為慧思之
前，中國僧人兼習《般若》及《法華》之早期珍貴史料：

> 于法開，不知何許人。事蘭公為弟子，深思孤發，獨見
> 言表，善《放光》及《法華》。❷

上引〈于法開傳〉中的「深思孤發」或與禪定有關，然
《高僧傳》所記載有關修持《正法華經》者之禪修狀況較為詳
細者為〈晉剡葛峴山竺法崇傳〉：

> 竺法崇，未詳何人。少入道，以戒節見稱。加又敏而好
> 學，篤志經記，而尤長《法華》一教。嘗遊湘州麓山，山
> 精化為夫人，詣崇請戒，捨所住山以為寺。崇居之少時，
> 化洽湘土。後還剡之葛峴山，茅菴澗飲，取欣禪慧，東甌
> 學者，競往湊焉。……崇後卒於山中。著《法華義疏》四
> 卷云。❷

〈竺法崇傳〉雖收入《高僧傳‧義解篇》中，然其論述
重點不但重視其禪、戒之修持，其與山精間之互動描述，亦反
映出類似《習禪篇》中高僧之禪者風範。

---

❷《大正藏》第五十冊，頁350下。
❷《大正藏》第五十冊，頁350中～下。

　　《高僧傳·義解篇》中另一位以研修《法華經》而稱名之高僧為竺法曠（326～402）。竺法曠姓羋，為下邳人❷，寓居吳興，早失二親，事後母以孝聞名，後母亡時法曠並以喪禮事之。曠卒於元興元年（西元402年），享壽七十六歲。曠師事竺曇印。其後竺法曠辭師遠遊，讀誦習學《法華經》及《無量壽經》且為眾講授《法華經》會三之旨：

> 　　後辭師遠遊，廣尋經要。還止於潛青山石室。每以《法華》為會三之旨，《無量壽》為淨土之因，常吟詠二部，有眾則講，獨處則誦。❷

　　竺法曠傳中有下列幾項記載可見法曠之交遊及其影響力：法曠於晉哀帝興寧年間（363～365）東遊禹穴，投若耶之孤潭，謝慶緒等並與其結居塵外；謝安（320～385）曾解駕步往以訪法曠；晉簡文帝（371～375年在位）遣堂邑太守曲安諁請竺法曠協助妖星之事，而法曠為與齋懺，災象即滅；晉孝武帝（376～396年在位）請曠出京，事以師禮。❷
　　竺法曠生平以拜懺、持咒而屢有感應，除上述為晉簡文帝除災之記載外，傳中並有法曠以七日七夜間祈誠禮懺為其師曇印病危祈求而得感應之記載：

---

❷ 位於今江蘇宿遷。
❷ 《大正藏》第五十冊，頁356下。
❷ 《大正藏》第五十冊，頁356下～357上。

　　至第七日，忽見五色光明，照印房戶。印如覺有人以手按之，所苦遂愈。❷⑥

　　法曠除有祈誠禮懺而使其師病得愈之感應外，並有與持咒及鬼神感通相關之記載：

　　曠既少習慈悲，兼善神咒，遂遊行村里，拯救危急。乃出邑，止昌原寺。百姓疾者，多祈之致效。有見鬼者，言曠之行住，常有鬼神數十，衛其前後。❷⑦

　　《高僧傳》中記載中國早期持誦《法華經》而有鬼神感通者，除竺法曠外，〈誦經篇〉中〈釋曇邃傳〉尚以相當詳細的文字記述其誦講《正法華經》，而有神人來請講經之事：

　　釋曇邃，未詳何許人。少出家，止河陰白馬寺，蔬食布衣。誦《正法華經》，常一日一遍。又精達經旨，亦為人解說。嘗於夜中，忽聞扣戶云：「欲請法師九旬說法。」邃不許，固請乃赴之。而猶是眠中，比覺己身在白馬塢神祠中，并一弟子，自爾日日密往，餘無知者。後寺僧經祠前過，見有兩高座，邃在北，弟子在南，如有講說聲，又聞有奇香之氣，於是道俗共傳，咸云神異。至夏竟，神施以白馬一匹、白羊五頭、絹九十匹、咒願畢，於是各絕。

---

❷⑥《大正藏》第五十冊，頁356下。
❷⑦《大正藏》第五十冊，頁356下～357上。

遷後不知所終。❷

　　《高僧傳》中所收修習《法華經》之中國僧人，除了有
上述與觀音感應（竺法義）、拜懺或持咒感應（竺法曠）、鬼
神感通（竺法崇、釋曇邃）等相關事蹟外，著墨最多之面向應
為與禪定相關之描述。在〈義解篇〉的〈慧遠傳〉及〈慧靜
傳〉中，有關此二位高僧修習《法華經》的記述，亦皆可發現
與禪定相關之描述。慧遠少時即以講說《法華》及《涅槃》
聞名，因此《高僧傳·慧遠傳》有：「少時豫章太守范寧請
講《法華》、《毘曇》，於是四方雲聚，千里遙集。」❷之記
載。《高僧傳》中有關早期中國僧人修習《法華》者與禪定相
關之論述，除慧遠及上述之于法開外，似乎多位於南方地區之
外，此點將於下一小節中綜合論述。
　　南方地區在羅什之前與《法華經》之修習或法華信仰相
關之記載尚有《弘贊法華傳》所記：

　　晉興寧二年，沙門慧力於瓦官寺造石多寶塔一所。❸

　　《法華經》中的〈見寶塔品〉中記載，久遠前已滅度之
多寶佛，因其本願以全身不散如入禪定之姿，坐於從地湧出且
住在空中之多寶佛塔中，以聽釋迦牟尼佛說《法華經》。該品
中描述多寶佛與釋迦並坐於多寶佛塔中之形象，為羅什「法

---

❷《大正藏》第五十冊，頁406中～下。
❷《大正藏》第五十冊，頁361中。
❸《大正藏》第五十一冊，頁131中。

華禪觀」修習的重點。中國南方僧人在晉興寧二年（西元363年）即已注意到多寶塔之重要性一事，也可看出羅什來華前夕，中國僧人對《法華經》內涵已有相當深刻之理解。

（2）南方地區以外中國僧人修習《正法華經》或相關經典之記載

雖然僧祐《高僧傳》中所收關於南方僧人之紀錄較多，然亦收錄數則關於北方、四川、高昌等地僧人修習《法華經》之傳記。在這些傳記中，對於這些僧人之描述皆相當重視其禪定之修行。《高僧傳・義解篇》中之〈釋慧靜傳〉紀載慧靜（？～424年）生於山東，在河南伊洛一帶之活動，晚年並遊歷於徐州與兗州。慧靜傳誦講說《法華》及《小品》等經典，反映出中國《法華經》修法隨僧人足跡在中國北方及南方流傳：

　　釋慧靜，姓王，東阿人。少遊學伊洛之間，晚歷徐兗。容貌甚黑，而識悟清遠。……靜至性虛通澄，審有思力。每法輪一轉，輒負帙千人。海內學賓，無不必集。誦《法華》、《小品》、註《維摩》、《思益》。著《涅槃略記》、《大品旨歸》及《達命論》并諸法師誄，多流傳北土，不甚過江。宋元嘉中卒。春秋六十餘矣。❸

引文中筆者加底線註記標明之文句，即為對釋慧靜兼習禪定與《法華》、《小品》之相關描述，為早於慧思一百多年即以《法華》、《般若》及禪修之方式修行之記載。可見拙著

---

❸《大正藏》第五十冊，頁369中。

《慧思法華禪觀之研究》第二章所見慧思兼誦《法華》與《般若》，並尋求甚深禪定之法之修持模式，在其之前已在中國各地流傳。另外，《高僧傳·習禪篇》中記有高昌僧人釋法緒在蜀地以禪誦方式修行《法華經》之紀錄：

> 釋法緒，姓混，高昌人。德行清謹，蔬食修禪。後入蜀，於劉師塚間，頭陀山谷，虎兕不傷。誦《法華》、《維摩》、《金光明》，常處石室中，且禪且誦。盛夏於室中捨命，七日不臭，屍左側有香，經旬乃歇。每夕放光，照徹數里，村人即於屍上為起塚塔焉。❸❷

《高僧傳·亡身篇》中記有另一位高昌僧人釋僧遵修習戒、懺及誦《法華》之記載：

> 進弟子僧遵，姓趙，高昌人，善《十誦律》，蔬食節行。誦《法華》、《勝鬘》、《金剛波若》。又篤屬門人，常懺悔為業。❸❸

最後，《高僧傳·誦經篇》中有一位四川僧人釋僧生誦《法華》習禪定，而有虎來聽經及神人護衛之感通事蹟：

> 釋僧生，姓袁，蜀郡郫人。少出家，以苦行致稱，成

---

❸❷《大正藏》第五十冊，頁369下。
❸❸《大正藏》第五十冊，頁404中。

都宋豐等請為三賢寺主。誦《法華》，習禪定，常於山中誦經。有虎來蹲其前，誦竟乃去。後每至諷詠，輒見左右四人為侍衛。年雖衰老，而翹勤彌屬。後微疾，便語侍者云：「吾將去矣，死後可為燒身。」弟子依遺命。❸

由上述《高僧傳》中所記修習《法華經》者之僧傳可見，在羅什於五世紀初葉譯出《妙法蓮華經》之前，四世紀間除南方外，在中國北部、西部地區之僧人皆有持誦《法華經》之修行方式，其中大多亦皆提到與禪定或懺悔兼行的《法華經》持誦法。

上文中提到，最早的觀音感應錄《光世音應驗記》之編纂者傅亮之父曾與竺法義交遊，且亦受其觀音感應影響。而由於傅亮為北地人，其《光世音應驗記》所載之事蹟中有數則與北地有關。如《光世音應驗記》第一則為竺長舒誦《光世音經》得免火難之事蹟，則為三世紀末或四世紀初發生於洛陽之事：

竺長舒者，其先西域人也，世有資貨，為富人。居晉元康中，內〔徒〕（從）〔洛〕（浴）陽。常舒奉佛精進，尤好誦《光世音經》。其後〔鄰〕（憐）比有火，常舒家是草屋，又正在下風。自計火已逼近，政復出物，所〔全〕（令）無幾。《光世音經》云：「若遭火，當一心誦念。」乃敕佳人不復輂物，亦無灌救者，唯至心誦經。有〔頃〕（須），火燒其鄰屋，與長舒隔籬而風忽自迴，

火亦際屋而止，于時咸以為靈應。❸

　　而《光世音應驗記》中所收之另一祈求觀音而得經聲徹里靈應之帛法橋為北方中山人（今河北省唐縣、定縣一帶）❸；鄴西寺三道人誦經祈求光世音菩薩而得免冉閔殺胡之禍一事則為道壹在鄴所聞❸；竇傳於永和年間（345～356）在高昌為呂護所執時，專心屬念光世音菩薩而桎梏自解等❸，皆可確定為發生於北地之觀音感應事蹟，反映出《正法華經‧光世音普門品第二十三》與相關經典之在中國北地早期的受容狀況。

　　目前學者探討《妙法蓮華經》在中國開展之時，多由受學於羅什的竺道生所作之《妙法蓮華經疏》為探討之起點，較少分析這些僧傳中所載與《法華》修法相關之記述。然而在筆者分析慧思傳記中所記其修習法華禪觀之歷程後，再重新檢視《高僧傳》中所記修行《正法華經》僧人之修行歷程，可看出慧思法華禪觀之一些基本要素早在四世紀時即已有許多僧人修習，而可將中國僧人運用《法華經》方式之討論向竺道生之前推進百年以上。此點為慧思傳記分析對於中國早期禪史資料所能提供之新的觀察角度。由這些傳記所見之另外一點是，雖然在中國相當早即有高僧講說《法華經》之記載，然而直至羅什譯出《妙法蓮華經》之前，《正法華經》及與《法華經》相關之觀音感應在義學方面並未如《般若經》一般，受到中國佛教

---

❸ 見傅亮、張演、陸杲撰《觀世音應驗記三種》，北京：中華書局，1994年，頁2。

❸ 同註❸，頁3。〈帛法橋傳〉並見《高僧傳》卷十三。

❸ 同註❸，頁4-5。

❸ 同註❸，頁5-6。

義學僧和世族知識份子的高度關注。因而亦未成為如道安等義
學高僧之主要研究對象。一直到要五世紀鳩摩羅什及其僧團譯
出《妙法蓮華經》後，《法華經》方開始進入中國佛教思想之
主流。

2. 羅什僧團之《法華經》傳譯活動與由石窟造像及僧傳所
見「法華三昧」在中國之發展

雖然《高僧傳》中共有十位確定於羅什來華前，即以修
習《正法華經》而聞名之高僧，然以竺法護於286年譯《正
法華經》至羅什於五世紀初期譯《妙法蓮華經》之間相距
一百二十年多左右之久，而僅有十人左右修習《正法華經》而
得成就，再加上數則觀音感應之記載來看，其時間長度與人數
之比例相當低。因而僧叡在〈妙法蓮華經後序〉中對此亦有以
下之感嘆：

> 經流茲土，雖復垂及百年，譯者昧其虛津，靈關莫之或
> 啟；談者乖其准格，幽蹤罕得而履；徒復搜研皓首，並未
> 有窺其門者。❸

僧叡在此序中並提到了在竺道生之前中國人嘗試註解
《正法華經》❹之另一案例：

---

❸ 《大正藏》第九冊，頁62中。
❹ 上文中〈竺法崇傳〉中提到竺法崇著四卷《法華義疏》一事，由於傳中
並無確定資料可訂定竺法崇之年代及其作《法華義疏》之時間，僅有其
與隱士魯國孔淳之相遇之事可提供其年代推定之參考。由孔淳之北返後
於元嘉初年（西元424年）不知之，或可推定竺法崇活動之年代應早於
此。而另外由《續高僧傳・竺法崇傳》來看，竺法崇並未北遊，且常居

秦司隸校尉左將軍安城侯姚嵩，擬韻玄門，宅心世表，
注誠斯典，信詣彌至，每思尋其文，深識譯者之失。既遇
鳩摩羅法師，為之傳寫，指其大歸真，若披重霄而高蹈，
登崑崙而俯盼矣。

　　據僧叡〈妙法蓮華經後序〉，羅什譯出《妙法蓮華經》
之時間為弘始八年（西元406年）正月十五日。在僧叡的〈妙
法蓮華經後序〉及弘始十年協助羅什譯出《小品般若經》所作
之〈小品經序〉中，我們看出羅什及其僧團如何將《般若經》
及《妙法蓮華經》二經思想深刻地結合為一體的兩面，而開
展出與印度法華思想及中觀學派皆不同之思想開展路向。周伯
勘在〈讀僧叡「小品經序」〉一文中，詳細地分析了曾從道安
學習，並旅居印度學習梵文的僧叡，在擔任羅什筆受，協助其
翻譯《妙法蓮華經》、《大品般若經》及《大智度論》後，改
由中國格義佛教之思想方式，轉而認同羅什以《法華》及《般
若》相輔運用之思維方式。因此僧叡在〈妙法蓮華經後序〉與
〈小品經序〉二文中致力發揮《妙法蓮華經》與《般若經》
之密切關係，並指出二者相輔，方為菩薩之正道。周伯戡以
為，僧叡據《大智度論》以方便與智慧為鳥之二翼，缺一不
可之喻來說明《妙法蓮華經》與《大品般若經》的關係，以
《般若》闡釋迦智慧之深，以《法華》歎佛陀方便之用。更
重要的是，若無方便之用，佛陀智慧之深無以顯發。❹周伯戡

山中，因此其《法華義疏》即使不早於竺道生所著《妙法蓮華經疏》，
也可能與羅什譯《妙法蓮華經》及羅什派法華思想無關。

提出，經由《法華》與《般若》之合流，羅什將中觀系統推
向另一個發展方向，在龍樹及其後之印度中觀學派的學者，
對《法華經》甚少研究，亦鮮少在其中觀論著中引用《法華
經》經文。❷周伯戡亦認為，羅什結合《般若經》與《法華
經》之思想，為六世紀的天台宗提供了基本的發展方向。❸筆
者以為，周伯戡此一見解對於了解慧思禪觀思想極為重要，而
且以此觀點來理解慧思之禪觀，方能不忽略其禪觀體系中以般
若禪觀為進入法華禪觀之層次性與複雜性。❹如由慧思傳記來
看，雖然慧思在青少年時期熟悉《妙法蓮華經》之後，又以
「遍歷齊國諸大禪師學摩訶衍，恆居林野，經行修禪」的方式
學習《摩訶般若波羅蜜經》，然而慧思之思想終究是以《妙法
蓮華經》為核心，以《摩訶般若波羅蜜經》禪觀為完成法華禪
觀不可或缺之階梯。❺慧思此種結合般若禪觀與法華禪觀之模
式，與僧叡在〈小品經序〉中將《法華》與《般若》之重要性
平行並列之作法雖有不同，然由慧思在誦畢千遍以上《法華
經》後，在未以般若禪觀深化其法華禪觀前，並未急於講說
《法華》之歷程來看，慧思亦認為若非經由般若禪觀之深化，

---

❹ 見周伯戡〈讀僧叡「小品經序」〉，《臺大歷史學報》第二十三期，
　1999年6月，頁157-198。

❷ 同註❹，頁194及註129。

❸ 同註❹，頁195。

❹ 參見筆者〈慧思禪觀體系中之般若觀行法門──以慧思傳記及其著作中
　對《摩訶般若波羅蜜經》之引用及詮釋為中心〉，《法鼓佛學學報》第
　二期，2008年，頁79-128。

❺ 參見筆者《慧思法華禪觀之研究──法華三昧與大乘四念處的互攝與開
　展》第五章～第七章，臺北：新文豐出版社，2011年。

亦未能真正的成就「法華三昧」。由此角度來看,慧思對「般若」與「法華」二者並重之程度,並不亞於僧叡。僧叡〈小品經序〉言:

> 《法華》鏡本以凝照,《般若》冥末以解懸。解懸理趣,菩薩道也。凝照鏡本,告其終也。終而不泯,則歸途扶疏,有三實之跡;權應不夷,則亂緒紛綸,有惑趣之異。是以《法華》、《般若》相代以期終,方便、實化冥一以俟盡。論其窮理盡性,夷明萬行,則實不如照;取其大明真化,解本無三,照則不如實。是故歎深則《般若》之功重,美實則《法華》之用微。❹

在上段引文中僧叡將《法華》視為般若之「用」,由筆者於拙著中對〈諸法無諍三昧法門〉的分析來看,慧思在進行《般若波羅蜜多經》禪觀觀行時,以法華禪觀的「旋陀羅尼」來深化般若禪觀,可見到由羅什所傳出之以《法華》為《般若》之用的思想,在六世紀時由慧思著作觀行運用中所見之開展。

關於羅什門下對於《妙法蓮華經》之修持記載,除上引僧叡於406年作〈妙法蓮華經後序〉及408年作〈小品經序〉、及道生於422年作《妙法法華經疏》❹外,於《高僧傳》中尚

---

❹《大正藏》第八冊,頁536下~537上。
❹ 有關竺道生之《法華經序》,參見橫超慧日〈竺道生の法華思想〉一文,收於坂本幸男編《法華經の中國的展開》,京都:平樂寺書店,1972年。

可見到羅什僧團成員修習《妙法蓮華經》之相關記載。如《高僧傳・興福篇》中收有〈釋僧翼傳〉，即是羅什門人中由於嚮往《妙法蓮華經》中之說法場景耆闍崛山，而建立「法華精舍」之例：

> 釋僧翼，本吳興餘杭人，少而信悟，早有絕塵之操。初出家止廬山寺依慧遠修學，蔬素苦節，見重門人。晚適關中，復師羅什，經律數論，並皆參涉。又誦《法華》一部。以晉義熙十三年，與同志曇學沙門，俱遊會稽履訪山水，至秦望西北，見五岫駢峰，有耆闍之狀，乃結草成菴，稱曰「法華精舍」。太守孟顗、富人陳載，並傾心挹德，贊助成功。翼蔬食澗飲三十餘年，以宋元嘉二十七年卒，春秋七十，立碑山寺旌其遺德。❹

有關羅什自身對《妙法蓮華經》禪觀之討論，一般皆以其《思惟略要法・法華三昧觀法》為中心。據隋代開皇年間（西元597年）智昇《歷代三寶記》卷八，羅什譯《思惟略要法經》一卷（或作《思惟略要法》）❹，然未標明羅什作《思惟略要法》之時間。賴鵬舉以《思惟略要法》並未收入僧叡〈關中出禪經序〉所列羅什諸禪經中，並以《思惟略要法經・法華三昧觀法》之末有「如經中說」之語句，判定《思惟略要法》應為羅什於弘始八年（西元406年）譯出《妙法蓮華經》

❹《大正藏》第五十冊，頁410下。
❹《大正藏》第四十九冊，頁78上。

後，依經典整理出之禪法。❺⓿茲將《思惟略要法經》引述如下，以為下文之參照依據：

　　法華三昧觀法

　　三七日一心精進如說修行，正憶念《法華經》者，當念釋迦牟尼佛於耆闍崛山，與多寶佛在七寶塔共坐，十方分身化佛遍滿所移眾生國土之中，一切諸佛各有一生補處菩薩一人為侍，如釋迦牟尼佛以彌勒為侍。一切諸佛現神通力，光明遍照無量國土，欲證實法出其舌相，音聲滿於十方世界。所說《法華經》者，所謂十方三世眾生若大若小，乃至一稱南無佛者，皆當作佛。唯一大乘，無二、無三。一切諸法，一相、一門，所謂無生、無滅、畢竟空相，唯有此大乘無有二也。習如是觀者，五欲自斷，五蓋自除，五根增長，即得禪定。住此定中，深愛於佛。又當入是甚深微妙一相、一門清淨之法，當恭敬普賢、藥王、大樂說、觀世音、得大勢、文殊、彌勒等大菩薩眾，是名一心精進，如說修行，正憶念《法花經》也。此謂與禪定和合，令心堅固，如是三七日中，則普賢菩薩乘六牙白象來至其所，如經中說。❺⓵

---

❺⓿ 見賴鵬舉〈後秦僧肇的「法華三昧」禪法與隴東南北石窟寺的七佛造像〉，《佛學研究中心學報》第二期，1997年，頁211註1。賴鵬舉作此判定之引證為羅什曾依所譯出之《持世經》第五卷〈十二因緣品〉來增補《坐禪三昧經》中的〈菩薩十二因緣觀〉而成另一部禪經。另羅什亦曾用其譯出的《大智度論》內容，增補《坐禪三昧經》中的禪定及神通部分，而形成《禪法要解》之新禪經。參見賴鵬舉〈關河的禪法〉，收

　　以上引文中，筆者加單底線的部分為《妙法蓮華經》中曾明確提到之修行方法，而以普賢觀法為重心之觀法，大多出自《妙法蓮華經・普賢菩薩勸發品第二十八》；筆者加雙底線的部分，則為羅什特別提出，觀二佛並坐之法華三昧觀法。羅什雖提出二佛並坐之觀法以為切入點，然綜觀《思惟略要法・法華三昧觀法》一文內容，實涵蓋《妙法蓮華經》各品，而不僅限於〈見寶塔品第十一〉。如「一切諸佛現神通力，光明遍照無量國土，欲證實法出其舌相，音聲滿於十方世界」一段，即出於〈如來神力品第二十一〉：

　　時世尊於文殊師利等無量百千萬億舊住娑婆世界菩薩摩訶薩，及諸比丘、比丘尼……一切眾前，現大神力，出廣長舌上至梵世，一切毛孔放於無量無數色光，皆悉遍照十方世界。眾寶樹下、師子座上諸佛，亦復如是，出廣長舌，放無量光。釋迦牟尼佛及寶樹下諸佛現神力時，滿百千歲，然後還攝舌相。一時謦欬、俱共彈指，是二音聲，遍至十方諸佛世界，地皆六種震動。❺❷

　　而《思惟略要法・法華三昧觀法》所提到「當恭敬普賢、藥王、大樂說、觀世音、得大勢、文殊、彌勒等大菩薩眾」等大菩薩之事蹟，觀世音菩薩事蹟見〈觀世音菩薩普門品

第二十五〉；大樂說菩薩為〈見寶塔品第十一〉中欲見多寶佛身者；藥王菩薩多次出現於《妙法蓮華經》中，不但為〈法師品第十〉之聽法主，其修行《妙法蓮華經》之過程並見〈藥王菩薩本事第二十三〉；得大勢菩薩為〈常不輕菩薩品第二十〉之聽法主；彌勒菩薩及文殊菩薩更是由序品開始，即以其自身修行《妙法蓮華經》之歷程及因《妙法蓮華經》而與釋迦牟尼佛在過去生之多重關係來開展整部《妙法蓮華經》敍述之脈絡，因此可印證《思惟略要法・法華三昧觀》起首處開宗明義的說明，羅什之法華三昧仍是依《妙法蓮華經・普賢菩薩勸發品》中所指示的「三七日一心精進，如說修行，正憶念《法華經》」之修法。

考察僧傳中有關羅什門下修持《妙法蓮華經》之相關記載，可分為兩類，第一類以《妙法蓮華經・普賢菩薩勸發品第二十八》中所載普賢菩薩出現護持讀誦《妙法蓮華經》者為記載重點，如〈釋僧苞傳〉與〈釋道溫傳〉，反映出羅什《思惟略要法・法華三昧觀法》中筆者加單底線之文句；另一類則採取羅什《思惟略要法・法華三昧觀法》中觀釋迦牟尼佛與多寶佛並坐之造像觀法為主，主要以《思惟略要法・法華三昧觀法》中筆者加「雙底線」之觀法為中心而開展。以下則分此二類分別說明之。

（1）北方石窟造像中所呈現之「法華三昧」

有關石窟造像中所呈現出羅什「法華三昧」之研究成果中，賴鵬舉1997年發表於《佛學研究中心學報》第二期之〈後秦僧肇的「法華三昧」禪法與隴東南北石窟寺的七佛造像〉一文提出了重要貢獻。賴鵬舉考察位於甘肅涇川之南石窟寺第一

窟，並考察了北石窟寺，即甘肅慶陽北石窟第165窟。石窟寺
在歷史、政治上由於為長安之屏障而一直與長安有密切關係。
賴鵬舉考察相關碑文及造像記，確認南北石窟皆為北魏武將，
涇州刺史奚康生在任內所造。奚康生聯合全州文武官員於北魏
永平二年（西元509年）先建造北石窟寺，再於永平三年（西
元510年）建造南石窟寺。❸賴鵬舉之貢獻在於不但依其所建
立「佛教圖像文獻研究室」收藏之〈南石窟寺之碑〉舊拓本重
校1987年甘肅省文物工作隊所編之《隴東石窟》中之石窟寺
〈南石窟寺之碑〉碑文❹，改正了碑文解讀共四十一字，且據
石碑中下列文字，解讀石窟寺碑主僧斌如何引用僧肇《物不遷
論》來說明南石窟寺七佛並坐造像之義涵：

　　若不遷之訓，周誨於昏明；萬化無虧之範，永播於幽
顯。❺

　　賴鵬舉依引文的「不遷之訓」，推斷南窟寺碑主僧斌思
想應曾受僧肇影響，再將此四句與僧肇《物不遷論》中之內文

---

❸ 本文部分於會議發表後，亦收入拙著《慧思法華三昧禪觀之研究──法
　華三昧與大乘四念處的互攝與開展》第三章。本文中所提到之圖片亦以
　彩色印刷列於書前，請參見拙著。（臺北：新文豐出版社，2011年）
❹ 甘肅省文物工作隊，慶陽北石窟文物保管所《隴東石窟》，北京：文物
　出版社，1978年，頁9-10。
❺ 賴鵬舉〈後秦僧肇的「法華三昧」禪法與隴東南北石窟寺的七佛造
　像〉，《佛學研究中心學報》第二期，1997年，頁220。此文並收入賴鵬
　舉《絲路佛教的圖像與禪法》一書，頁205-217。

互相對照，而解讀出上文中「萬化無虧之範」與《物不遷論》中「如來功流萬世而長存」一句有關。由於《物不遷論》中「如來功流萬世而長存」乃由「事各性住於一世」一段推演而來。此段由《物不遷論》之上下文可以明顯得知：

> 今若至古，古應有今；古若至今，今應有古。今而無古，以知不來；古而無今，以知不去。若古不至今，今亦不至古，事各性住於一世，有何物而可去來？然則四象風馳，璇璣電捲，得意毫微，雖速而不轉，是以如來功流萬世而常存；道通百劫而彌固。❺❻

賴鵬舉更依〈南石窟寺碑〉中之一句關鍵要點連接此種「實相觀法」與「法華三昧」之關係。〈南石窟寺碑〉重建已經毀損的第十三及第十四段，而指出該段碑文乃討論《法華經》中原碑文為：

> ⋯⋯暉暉焉若分□之□□嶽，岌岌焉如踊出之應法機。

賴鵬舉指出，由於「嶽」通「鷲」字，因此將前句讀為「暉暉焉若分身之集靈鷲」，因而此二句應指釋迦分身集於靈鷲，而多寶佛塔乃開而現多寶佛全身之內容。因而〈南石窟寺之碑〉即清楚地顯示出〈物不遷論〉與「法華三昧」之密切關

---

❺❻ 見《大正藏》第四十五冊，頁151下。

係。❺❼

賴鵬舉更引道生《妙法蓮華經疏》中：「所以分半座共
坐者，表亡不必亡，存不必存。」❺❽來與僧肇《涅槃論》中
「存不為有，亡不為無」對照，更進一步說明多寶佛與釋迦並
坐造像如何表達《妙法蓮華經》中「般若實相」義涵。此點正
與僧叡〈法華經後序〉中「生生未足以期存，永寂亦未可言其
滅矣」❺❾之言相應證，可見這是羅什道場一致的看法。❻⓿

賴文英在〈北傳早期的「法華三昧」禪法與造像〉一文
中，則分析羅什《思惟略要法‧法華三昧觀法》中蘊含之實
相觀：

> 所說《法華經》者，所謂十方三世眾生若大若小，乃至
> 一稱南無佛者，皆當作佛。唯一大乘，無二、無三。一切
> 諸法，一相、一門，所謂無生、無滅、畢竟空相，唯有此
> 大乘無有二也。

賴文英指出羅什所謂之「一相」即是「無生、無滅、畢
竟空相」，而「一門」則指「無二、無三」的「唯一大乘」，
並將《妙法蓮華經》中泯除「生」、「滅」、「去」、「來」
的實相空義與僧叡〈法華經後序〉做進一步對照。僧叡在〈法

---

❺❼ 見賴鵬舉〈後秦僧肇的「法華三昧」禪法與隴東南北石窟寺的七佛造
　　像〉，《絲路佛教的圖像與禪法》，頁215。
❺❽ 見《卍續藏經》第一百五十冊，頁824。
❺❾ 見《出三藏記集》卷八，收入《大正藏》第五十五冊，頁57下。
❻⓿ 同註❺❼註7。

華經後序〉中點出《法華經》禪觀的幾個重點，計有如來「壽量」、如來「分身」、「普賢」及「多寶」的「非數」（如來壽命無量，不可以數計）、「無實」（如來分身非實）、「無成」（普賢雖乘六牙白象以證成，然實無成）、「不滅」（多寶佛雖已滅度，然依本願在釋迦佛說《法華經》時湧現）等：

> 然則壽量定其非數，分身明其無實。普賢顯其無成，多寶照其不滅。㉑

賴文英以為，僧叡點出的「壽量」、「分身」、「普賢」及「多寶」的「非數」（如來壽命無量，不可以數計）、「無實」等重點，即在闡明「不生」、「不滅」、「不去」、「不來」之實相觀。而此一實相觀，如羅什《思惟略要法‧法華三昧觀法》所提示的，可最具體地表現在二佛並坐之相。過去滅度之多寶佛湧現於釋迦佛說《法華經》場景之甚深義涵，乃在於過去（多寶佛）與現在（釋迦佛）能於一時中現，過去滅度之多寶佛實則不滅，而現在說《法華經》釋迦佛實則無生，因其在久遠劫來即已成佛，此即為羅什會通《法華》與「實相」之連接點。㉒

㉑ 《大正藏》第九冊，頁42中。

㉒ 賴文英〈北傳早期的「法華三昧」禪法與造像〉，《圓光佛學學報》第六期，2001年，頁75-95。在賴鵬舉一篇尚未正式發表的論文〈河西以「千佛」造像來表達羅什的「法華三昧」〉中，賴鵬舉並指出：「二佛並坐」表法華三昧「時間」上之多重性，「從地涌出」表法華三昧「空間」上之多重性，二者共同引出爾後法華經變之「靈山淨土」，成為「法華三昧」之核心內容。

　　賴文英並引羅什門下道融（或說僧叡）中之「本跡無生轍」釋〈見寶塔品〉來與上引僧叡「多寶照其不滅」一句之意旨對照，以說明羅什僧團如何以「不生、不滅」的「般若實相」來闡發《妙法蓮華經》中之實相禪法。❻❸

　　賴鵬舉及賴文英之研究成果，已清楚說明了《物不遷論》中「不來、不去」之面向，順此思路再解讀僧叡〈法華經後序〉中對多寶佛由遠古來今聽釋迦牟尼佛講說《妙法蓮華經》之義涵闡發：

　　　　夫邁玄古以期今，則萬世同一日。❻❹

　　與上引僧肇《物不遷論》中「今若至古，古應有今；古若至今，今應有古。今而無古，以知不來；古而無今，以知不去。」❻❺般若論述義涵之相應程度，可說是明顯可見了。

　　僧叡〈法華經後序〉之「佛壽無量」及「邁玄古以期今」，雙重指涉了《妙法蓮華經‧見寶塔品》中之多寶佛滅度以來，仍依本願來聽《法華經》，及《妙法蓮華經‧如來壽量品》中說佛久遠劫來已成佛，佛壽無量，但依方便示現滅度之二事，若將《妙法蓮華經》此二佛自久遠劫來聽法或教化之事蹟，視為「般若實相」的方便權現，則亦可視為表現「數量」、「來去」等概念皆非屬「實相」之領域之一種表現方

---

❻❸ 同註❻❷。
❻❹ 《大正藏》第五十五冊，頁57下。
❻❺ 《大正藏》第四十五冊，頁151下。

式,也因此賴鵬舉及賴文英等學者可由僧肇《物不遷論》:

　　若古不至今,今亦不至古,事各性住於一世,有何物而
可去來?❻❻

　　來解讀出釋迦、多寶二佛並座之造像所體現之「法華三
昧」之實相義涵。在藉由南北石窟寺確立《物不遷論》在理解
法華禪觀與般若實相觀之會通點,並討論羅什舉出二佛並坐為
法華禪觀代表之理論基礎後,賴鵬舉及賴文英並往前回溯考
察目前所知中國最早的二佛並坐像,即甘肅炳靈寺169窟的西
秦壁畫。炳靈寺169窟之成立年代為前涼張玄靚太始元年(西
元363年)。❻❼炳靈寺169窟的二佛並坐像共有三舖,二舖在
北壁,一舖在東壁。在北壁題記之銘文下曾出現「道融」之
名,作於建弘元年。按賴鵬舉〈關河的三世學與河西的千佛
思想〉❻❽一文考察,道融至炳靈寺之時間應在劉裕破長安(西
元416年)與大夏破長安(西元418年)之後,此題記年代為建
弘元年(西元420年),且當時羅什門下四哲之一的「道融」
亦在炳靈寺,因此推斷此題記中之「道融」即為羅什門下之道

---

❻❻ 同註❻❺。

❻❼ 見張寶璽、黃文昆《炳靈寺石窟》頁244之〈永靖炳靈寺大事表〉:「公
元363年前涼升平七年癸亥七月張少子張天錫殺玄靚自立,玄靚之年,河
三十西北五十里建唐述谷寺。」又頁236註15說明:「其寺南有石門鐫文
曰:『晉太始年之所立也。』按兩晉太始年號僅見於前涼張玄靚時。」
轉引自賴鵬舉〈關河的三世學與河西的千佛思想〉,收於其《絲路佛教
的圖像與禪法》,頁118-139,見頁129註34。

❻❽ 收入賴鵬舉《絲路佛教的圖像與禪法》,頁118-139。

融。據《高僧傳》記載，羅什曾命道融講新譯《法華》，且相當讚歎其對《法華》之講解：

> 什又命融令講新《法華》，什自聽之乃歎曰。佛法之興融其人也。[69]

東壁24號壁畫雖名為「千佛圖」，然左下二佛並坐圖中有墨書榜題（多寶佛與釋迦牟尼佛□□），而右側題記中有多位比丘之名，其中亦包含道融之名。因而此窟中二佛並坐之造像與《妙法蓮華經》之關係即相當明顯。賴鵬舉及賴文英並由炳靈寺之二佛並坐與千佛像並列之現象來討論三世不遷之般若思想及法華思想之關係。此外賴文英並討論了炳靈寺126窟之二佛並坐造像。[70] 賴文英並考察了最早以釋迦多寶二佛並坐為主尊的北魏莫高窟259窟的法華三昧禪法。賴文英並討論此窟側壁下層三尊坐佛與上層四尊菩薩之圖像安排與僧肇《物不遷論》中「因地」及「果地」之關係，為法華造像與般若禪觀間之關係建立了另一面向之連接點。[71]

除了炳靈寺石窟及莫高窟259窟外，雲岡石窟第5窟、第17窟、顏尚文考察的〈李氏合邑造像碑〉中提到的李次族人於

---

[69] 《大正藏》第五十冊，頁363下。

[70] 賴文英〈論炳靈寺北魏石窟的「十方三世佛」──以126、128、132窟為例〉，收入蘭州大學敦煌學研究所及麥積山石窟藝術研究所編《麥積山石窟藝術文化論文集》下集，蘭州大學出版社，2004年，頁327-342。

[71] 賴文英〈北傳早期的「法華三昧」禪法與造像〉，《圓光佛學學報》，第六期，2001年，頁75-95。

西元東魏興和四年（西元542年）組成法華邑義並造「二佛並坐像」❷、及初唐莫高窟331窟皆可見到釋迦多寶二佛並坐之圖像，皆見證了法華禪觀由五世紀初至七世紀有關「二佛並坐」之發展面向。

（2）僧傳中所見羅什門下在南方傳出以普賢觀法為中心之《妙法蓮華經》禪觀

有關江南地區法華信仰之相關活動，近代學者已注意到收入《出三藏記集》卷十二中的《法苑雜緣原始集目錄》中提到的〈普賢六根悔法〉❸、《廣弘明集》卷二十八記梁簡文帝（549～551年在位）撰〈六根懺文〉❹、以及陳文帝（559～566年在位）之〈妙法蓮華經懺文〉。❺然若再注意到羅什

---

❷ 見顏尚文〈北朝佛教社區共同體的法華邑義組織與活動──以東魏「李氏合邑造像碑」為例〉一文，收於《佛學研究中心學報》第一期，1996年，頁167-184。並請參閱林保堯《法華造像研究──嘉登博物館東魏五鋌元年石造釋迦像考》，臺北：藝術家出版社，1993年。此外，賴文英亦考察從六世紀北魏後期至隋代，出現於河南、河北、山東、山西等地之法華十六王子的相關題銘與造像。見賴文英〈六世紀中國華北地區的法華十六王子信仰〉，《圓光佛學學報》第十期，頁113-138。

❸ 見《大正藏》第五十五冊，頁91上：「普賢六根悔法第九（出普賢觀經）」相關討論見釋大睿《天台懺法之研究》，臺北：法鼓文化，2000年，頁43-44。

❹ 見《大正藏》第五十二冊，頁330下～331上。題名雖未提到《法華經》，但由內文可見到其與《妙法蓮華經·見寶塔品》之關係，因此可推斷乃為修《妙法蓮華經》之「六根清淨」而作之懺悔文：「今日此眾誠心懺悔六根障業，眼識無明，易頃朱紫，一隨浮染，則千紀莫歸。雖復天肉異根，法慧殊美，故因見前境，隨事起惡，今願捨於肉眸，俱瞬佛眼，如決目王，見淨名方丈之室、多寶踊塔之瑞、牟尼鷲山之光。」值得注意的是該懺文中將多寶佛塔湧現及釋迦牟尼佛於靈鷲山放光說法之境界與《維摩詰所說經》中之「淨名方丈之室」並列為清淨六根之能觀之境。

思想中以《法華》與《般若》互為相輔的修法後，仔細考察僧傳中羅什弟子有關《法華》之修行狀況，可見五至六世紀間羅什門下將法華禪觀傳至南方的一些相關記載。如《高僧傳・義解篇》中，收錄有羅什另一弟子具體修行《妙法蓮華修法》之細節。

　　釋僧苞，京兆人。少在關受學什公，宋永初中遊北徐，入黃山精舍，復造靜、定二師進業。仍於彼建三七普賢齋懺，至第七日，有白鵠飛來，集普賢座前，至中行香畢乃去。至二十一日將暮，又有黃衣四人，繞塔數匝，忽然不見。苞少有志節，加復祥感，故匪懈之情，因之彌屬，日誦萬餘言經，常禮數百拜佛。❼❻

　　上段引文中有關羅什弟子僧苞修習三七日「普賢齋懺」之記載，反映出《妙法蓮華經・普賢勸發品第二十八》中以修三七日持誦《妙法蓮華經》而得見普賢菩薩並得「旋陀羅尼」之修法：

---

❼❺ 見《大正藏》第五十二冊，頁333上～334中。有關陳文帝〈妙法蓮華經懺文〉之討論及九至十世紀時期敦煌文獻《法華七禮文》之分析，請見汪娟《唐宋古逸佛教懺儀研究》，臺北：文津出版社，2008年，頁139-161。

❼❻ 見《大正藏》第五十冊，頁369中。《高僧傳・釋僧苞傳》中亦曾提到其觀音靈應事蹟，然此處提到觀音之處已以「觀世音」之名稱之，而與早期觀音感應中以「光世音」稱觀音不同：「苞嘗於路行見六劫被錄，苞為說法，勸念觀世音。群劫以臨危之際，念念懇切，俄而送吏飲酒洪醉，劫解枷得免焉。」（《大正藏》第五十冊，頁369下）。

是人若行、若立、讀誦此經，我爾時乘六牙白象王，與
大菩薩眾俱詣其所，而自現身，供養守護，安慰其心，亦
為供養法華經故。是人若坐、思惟此經，爾時我復乘白象
王現其人前，其人若於法華經有所忘失一句一偈，我當教
之，與共讀誦，還令通利。爾時受持讀誦《法華經》者，
得見我身，甚大歡喜，轉復精進，以見我故，即得三昧及
陀羅尼，名為旋陀羅尼、百千萬億旋陀羅尼、法音方便陀
羅尼，得如是等陀羅尼。世尊！若後世後五百歲、濁惡世
中，比丘、比丘尼、優婆塞、優婆夷，求索者、受持者、
讀誦者、書寫者，欲修習是《法華經》，於三七日中，應
一心精進。滿三七日已，我當乘六牙白象，與無量菩薩而
自圍繞，以一切眾生所喜見身，現其人前，而為說法，示
教利喜。……❼

　　在《高僧傳·釋僧苞傳》中提到的「普賢齋懺」一詞值
得特別注意，此例為僧傳中少見的將「齋懺」二字合用之例。
由於此二字中之「齋」字在後世常指「供齋」、「齋僧」等與
佛教飲食儀節相關之活動，而「懺」字則常指其他懺儀如《梁
皇寶懺》、《慈悲三昧水懺》之流行而常引起佛教懺儀法會，
因而釋僧苞時之普賢懺修法與後世佛教懺儀之性質是否相同，
在此需加以探討及說明。因此以下由「齋」、「懺」及「普賢
座」三點來討論釋僧苞「普賢齋懺」之可能型式及義涵。
　　首先就「普賢齋懺」中之「齋」字來思考，其「齋」字

❼ 《大正藏》第九冊，頁61上～中。

義涵不但有佛教悔改罪業之義❼❽，也包括了儒家明衣及遷座等行為。此由《弘贊法華傳・釋普明傳》可以得見：

> 釋普明，姓張，臨渭人。少出家，稟性清純，視不過步。蔬食布衣，以懺誦為業，三衣繩床，未嘗遠體，若欲消息，坐而假寐。誦《法華》、《維摩》二經，及諷誦之時，有別衣別座，未嘗穢雜。每至〈勸發品〉，輒見普賢乘象立在其前。誦《維摩經》亦聞空中唱樂。❼❾

根據《弘贊法華傳・普明傳》，普明卒於宋孝建年中（454～456）而年八十五，因此雖然傳中未明確說明普明修《法華》見普賢之時間，但若依傳中所言其出家年少之狀況推算，其持誦《法華經》之時間上推至五世紀初是合理的推算。因此此例可說是時間相當早之對應例證。

六世紀中葉智顗作《法華三昧懺儀》時，對持誦《妙法蓮華經》之相關儀節說明更為清楚。在正修三七日《妙法蓮華經》之前，即需以七日的時間，著淨衣服並調整心念，以求修習三七日法華三昧之成就，因而以〈明三七日行法前方便第二〉來說明誦經前之身心清淨儀節不但包括了憶念己身罪業，也包括行道誦經、坐禪觀行、與發願專精：

---

❼❽ 有關佛教懺悔由原始經典中每半月誦戒羯摩之悔過儀式，轉為大乘懺悔經典中以觀法性平等之「無生懺」，而為修行禪定及三昧必備的重要行法之發展過程，請見釋大睿《天台懺法之研究》，臺北：法鼓文化，2000年，頁11-48。

❼❾ 《大正藏》第五十一冊，頁27下。

　　夫一切懺悔行法，悉須作前方便。所以者何？若不先嚴淨身心，卒入道場，則道心不發，行不如法，無所感降。是故當於正懺之前，一七日中，先自調伏其心，息諸緣事，供養三寶，嚴飾道場，淨諸衣服，一心繫念，自憶此身已來及過去世所有惡業，生重慚愧，禮佛懺悔，行道誦經，坐禪觀行，發願專精，為令正行三昧，身心清淨無障閡故。❽⓿

　　而在進入三七日正式修行《法華懺儀》之時，對於空間及身體潔淨之要求更為嚴格，如〈第一明行者嚴淨道場法〉中對空間之嚴淨及經典擺設及禪修地點皆有清楚的要求：

　　當於閒靜之處，嚴治一室以為道場。別安自坐之處，令與道場有隔，於道場中敷好高座，安置《法華經》一部，亦未必須安形像舍利并餘經典，唯置《法華經》。安施幡蓋、種種供養具，於入道場日，清旦之時當淨掃地，香湯灌灑，香泥塗地，然種種諸香油燈，散種種華，及諸末香，燒眾名香，供養三寶。備於己力所辦，傾心盡意，極令嚴淨。所以者何？行者內心敬重三寶超過三界，今欲奉請供養，豈可輕心？若不能拔己資財供養大乘，則終不能招賢感聖，重罪不滅，三昧何由可發？❽❶

---

❽⓿《大正藏》第四十六冊，頁949下。
❽❶《大正藏》第四十六冊，頁950上～中。

　　以上之儀節乃由內心之恭敬形之於外，以求「法華三昧」，亦即見普賢之「旋陀羅尼」之達成。除了環境的嚴淨之外，在〈第二明行者淨身方法〉中亦說明行者身心之潔淨，亦為修法成功之重要細節。例如行者如廁之間應保持衣物之潔淨：

> 初入道場，當以香湯沐浴，著淨潔衣，若大衣及諸新染衣，若無當取己衣勝者，以為入道場衣。<u>於後若出道場，至不淨處，當脫去淨衣著故衣。所為事竟，當更洗浴著本淨衣，入道場行事也。</u>㉒

　　其次「普賢齋懺」中之「懺」字，在智顗《法華三昧懺儀》中亦有明文解釋即「懺悔六根」，然因智顗清楚說明其懺悔六根之法門乃引《普賢觀經》：

> 下所說懺悔章句，多用《普賢觀經》意，若欲廣知懺悔方法，讀經自見。㉓

　　智顗文中的《普賢觀經》即為《觀普賢菩薩行法經》，由四川轉由荊州而至建業，以「大禪師」之身分，而廣受宋文帝皇室敬重的曇摩密多（Dharmamitra）於宋元嘉元年（西元424年）前後譯出㉔，時間晚於釋僧苞從羅什學習時間。然如

㉒《大正藏》第四十六冊，頁950中。
㉓《大正藏》第四十六冊，頁952中。
㉔見《出三藏記集》卷三，收於《大正藏》第五十五冊，頁105上。「至于京師，即住祇洹寺。其道聲素著，傾都禮訊。自宋文袁皇后及皇子公

上引〈釋僧苞傳〉所見，釋僧苞於宋永初元年（西元421年）
遊北徐（今江蘇徐州），入黃山精舍，從慧、靜二師進業，雖
未提到其曾受曇摩密多譯《普賢觀經》之影響，然從時間及地
緣關係來看，或許也可能曾受其影響。

最後，在〈釋僧苞傳〉中提到「至第七日，有白鵠飛
來，集普賢座前，至中行香畢乃去。至二十一日將暮，又有黃
衣四人，繞塔數匝，忽然不見。」中之「普賢座」及「塔」，
亦呈現出在羅什譯出《妙法蓮華經》後不久之中國與《妙法蓮
華經》行持所造佛像所呈現出的法華信仰面貌。有關普賢造像
之記載，僧傳中所見相當有限。以造普賢菩薩像做為持誦《妙
法蓮華經》之助行之修法儀節，未見於《妙法蓮華經》。僧傳
中除《高僧傳·釋僧苞傳》之外，僅有少數相關記載如《弘贊
法華傳·講解第三》中之〈釋吉藏傳〉：

> 晚以大業初歲，寫二千部《法華》。隋曆告終，造
> 二十五尊像，捨房安置，自處卑室，昏曉相仍，竭誠禮
> 懺。又別置普賢菩薩像，帳設如前，躬對坐禪，觀實相
> 理。⑧

然其時已在七世紀初的隋朝滅亡之後了。⑧

主，莫不設齋請戒，參候之使旬日相屬。即於祇洹寺譯出諸經，《禪法
要》、《普賢觀》、《虛空藏觀》凡三部經。常以禪道教授，或千里資
受，四輩遠近，皆號大禪師焉。」
⑧ 《大正藏》第五十一冊，頁18上。
⑧ 有關南北朝時期造普賢像之記載，在《弘贊法華傳》卷一中有宋崇憲路

　　雖然與讀誦《法華經》有關之普賢造像記載有限，然僧傳中卻有數則如《妙法蓮華經・普賢勸發品》中載有普賢菩薩護持讀誦《妙法蓮華經》者，及普賢菩薩乘六牙白象現讀誦《法華經》者身前，供養守護，安慰其心之相關感應事蹟。除上文中引用的《高僧傳・釋普明傳》外，在《高僧傳・宋京師中興寺釋道溫傳》中亦有曾師事羅什的釋道溫在主持普賢菩薩像落成齋會時，感神人來應之感應事蹟：

　　　孝建初被勅下都止中興寺，大明中勅為都邑僧主。路昭皇太后大明四年十月八日造普賢像成，於中興禪房設齋，所請凡二百僧，列名同集，人數已定，于時寺既新，構嚴衛甚肅。忽有一僧，晚來就座，風容都雅，舉堂矚目，與齋主共語百餘許言，忽不復見。檢問防門，咸言不見出入，眾迺悟其神人。❽

昭太后造普賢像及普賢寺之事，時在大明四年（西元460年）及大明八年（西元464年）。然文中未提到與《妙法蓮華經》相關之記載，見《大正藏》第五十一冊，頁18上：「宋崇憲路昭太后，植因曠劫，儷極皇家，而幻夢尊貴，塵垢睽寶。思隆正化，篡寫法身，以大明四年乃命白馬寺比丘曇標，造普賢菩薩像一軀，駕乘白象，六牙備纖，七枝平滿，製度巨壯，鎔式精嚴，鑄比鍊銅，泥茲銑鋈。菩薩炳紫金之相，象王耀白銀之形，耀麗煌爍，狀若飛騰，實佛事之妙跡，塔廟之真規者也。而弘願不窮，修福無倦，到大明八年，又造普賢寺，壯麗之奇，將美莊嚴。」
❽ 有關〈釋道溫〉從羅什學習之事見《高僧傳》卷七：「釋道溫，姓皇甫，安定朝那人，高士謐之後也。少好琴書，事親以孝聞。年十六入廬山依遠公受學，後遊長安復師童壽。元嘉中還止襄陽檀溪寺，善大乘經兼明數論，樊鄧學徒並師之。」（《大正藏》第五十冊，頁372中～下）。

完成於唐代之《法華傳記·慧思傳》應為現存慧思傳中，最早提到慧思誦《法華經》而夢普賢菩薩騎六牙白象來摩頂之傳記。❽

在由釋僧苞至智顗作《法華三昧懺儀》之百餘年間，關於「普賢齋懺」之修法之流傳概況，可於數則《高僧傳》的僧傳中略加窺見。以下依時間先後簡要敍述之，以見此修法之發展。在《高僧傳·誦經篇》中所收之〈釋道冏傳〉中，以相當長之篇幅敍述其觀音感應，然文中亦提到其頻作數過「普賢齋」並有瑞應：

> 釋道冏，姓馬，扶風人。初出家為道懿弟子，懿病嘗遣冏等四人至河南霍山採鍾乳，入穴數里，跨木渡水。三人溺死，炬火又亡，冏判無濟理，冏素誦《法華》，唯憑誠此業，又存念觀音，有頃見一光如螢火，追之不及，遂得出穴。於是進修禪業節行彌新。<u>頻作數過「普賢齋」，並有瑞應。或見梵僧入坐，或見騎馬人至，並未及暄涼，倏忽不見。</u>❽

《高僧傳·釋道冏傳》又記載了其他道冏觀音感應的事蹟，與上文中竺法義屢有觀音感應之情況相似，唯有關《法華》修行之描述，在〈竺法義傳〉中僅簡單提及其「尤善《法

---

❽ 其他讀誦修持《妙法蓮華經》而見普賢之相關記載可見《弘贊法華傳》卷一之〈堂國子祭酒蕭璟傳〉、卷八〈釋萬相傳〉，收於《大正藏》第五十一冊，頁13下及頁39上。
❽ 《大正藏》第五十冊，頁407上。

華》」，而在較晚的〈釋道冏傳〉中，除了提到其「素誦《法華》」外，並有「頻作數過普賢齋，並有瑞應。」之《法華》修法之更具體描述。《高僧傳・釋道冏傳》記釋道冏卒於宋元嘉二十年（西元443年），可見由卒於380年之竺法義至活動於五世紀上半之釋道冏間的半世紀中，對於《法華經》讀誦修法之描述已漸趨精確。

另外《高僧傳・義解篇》亦收有一篇五世紀後葉發生於會稽地區的普賢感應及「普賢齋懺」之事：

> 釋慧基，姓偶，吳國錢塘人，幼而神情俊逸，機悟過人。初依隨祇洹慧義法師，至年十五，義嘉其神彩，為啟宋文帝求度出家。……善《小品》、《法華》、《思益》、《維摩》、《金剛波若》、《勝鬘等經》，皆思探玄頤，鑒勸幽凝。……元徽中復被徵詔，始行過浙水。復動疾而還，乃於會邑龜山立寶林精舍，手疊塼石，躬自指麾，架懸乘險，製極山狀。初立三層，匠人小拙，後天震毀壞，更加修飾，遂窮其麗美。基嘗夢見普賢，因請為和上。及寺成之後，造普賢并六牙白象之形，即於寶林設「三七齋懺」，士庶鱗集，獻奉相仍。❾⓿

由現存史料來看，反映出羅什門人中在南方從事「法華三昧」修行活動之軌跡。如釋僧苞於五世紀初行「普賢齋懺」、五世紀中葉前後（西元460年）羅什門人釋道溫主持宋

❾⓿《大正藏》第五十冊，頁379上。

路昭皇太后造普賢像之齋會而有神人來應之。此外非羅什門下者如五世紀前期釋普明行三七日「普賢齋」,及稍後於五世紀下半釋慧基於寶林設普賢三七齋懺之記載。這些有關「普賢齋懺」之記載,多提到「三七日」之修法,反映出中國南方五世紀與《妙法法華經・普賢菩薩勸發品》相關之法華禪觀發展脈絡。

以上討論羅什及其門下對法華禪觀之開展,主要表現於法華造像所呈現之二佛並坐禪觀思想,及僧傳中所見之三七日普賢齋懺禪觀修法兩個方面。由南石窟寺碑主僧斌所留下之碑文及其他石窟造像來看,北方法華禪觀發展之理路,乃循「不生、不滅、不來、不去」之般若觀行為進路,來進入《法華經》三昧觀行,而達到觀多寶及釋迦滅度而實非滅度,普賢證成而實無成之法華觀行。雖然石窟造像與石碑銘文留下了清晰的五世紀法華觀行之印跡與圖像表述,然圖像資料中有關禪觀實際操作步驟的資料則相當有限,除了「精通五門」的僧叡留下之〈小品般若序〉及〈法華經後序〉中之論述外,有關其禪修觀法之相關資料已無法得見了。而僧傳中所見的南方普賢齋懺,亦僅提出《妙法蓮華經・普賢菩薩勸發品》中所提到的三七日修法。

(二)慧思與智顗的法華禪觀

活躍於六世紀的慧思之法華禪觀為筆者近年來研究之主題。有關慧思如何在其著作,特別是《隨自意三昧》及《諸法無諍三昧法門》中,詳細地記載其如何以經過《摩訶般若波羅蜜經》中之大乘「四念處」禪法,來達到「法華三昧」的禪觀

之理論及禪觀修法，請參見筆者專著：《慧思法華禪觀之研究
——法華三昧與大乘四念處之互攝與開展》。❾在此筆者僅提
出自己對慧思法華禪觀所觀察到的幾個重點。

　　首先，慧思法華禪觀的特點之一即是以《般若經》為進
入法華實相禪門之方便。❾如《隨自意三昧》全文之初即標明
「隨自意三昧」為初學菩薩學習「法華三昧」之初門❾，然其
全篇結構即為原始佛教《大念處經》中，「身念處」的威儀
觀，藉由在行、住、坐、臥、食語中念念修習六波羅蜜來達到
行住坐臥皆與實相相合之境界，以修成「首楞嚴三昧」。然而
其中值得注意的是在《隨自意三昧・住威儀品》中慧思對於如
何以實際的「息」與「色身觀」來體察般若經傳統中常見的

---

❾ 臺北：新文豐出版社，2011年。

❾ 同註❹。

❾ 近代有關《隨自意三昧》之研究成果有陳英善於〈慧思的禪觀思想與首
　楞嚴三昧〉一文分析《隨自意三昧》禪觀思想中之「首楞嚴三昧」與實
　相禪觀的關係，《佛學研究中心學報》第三期，1998年。在《隨自意三
　昧》禪觀結構及行住坐臥中之六波羅蜜內容分析方面，有楊麗莉〈南嶽
　慧思《隨自意三昧》禪觀思想之探微〉與釋正持《慧思禪觀思想之研
　究》第三章。另外比較慧思《隨自意三昧》與智顗《釋摩訶般若波羅蜜
　經覺意三昧》及《摩訶止觀》中非行非坐三昧之研究為數最多，計有：
　1990年坂本廣博的〈四種三昧——特に非行非坐三昧と隨自意、覺意三
　昧について〉，《天台教學の研究》，東京：山喜房佛書林，1990年。
　並見2003年釋寬慧《智者大師覺意三昧之研究》，圓光佛學研究所畢業
　論文；2003年楊麗莉碩士論文《釋摩訶般若波羅蜜經覺意三昧》之研
　究，南華大學哲學研究所碩士論文；釋大寂《非行非坐三昧之修學——
　以《摩訶止觀》、《覺意三昧》、《隨自意三昧》為文獻依據》，臺
　北：百善書房，2004年5月。

「身如聚沫、如泡、影」觀法，有詳細的描述：

> 然後觀<u>息，遍身出入</u>，先觀鼻中氣息往還入出，次觀遍身，從頭至足，從皮至髓，毛孔汗垢氣息，<u>一時微細出入。審諦觀察，明了見之</u>。觀此色身，五相次第，歸空寂滅。
>
> 第一相者，初觀此身，<u>皮肉筋骨</u>，猶如芭蕉。<u>從皮至髓，氣息一時入出無礙。觀此氣息，入無積聚，出無分散，一色芭蕉觀</u>。
>
> 第二相者，次觀身分芭蕉之觀，轉虛空明淨，猶如聚沫，名為<u>水沫觀</u>。
>
> 第三相者，觀此沫觀，一切身分轉空明淨，如水上泡，名為<u>泡觀</u>。
>
> 第四觀相者，觀此泡觀，轉空微薄，猶如泡影，名為<u>影觀</u>。
>
> 第五相者，觀此影觀，一切身分，不見相貌，猶如虛空，名<u>虛空觀</u>。❾❹

　　慧思此段「五種明觀」之觀法，在開始觀身如水沫、泡、影、虛空之前，先觀身如「芭蕉」，因而此段禪觀論述，清晰地建立了傳統佛教四念處修法與大乘般若禪觀間之關聯性。有關觀身如「芭蕉」之觀法，南傳《清淨道論》觀身修法中有如下一段可與慧思上段「五種明觀」之「芭焦觀」加以對照：

---

❾❹《卍續藏經》第五十五冊，《隨自意三昧》，頁499上。

「肉」有<u>九百片肉</u>。一切的顏「色」都是赤的，與甄叔迦花相似，「形」——脛的肉團像<u>多羅的葉包食物之形</u>；股（大腿）的肉像研石之形；臀部的肉向灶的後邊之形；背的肉像多羅果汁所作的糖板之形；兩邊的肋肉像倉庫的（壁）塗以薄薄的黏土之形；乳房的肉像投在地上的黏土團之形；兩臂的肉像兩只剝了皮的大鼠之形。如是取了粗（肉）的人，對於細（肉）亦得明白。「方位」——生在（上下）二方。「<u>處所</u>」——<u>包住三百多骨</u>。「界限」<u>——下面（裡面）以附著骨聚的面積，上（外面）以皮膚，橫以相互（的肉）為限</u>。……❺

慧思《隨自意三昧‧住威儀品》中之身如芭蕉觀，筆者推測有可能是南傳系統中觀身體之九百片肉內覆骨聚，外包皮膚，層層相疊之一種形容方式。而慧思以此皮肉筋骨之觀法為基礎，觀查氣息由皮至髓，一時出入無礙，方得以進昇至觀身如水沫、泡、影、甚至虛空等觀。筆者推測，對身體筋肉進行細部觀察的身念處觀，在慧思與禪師學習的《摩訶衍》大乘禪觀中，觀「身如芭蕉」及「氣息由皮至髓出入」之修法乃為一初級禪觀，為傳統佛教觀身禪法轉向《摩訶般若蜜多經》中「水沫、泡、影、虛空」觀之基礎。慧思即在此禪觀之基礎上，來理解並實行《摩訶般若蜜多經》中的「實相」。由於吾人可得見《摩訶般若蜜多經》中「水沫、泡、影、虛空」觀乃

---

❺ 覺音著、葉均譯《清淨道論》中冊，北投慈航禪寺分院、中和聖慈精舍印行，頁39。

由傳統身念處禪法延伸所修得之觀境,而非僅為譬喻性說法。

在此一「大乘四念處」的修法基礎上,慧思在《諸法無諍三昧法門》,則以《摩訶般若波羅蜜經》中「一念中具萬行」與《法華經》中菩薩/佛陀禪觀境界會通,以達成「普現色身三昧」:

> 一切皆從禪生。何以故?三世十方無量諸佛若欲說法度眾生時,先入禪定,以十力道種智,觀察眾生根性差別,知其對治得道因緣,以法眼觀察竟,以一切種智說法度眾生。一切種智者,名為佛眼,亦名現一切色身三昧,亦名普現色身三昧。**96**

在此慧思對於《法華經》修行成果之界定,使吾人對於法華禪觀之修行階程之理解又加深了一層。一般對於《法華經》修行成果之討論,多限定於《妙法蓮華經‧法師功德品第十九》中之「六根清淨」境界,而不會以〈藥王菩薩本事品第二十三〉、〈妙音菩薩品第二十四〉、〈觀世音菩薩普門品第二十五〉中所見的「現一切色身三昧」為目標來修習法華禪觀。然而考察《妙法蓮華經‧藥王菩薩本事品第二十三〉,藥王菩薩乃以修習《法華經》而成就「現一切色身三昧」:

> 爾時彼佛為一切眾生喜見菩薩及眾菩薩、諸聲聞眾,說《法華經》。是一切眾生喜見菩薩,樂習苦行,於日月淨

---

96 《大正藏》第四十六冊,頁627下。

明德佛法中，精進經行，一心求佛，滿萬二千歲已，得現一切色身三昧。得此三昧已，心大歡喜，即作念言：「我得現一切色身三昧，皆是得聞《法華經》力，我今當供養日月淨明德佛及《法華經》。」❾❼

慧思提出以「現一切色身三昧」為目標的菩薩禪觀使我們更進一步貼近《法華經》之境界，也使吾人確立，與觀世音等大菩薩相關之感應，亦可被視為是法華禪觀的一種顯現。❾❽

有關智顗之法華禪觀，限於篇幅無法在此詳述，但簡要來說，慧思將《法華經》中許多境界皆視為其菩薩禪觀修習目標之觀點對智顗影響相當大。如其《釋禪波羅蜜次第法門》即為一菩薩禪修法門。經修得此一以「四禪」為基礎，以「法華」、「念佛」、「覺意」、「首楞嚴」諸大三昧為最上禪門之基礎修習後❾❾，在《法華三昧懺儀》中以懺悔六根為方便，以行道誦經配合禪坐之方式為正行修習《法華經》。因而在《法華玄義》中智顗會開展出以高級禪觀之操作來詮釋《法華經·見寶塔品第十一》中大樂說菩薩欲見多寶佛身，釋迦牟尼佛分身來集時，釋迦牟尼佛三變土田以容納會眾外之天人之事：

---

❾❼《大正藏》第九冊，頁53上。
❾❽有關慧思《大乘止觀法門》，由於根據聖嚴法師在其碩士論文《大乘止觀法門之研究》之考察，引用《法華經》之處相當有限，因此在本文中不予討論。見聖嚴法師《大乘止觀法門之研究》第一章第二節〈本書徵引的經論詳考〉，頁9-33。
❾❾《大正藏》第四十六冊，頁475中。

三變土淨者，此正由三昧。

三昧有三：初變娑婆，是「背捨」能變穢為淨；

次變二百那由他，是「勝處」轉變自在；

後變二百那由他，是「一切處」於境無閡。⑩

「背捨」指「八背捨」；「勝處」指「八勝處」；「一切處」指「十一切處」，皆為《釋禪波羅蜜次第法門》中所討論的出世間禪法。⑩

（三）宋元臨濟楊歧諸宗及明代諸家對法華禪觀之運用

由近來學術研究可見，宋元明清之禪宗雖然「不立文字」，但絕非完全排斥佛典之使用。以唐代禪宗來說，印順導師在《中國禪宗史》分析禪宗思想之走向，由菩提達摩初傳四卷《楞伽阿跋多羅寶經》，至六祖之後，眾流逐漸匯歸於曹溪，以《金剛般若波羅蜜多經》為主，此論已為學界普遍接受。然而《妙法蓮華經》在禪宗思想中所占地位至今仍是一尚待開發之學術議題。

陳志明在〈一山一寧禪學思想中對《法華經》之引用──以「方便品」：「是法住法位，世間相常住」為例〉一文中，對此一論題有相當深入之探析。⑩陳志明一文以元代赴日

---

⑩ 《大正藏》第三十四冊，頁114中。
⑩ 見《大正藏》第四十六冊，《釋禪波羅蜜次第法門》卷第十，頁540下～546中。
⑩ 見陳志明〈一山一寧禪學思想中對《法華經》之引用──以「方便品」：「是法住法位，世間相常住」為例〉。國立雲林科技大學研究專題課程論文。

禪僧一山一寧（1247~1317）為中心。一山一寧以赴日後為日
本五山文學之開端而聞名。由於一山初出家時先從處謙學《妙
法蓮華經》，並於延慶寺學習天台教觀，後遇頑極行彌而由教
入禪。由師承來看，一山之師頑極行彌為臨濟宗七傳後創立
「楊歧」的楊歧方會一系法脈。[103]

　　一山一寧雖以楊歧宗禪師之身分赴日，然其對《妙法蓮
華經》之修行並未終止，如其在出任建長寺住持時，即曾為法
光寺慶誦千部《法華》修懺，並陞座講說以《法華》意涵為主
之法語。[104]一山一寧之法華思想究竟來自於其學習天台教觀之
時期，抑或也有受禪宗影響之成分？據陳志明比對《一山國師
妙慈弘濟大師語錄》及其他禪籍，禪宗大師如唐末雲門文偃禪
師（864~949）即於《雲門匡真禪師廣錄》中舉《肇論》之境
界來說明《法華經》中「是法住法位，世間相常住」一句：

　　　舉肇法師云：「諸法不異者，不可續鳧截鶴夷嶽盈
　　壑，然後為無異者哉。」師云：「長者天然長，短者天然
　　短。」又云：「是法住法位，世間相常住。」[105]

　　雲門禪師此論一出，在禪宗內即形成一流傳廣遠之傳
承。如鼓吹「看話禪」而與宏智正覺之「默照禪」相輝映宋代

---

[103] 楊歧方會之六傳弟子密庵咸傑傳曹源道生，道生傳癡絕道沖後，道沖傳頑
　　極行彌。見《一山國師妙慈弘濟大師語錄》，收於《大正藏》第八十冊。
[104] 見《大正藏》第八十冊，《一山國師妙慈弘濟大師語錄》，頁315中。並
　　見陳志明與《妙法蓮華經》經文之詳細比對。
[105]《大正藏》第四十七冊，《雲門匡真禪師廣錄》，頁560中。

臨濟宗楊岐派僧大慧宗杲禪師（1089～1163）於上堂說法時，
曾直接引用雲門禪師的上述觀點：

> 上堂舉肇法師云：「諸法不異者，豈曰：『續鳧截鶴，
> 夷嶽盈壑，然後為無異者哉？』」雲門大師道：「長者天
> 然長，短者天然短。」又云：「是法住法位，世間相常
> 住。」⑩

　　同時代的楊岐派法演禪師則以「是法住法位」來說明萬
物以其本來面目存在於天地宇宙之間，一切現成，不假造作之
本來面目之觀照方式：

> 將東弗于逮作一箇佛，南贍部洲作一箇佛，西瞿耶尼
> 作一箇佛，北鬱單越作一箇佛，草木叢林是佛蠢動，含靈
> 是佛。既恁麼，又喚什麼作眾生？還會也未。不如東弗于
> 逮還他東弗于逮，南贍部洲還他南贍部洲，西瞿耶尼還他
> 西瞿耶尼，北鬱單越還他北鬱單越，草木叢林還他草木叢
> 林。蠢動含靈還他蠢動含靈。所以道，是法住法位，世間
> 相常住。⑩

　　而楊岐派密菴禪師（1118～1186）則以「是法住法位，世
間相常住」來解釋山河大地，六凡四乘無異之本質：

---

⑩《大正藏》，第四十七冊，《大慧普覺禪師語錄》，頁826上。
⑩《大正藏》，第四十七冊，《法演禪師語錄》，頁661下。

　　<u>是法住法位，世間相常住</u>。如是，則山河大地，不礙眼
光。四聖六凡，互為主伴。坐見聲和響順，萬法無差。⑩⑧

　　據陳志明考察一山一寧對「是法住法位，世間相常住」
之引用，乃承續禪宗祖師引僧肇《肇論》之說而來，並以「靈
山一會未曾散，落落玄音演妙蓮，已眼豁開親見了，青山綠水
自依然」之方式來會通天台與禪。

　　在明代有關《物不遷論》的諍論中，有關《法華經》
「是法住法位，世間相常住」與《物不遷論》之關係乃是華
嚴宗僧鎮澄（1547～1617）與憨山德清（1546～1623）等諸
家辯論的重點之一，學界已有豐富的研究成果⑩⑨，筆者在此不
再贅述，僅引憨山《肇論略注》中以親證《法華經》「是法住
法位，世間相常住」之一段定境，來詮釋《物不遷論》中「人
則謂少壯同體，百齡一質，徒知年往，不覺形隨」之論來略做
說明：

　　此引梵志之事，以釋雖遷而不遷，以明昧者不覺之義
也。且梵志自少出家，白首而歸。鄰人見之，謂昔人猶

---

⑩⑧《大正藏》，第四十七冊，《密菴和尚語錄》，頁970上。
⑩⑨ 參見江燦騰〈晚明「物不遷論」的諍辯研究——諸家的意見與空印鎮澄
的答辯〉，《東方宗教研究》第二期，1990年10月，頁185-227。並參見
江燦騰《晚明佛教叢林改革與佛學諍辯之研究——以憨山德清的改革生
涯為中心》，臺北：新文豐出版社，頁203-300。及黃國清〈小乘實有論
或大乘實相論——分析明末三大師的「物不遷論」解釋立場〉，《中華
佛學學報》第十二期，1990年，頁393-409。及邱敏捷《《肇論》研究的
衍進與開展》，高雄：復文出版社，2003年。

在，是以昔之朱顏為今之老耄。梵志答曰：「吾似昔人，
非昔人也。」意為少壯自住在昔而不來，豈可以今之老耄
排去而至昔耶？此不遷之義明甚，但鄰人不知，故愕然非
其言，是昧者不覺之意也。予少讀此論，竊以前四不遷義
懷疑有年。因同妙師結冬蒲阪，重刻此論，校讀至此，恍
然有悟，欣躍無極，因起坐禮佛，則身無起倒；揭簾出
視，忽風吹庭樹，落葉飛空，則見葉葉不動。信乎旋嵐偃
嶽而常靜也。及登廁去溺，則不見流相。歎曰：「誠哉！
江河競注而不流也。」於是回觀昔日《法華》「世間相常
住」之疑，泮然冰釋矣。是知論旨幽微，非真參實見，而
欲以知見擬之，皆不免懷疑漠漠。❿

憨山大師此段實證法華境界之敍述，承襲了羅什僧團對
於《般若》及《法華》應並修之大乘禪觀行法，也支持了賴鵬
舉由石窟史料中所發現的《肇論》與《法華》之密切關係。

三、聖嚴法師之法華禪觀及法華思想

聖嚴法師自述其自年幼時期起，即受到觀音菩薩慈悲的
庇佑，其學養歷程深受《妙法蓮華經·觀世音菩薩普門品》中
觀音信仰之影響。此外，聖嚴法師在三十三歲於美濃朝元寺靜
修時期，即先以拜《妙法蓮華經》為主要功課之一。其雖未曾
論及其修行《妙法蓮華經》之體證，然由其後期之著作及願行
來看，此一時期的《妙法蓮華經》修行對其禪法及思想影響皆

❿《卍續藏經》第五十四冊，頁335上～中。

相當深遠。以下分四點說明聖嚴法師之法華禪觀及法華思想。

（一）以菩薩禪法為中心之「人間淨土」思想及「觀音法門」

聖嚴法師創建「法鼓山」以推動人間淨土，而「法鼓山」一詞可見於《妙法蓮華經》的〈方便品第二〉會眾見世尊於無量義三昧中放光欲說《妙法蓮華經》之前：

> 今佛世尊欲說大法，雨大法雨，吹大法螺，擊大法鼓，演大法義。諸善男子！我於過去諸佛，曾見此瑞，放斯光已，即說大法。是故當知，今佛現光，亦復如是，欲令眾生，咸得聞知一切世間難信之法，故現斯瑞。⓫

此外，於〈藥草喻品第五〉中亦有大通智勝佛受諸梵天王請法而說《妙法蓮華經》時，亦被喻為「擊法鼓」：

> 大通智勝佛得阿耨多羅三藐三菩提時，其國中間幽冥之處，日月威光所不能照，而皆大明。其中眾生，各得相見，時諸梵天王，一心同聲以偈頌曰：「唯願天人尊，轉無上法輪，擊于大法鼓，而吹大法螺，普雨大法雨，度無量眾生。我等咸歸請，當演深遠音。」⓬

⓫《大正藏》第九冊，頁3下。
⓬《大正藏》第九冊，頁24中。

而在〈藥王菩薩本事品第二十三〉中，釋迦牟尼佛並告宿王華如來，讀誦《妙法蓮華經》者將會「擊大法鼓」：

> 汝若見有受持是經者，應以青蓮花盛滿末香，供散其上。散已，作是念言：「此人不久必當取草坐於道場，破諸魔軍，當吹法螺、擊大法鼓，度脫一切眾生老病死海。」⑬

聖嚴法師亦曾經明確地表示，其人間淨土思想，乃依據《般若經》、《法華經》、《維摩詰經》諸大乘經典而來：

> 我們所提倡的「人間淨土」，它的基礎思想是依據《般若經》、《法華經》、《維摩詰經》諸大乘經，以「發菩提心」而成就眾生、淨佛國土。⑭

然而聖嚴法師所引用的這些大乘經典與其推動之禪修之關係為何？仔細閱讀這些大乘經典，除聖嚴法師提出之「發菩提心」思想外，「成就眾生，淨佛國土」一語即為《妙法蓮華經》中所揭示的菩薩大乘禪觀修法。如《妙法蓮華經·信解品第四》中，須菩提等諸大聲聞弟子在聞說佛以唯一大事因緣說法，聲聞亦將成佛後之回應，乃以聲聞及菩薩禪觀之差別為聲

---

⑬ 《大正藏》第九冊，頁54下～55上。
⑭ 見聖嚴法師《教育·文化·文學》，〈「第三屆中華國際佛學會議」閉幕詞〉，收入《法鼓全集·第三輯·第三冊》，臺北：法鼓文化，初版，1999年，頁101。

聞及菩薩修法差別之主要焦點：

> 慧命須菩提……瞻仰尊顏而白佛言：「我等居僧之首，
> 年並朽邁，自謂已得涅槃，無所堪任，不復進求阿耨多羅
> 三藐三菩提。世尊往昔說法既久，我時在座，身體疲懈，
> 但念空、無相、無作，於菩薩法——遊戲神通、淨佛國
> 土、成就眾生——心不喜樂。⑯

由此可見，菩薩禪觀之動機為「淨佛國土、成就眾生」，
而為達成此一目標，其禪觀之修習，必須以如觀音菩薩一般普
現各種色身應化之遊戲神通方式來達成。在《聖嚴法師教觀音
法門》中，聖嚴法師也以此為修行觀音法門之最高目標：

> 觀音之特質在於「大悲」，則建立於「無我的智慧」
> 中，……一般在學習的過程中，大抵可劃分為四類階梯：
> 一、並不特別了解，也不特別認識觀世音。只是懵懵懂
> 懂，將觀音菩薩與民間的仙、道、神、……等一起並供
> ……。二、略略認識觀世音，也了解、學習了一點佛法佛
> 理，卻無法放下「自我中心」……三、進入《心經》的
> 「照見五蘊皆空」，以及《楞嚴經》的「反聞聞自性」的
> 階段……。放下主觀的自我和客觀的對象，而能證覺「空
> 性的智慧」。四、融入眾生和娑婆苦難中，和光同塵。行
> 者體達「空性、無我的智慧」，則須反歸娑婆濁世，教

---

⑯《大正藏》第九冊，頁19中。

育、協助、悟覺、拔贖所有沉淪、受苦的有情。……他的
外表宛然與眾生的面貌一模一樣，同樣歷煎著生老病死、
坎坷折磨，卻能以無量的心、行，無量的行動與實踐，諦
現了生命的尊嚴與光華，安慰了普世受苦的心靈。⑯

　　聖嚴法師此段論述中之第三與第四階段，雖未如慧思一
般以引自《般若經》之「大乘四念處」的般若法門及直接引自
《妙法蓮華經》之「普現色身三昧」等詞語來說明此二階段之
境界，然其內容及次第卻是相當近似的。⑰亦即，先修習空性
的智慧去除自我中心，再以解脫眾生苦難為目標，展現各種度
化的智慧與方便之行動實踐。因而在《法鼓山故事》中，聖嚴
法師對於興建「法鼓山」觀音菩薩道場之眾多觀音感應過程及
書中之書法，皆充滿了法華禪觀之意味。如書中聖嚴法師提到
為祈願觀音書寫「觀世自在」時之用意：

　　　　我也寫了「觀世自在」四字，意謂觀音菩薩慈悲不間斷
　　救濟眾生，任何時候都自在化世，希望我們每一個人也能
　　夠學習觀音菩薩的精神，快樂助人，自己也成長，隨時隨
　　地都是和喜自在的。⑱

---

⑯ 聖嚴法師《聖嚴法師教觀音法門》，臺北：法鼓文化，2003年，頁110-111。
⑰ 有關慧思以「普現色身三昧」為其修行法華三昧目標之詳細內容，請參
　　見註㊺，頁276-286。
⑱ 聖嚴法師《法鼓山故事》，臺北：法鼓文化，2007年，頁104。

　　若由慧思法華禪觀即修習如觀世音菩薩一般的「普現色身三昧」之深度來看，聖嚴法師這段看似平靜簡單之願行自述，則具有非凡之意義。也由此點，聖嚴法師在《法鼓山故事》中之偈誦墨寶：「靈山勝會尚未散，法華鐘鳴靈山境」⑲之深刻法華義涵，方得以解明。

（二）聖嚴法師曹洞與話頭禪教學中對《妙法蓮華經》之引用

　　聖嚴法師同時傳承了中國禪宗臨濟的話頭禪與曹洞默照禪兩個法脈，聖嚴法師於《聖嚴法師教默照禪》中自言，當他在跟老師修行著力時，用的是話頭禪，而在六年的閉關期間，主要修習的禪法為默照禪。⑳而在其禪法教學及講錄中，常可看見其引用《妙法蓮華經》之處。

　　首先，聖嚴法師將默照禪法及話頭禪皆溯源回六祖慧能之「一行三昧」禪法。法師提出：默照禪法雖於十二世紀由宏智正覺提倡，但默照禪法的源頭，主要出於《六祖壇經・定慧品》之「一行三昧」禪法：

　　　一行三昧者，於一切處，行、住、坐、臥，常行一直心是也。

---

⑲ 同註⑱，頁112。
⑳ 聖嚴法師《聖嚴法師教默照禪》，臺北：法鼓文化，2003年，頁23。

　　而話頭禪同樣地來自「一行三昧」禪法。㉑基於對「一直心」乃指「於一切法，勿有執著」，亦即「於念而無念」、「於相而離相」之理解，聖嚴法師將六祖慧能之「一行三昧」禪法界定為天台智者大師四種三昧中，承襲自慧思「隨自意三昧」的「非行非坐三昧」，明確地界定了天台禪法與禪宗之關係，並指出了曹洞宗禪法及話頭禪間之密切關聯。㉒此種關聯於聖嚴法師收錄於《聖嚴法師教默照禪》中於宋朝元祐年間（1086～1093）住於長蘆寺的宗賾慈覺禪師之《坐禪儀》中亦相當明顯。如其中宗賾慈覺禪師之〈一、坐禪須發心〉、〈二、善調諸事〉等次序及敍述與次第即與天台智顗的《釋禪波羅蜜次第法門》及《小止觀》相當類似。此外，其〈三、安樂法門〉之章節標題不但令人聯想起《妙法蓮華經・安樂行品第十四》之標題，在〈四、禪定是急務〉中，宗賾慈覺禪師更直接引用《妙法蓮華經・安樂行品第十四》：「在於閑處，修攝其心。安住不動，如須彌山。」等語。此外在〈三、安樂法門〉中宗賾慈覺禪師亦引《摩訶止觀》卷八下〈觀魔事境〉為行人參考。㉓可見聖嚴法師將曹洞宗默照禪法與天台禪法相聯繫之判別之文獻根據。

　　在《聖嚴法師教默照禪》中，有一章名為〈法住法位，世間相常住〉㉔，此句出於《妙法蓮華經・方便品第二》：

㉑ 聖嚴法師《聖嚴法師教話頭禪》，臺北：法鼓文化，2009年，頁107。
㉒ 同註㉑，頁49。
㉓ 同註㉑，頁209-222。
㉔ 同註㉓。

諸佛兩足尊，　　知法常無性，

佛種從緣起，　　是故說一乘。

<u>是法住法位，</u>　　<u>世間相常住，</u>

於道場知已，　　導師方便說。❿

　　在此章中，聖嚴法師靈活地將此句應用於大自然的萬物如鳥、魚之生態觀察，並將之運用於基於清楚觀照而在人我相處中之慈悲及智慧之拿捏，最後方以現代理性之語言直說「法住法位，世間相常住」乃指一切現象，都有其自身之位置、狀態、立場。清清楚楚地覺知其發生之狀況，即是「法住法位，世間相常住」。❿從本文第四節中有關傳統禪宗對《妙法蓮華經》「法住法位，世間相常住」一句引用及詮解的方式來看，聖嚴法師不但延續了臨濟禪師及黃檗宗人對於「法住法位，世間相常住」之開展，更以理性的語言，將此一大乘實相禪法之精髓，廣泛地運用於現代複雜的人事與人心，賦予法華經文新的時代表述方式。

（三）聖嚴法師《絕妙說法──法華經講要》中之以親證法華禪觀為本之法華思想

　　在聖嚴法師的《絕妙說法──法華經講要》中，我們可發現其將中國佛教的禪宗相信眾生皆有佛性源自《涅槃經》之

---

❿《大正藏》第九冊，頁9中。

❿ 同註❿，頁124-125。

說，重新導向以《法華經》為依據。⑫此種作法之功用在中國
佛教思想史中之意義，與六朝時期的慧思有相似之處。黃國清
指出：

> 在南北朝的判教學說中，《法華經》的地位一向居於諸
> 經之上，《大般涅槃經》之下，因為經中並未論說佛性常
> 住的意義，被視為教理不圓。《法華經》被推升至最高的
> 地位，以致成為中國佛教各派宗師難以迴避的一部經典，
> 智顗的老師慧思扮演了極其關鍵的角色……⑫

聖嚴法師雖然並未明顯地對《涅槃經》與《法華經》之
高下做出判別，然由上文論述中來看，其思想中有關《法華
經》之各種呈現方式是較為顯著的。

有關聖嚴法師《絕妙說法──法華經講要》中之法華思
想特色，黃國清在〈聖嚴法師對《法華經》的當代詮釋〉中，
歸納出三個面向，即眾生成佛的思想、佛身永住的深義、及人
間淨土的理念。⑫特別呈顯出《法華經》在聖嚴法師思想中之
實踐意涵。將聖嚴法師鑄造「法華鐘」之理論依據，即依《妙
法蓮華經·方便品第二》中之「一稱南無佛，皆已成佛道」所

---

⑫ 聖嚴法師《絕妙說法──法華經講要》，臺北：法鼓文化，2002年，頁
6-7。
⑫ 黃國清〈慧思《法華經安樂行義》對《法華經》的引用與詮釋〉，《普
門學報》第三十八期，2007年，頁103-124。引文見頁103。
⑫ 黃國清〈聖嚴法師對《法華經》的當代詮釋〉，《第二屆聖嚴思想國際
學術研討會》論文集，2008年，頁335-360。

成立之圓頓法門，並與禪宗的「一念與佛相應即是佛心」之觀點會通，並以「法華鐘」將法鼓山建設為一在現代具有《法華經》之靈山淨土之深意明確地掌握，可說是對聖嚴法師《絕妙說法——法華經講要》做了最佳之詮解。⑬

在《絕妙說法——法華經講要》中與禪修有關之部分如聖嚴法師在詮釋《妙法蓮華經·方便品第二》中之「開佛知見、示佛知見、悟佛知見、入佛知見」一句時，提到：

> 禪宗也講修行要有修有證，要悟入佛性，這也是從《法華經》來的。⑬

可見其以悟入成佛為目標之大乘菩薩禪法，受《法華經》影響極深。而由此亦可見聖嚴法師的法華思想，乃是以親證悟入的法華禪觀為主體。

以親證悟入的法華禪觀為主體，日常生活事務則無一不是修習法華禪觀之對象及法華禪觀之展現。因此聖嚴法師常以切近日常之例，使聽者對於經中之內容產生親近之感，以鼓舞聽者發起菩提道心，如講解《妙法蓮華經·方便品第二》中最後一句「千二百羅漢，悉亦當作佛」時，聖嚴法師開演道：

> 今天晚上農禪寺聽講《法華經》的，正好也是一千二百

---

⑬ 聖嚴法師〈為何法鼓山的鐘以《法華經》銘文〉，《人生》雜誌第二八〇期，2006年12月，頁28-29。

⑬ 同註⑫。

人，我無能給諸位授記作佛，但我勸勉諸位，人人發願，
當來之世，必定成佛。⓲

　　此種看似簡單，實而包含願一切眾生成佛之願行，相當
契合於《妙法蓮華經·安樂行品第十四》中作意眾生皆得領會
《法華經》中眾生當得成佛之願：

　　　　又，文殊師利！菩薩摩訶薩，於後末世法欲滅時，有持
　　是法華經者，於在家、出家人中生<u>大慈心</u>，於非菩薩人中
　　生<u>大悲心</u>，應作是念：「如是之人，則為大失。如來方便
　　隨宜說法，不聞不知不覺、不問不信不解，其人雖不問不
　　信不解是經，我得阿耨多羅三藐三菩提時，隨在何地，以
　　神通力、智慧力引之，令得住是法中。」⓳

（四）由法華行願之角度看聖嚴法師一生之志業與遺願

　　由聖嚴法師之法華禪觀及法華思想來看，聖嚴法師一生
念茲在茲的觀音法門、行腳國際教學禪法及辦學之德行、創建
「法鼓山」推廣以禪修建設人間淨土、及其圓寂時所留下之偈
誦「虛空有盡，我願無窮」中願度一切眾生之大願，似乎皆已
涵蓋於《妙法蓮華經·普賢菩薩勸發品第二十八》中之四種願
行之中：

⓲ 同註⓲，頁72。
⓳《大正藏》第九冊，頁38下。

> 佛告普賢菩薩：「若善男子、善女人，成就四法，於如來滅後，當得是法華經：一者、為諸佛護念；二者、殖眾德本；三者、入正定聚；四者、發救一切眾生之心。善男子、善女人，如是成就四法，於如來滅後，必得是經。」⓲

藉由將自身置身於觀音菩薩的悲願照護下、以行腳國際教學禪法及辦學培植各種成佛的資糧德本、創建以禪修正定為推廣建設人間淨土的「法鼓山」、及其直至圓寂仍不忘眾生並發下無盡救度之悲願，聖嚴法師之一生，雖如其所言，於「本來沒有我」的性空面乃為「無事忙中老」，如「夢裡有哭笑」，但在菩薩大悲之緣起力用面，則是永不懈倦的「虛空有盡，我願無窮」法華願行的現代展現。

四、聖嚴法師法華禪觀之重要性及時代意義

就筆者由國際學界及中國禪史的角度來看，聖嚴法師以親證悟入的法華禪觀具有下列幾點極為重要的時代意義。

（一）為國際學界對解讀翻譯《妙法蓮華經》提供一新的觀點

2009年美國最重要的宗教學會 AAR（American Academy of Religion）年會的重要主題之一，即為「《妙法蓮華經》之解讀及翻譯問題」，由於《妙法蓮華經》在亞洲佛教發展之整體重要性，西方學界早已深刻體會到《妙法蓮華經》之重

⓲《大正藏》第九冊，頁61上。

要性。以筆者於2009年三月參加，由立正佼成會於夏威夷舉辦之第十三屆 *Lotus* Seminar: "Seminar on the *Lotus Sūtra* and Interfaith Relations" 中之學者討論來看，目前西方學界極為重視《妙法蓮華經》之解讀與翻譯問題。然而因為翻譯前必先解讀，因此《妙法蓮華經》之解讀問題更形重要。目前學界對於此一問題之關注點為多面向的，由《妙法蓮華經》之義理問題，到竺法護譯本問題、鳩摩羅什譯本之解讀問題、鳩摩羅什譯本與現存梵藏本間差異之問題、及《妙法蓮華經》英文課誦本翻譯之可能性等問題。聖嚴法師承襲中國歷代法華禪觀，以親證悟入的方式來理解及運用《妙法蓮華經》的成果，可為國際學界解讀《妙法蓮華經》提出新的視角。

（二）何離巽「大乘佛教起源說」中所見的大乘經典與大乘禪觀之關係

西方近代興起之大乘佛教起源理論中，以何離巽（Paul Maxwell Harrison）所提出的大乘起源說，為近年來西方佛學研究中，最引人注目，且最具影響力之重要理論之一。在何離巽提出此新論之前，學界中有關大乘起源之理論多依平川彰所提出的大乘起源出自佛塔崇拜及對佛陀的追思之說。平川彰於1968年提出此學說後，其影響遍及日本、西方與臺灣。雖然印順法師早在1981年即在《初期大乘佛教之起源與開展》中提出對平川彰之理論之質疑，並提出對大乘起源之不同看法，可惜由於《初期大乘佛教之起源與開展》並未以英文出版，因而國際學界對印順法師之理論較不熟悉。何離巽「大乘起源論」的主要內容及其對平川彰大乘起源論之批判，整理於其

1992年應大谷大學之邀，演講有關其大乘佛教起源論之研究方法論的講稿中。此講稿經整理後出版於1995年 *The Eastern Buddhist XXVIII*, "Searching for the Origins of the Mahayana—What are we looking for?"（〈尋找大乘的起源——我們在尋找什麼？〉）。文中何離異提出五點與大乘起源有關之大乘佛教特質為：⑱

　　1. 在家佛教徒在大乘興起中所扮演角色。

　　2. 有關菩薩、佛陀、及佛塔的崇拜儀式與大乘興起之關係。

　　3. 大乘興起時之宗教及文化背景。

　　4. 禪定之重要性。

　　5. 神通在大乘興起時宗教競爭中之絕對重要性。

　　何離異並指出平川彰的理論過度地受到日本佛教型態及新興宗教影響，此種類型之宗教亦即 Helen Hardacre 所稱之「在家中心主義」⑱。由於此種以在家信徒為中心的聯想，平川彰建構出以在家佛教徒為中心的佛塔崇拜活動，進而推動而終至演變為大乘佛教運動的說法。何離異以漢藏譯本對讀之方式研究《般舟三昧經》，並引用 Gregory Schopen 之一系列與印度考古學相關的研究之後，提出下列論點：大乘佛典中雖常提到佛塔崇拜，但仔細究其上下文，其實提到佛塔之處大多是在彰顯行般若、記誦佛經、特別是修行三昧等修行方式之優越性，因為在經文中這些活動皆比崇拜佛塔更受到佛陀之讚揚。

---

⑱ 何離異所指出的五個大乘佛教特質為：見其 "Searching for the Origins of the Mahayana—What are we looking for?" *The Eastern Buddhist XXVIII*, 1995。

⑱ 印順法師亦曾提出此種看法。

此外何離巽亦從大乘經典及考古研究成果來詮釋常出現在大乘
經中的在家菩薩的地位為何。目前何離巽之理論在西方已引起
相當重視，同時也常為臺灣學者引用。

　　何離巽指出，大乘經典中最重要，但最受忽略之要素，
即為禪修、神通與大乘經典間的密切關係。何離巽認為，唯一
能解釋為何大乘佛教能獲得如此全面性成功之主因，乃在於大
乘禪修者透過更深刻的禪修後所獲得之神通和智慧，使其能受
到大眾信服，因而得以宣揚大乘教理和經典。何離巽相信，大
乘佛教起源之動力，應該來自森林比丘。這些比丘由於遠離世
俗，潔淨身心，嚴守戒律，因而能得神通而在各宗派競爭間取
得優勢。

　　在何離巽提出此一理論之後，許多西方學者紛紛開始研
究早期漢譯大乘佛典，而其中 Florin Deleanu 之 "A Preliminary
Study on Meditation and the Beginnings of Mahayana Buddhism"
中，指出大乘禪法所批判的對象，並非原始佛教之禪修方法，
而是對於這些方法的詮釋與應用，因此早期大乘經中所見之禪
觀乃是採取原始佛教之禪法架構，而加以重新詮釋並更靈活運
用。由Deleanu此一觀點可見，中國早期天台祖師對漢譯大乘
經論如《般舟三昧經》、《大般若經》、《首楞嚴三昧經》之
詮釋極為重要，因此亦漸漸受到國際學者重視。

　　然而大乘經典如何成為一種禪觀？本文中所剖析之歷代
法華禪觀及聖嚴法師承襲中國傳統法華禪觀而開展出的菩薩實
相禪觀，即為此一問題提出了解答的線索。

（三）聖嚴法師禪教結合之模式為中國禪重新往「依教修心」禪或「實相禪」方向發展之契機

禪法與經教如何結合，始終為禪法發展中一重要課題。太虛法師〈中國佛學特質在禪〉一文中提到，在菩提達摩未到中國傳禪法前，提到道宣推崇天台止觀教觀並重之模式，即針對菩提達摩們下對戒律及經典之態度而提出之批判。而唐代圭峰宗密雖推重達摩所傳禪法，然亦提出有關達摩禪法之警言：

> 達摩未到，古來諸家皆四禪八定，天台依三諦修三止三觀，義雖圓妙然亦前諸禪相。達摩所傳，頓同佛體，迥異諸門，故宗者難得其旨。得即疾證菩提，失則速入塗炭，錯謬者多，疑謗亦眾。

可見禪宗之禪法在中國之被接受乃漸進的。然而在歷經宋元明清以來有「默照禪」及「話頭禪」等禪法逐漸開展起來。聖嚴法師身兼臨濟宗及曹洞宗之傳人，然亦深研經論，並提倡「正信的佛教」，開創一兼具經典思想及禪法指導之體系。其禪法中對於《妙法蓮華經》之重視，實可回溯到鳩摩羅什依《般若經》及《法華經》修空觀之「實相禪」。並將中國禪法在經歷「悟心成佛禪」、「超佛祖師禪」、直至宋元明清以降由於僧人教育水準的普遍下降，禪宗不執泥於文字表相的「不立文字」成為某些拒絕宗教學識者的藉口[137]，而逐漸形成反智、反經教的禪宗之後，又逐漸朝向中國早期「依教修心」重新轉向之契機。

---

[137] 參見冉雲華〈佛教中的「多聞」概念──佛學與學佛問題的展開〉，《中華佛學學報》第五期，1992年，頁31-48。

The *Lotus Sūtra* thought and meditation in Master Sheng-yen's Ch'an System

Ching-wei Wang

Assistant Professor
Department of Chinese Language and Culture for International Students,
National Taiwan Normal University

▌ Abstract

This paper is an examination of Master Sheng-yen's Chan, especially his practice of the Lotus Samadhi, in the contexts of the evolution of Chinese meditation practice in general and the specific practices of the Lotus Samadhi.

This focus is based on the following questions. First, Master Sheng-yen received transmission from both the Linji and the Caodong Chan school lineages, yet the sūtra related to Chan school has been in general either the *Lankavatara Sūtra* or the *Diamond Sūtra*. For example, the development of the Ch'an tradition before the eighth-century China was depicted by Master Yinshun as a transition of ch'an practices with the *Lankavatara Sūtra* expounded by Bodhidharma as its center to practices with the *Diamond Sūtra* exalted by the sixth patriarch Hui-neng as its focus.

However, a careful analysis shows the special role of the *Lotus Sūtra* in Master Sheng-yen's meditation system as well as his "pure land in human realm" movement. The *Lotus Sūtra* is not only the *sūtra* that he practiced during his retreat, but also was quoted very often when he was expounding both mozhao and huatou chan practice. Furthermore, the term "Dharma Drum" in the name of the Dharma Drum Mountain is derived from the *Lotus Sūtra* but not the *Dimond Sūtra*. Finally, a Lotus bell was also cast as the religious symbol of the Dharma Drum Mountain. What are some of the earlier sources or inspirations for Master Sheng-yen's Lotus meditation practice? How does he sees the relationship between the *Lotus Sūtra* and meditation?

In this paper, I will analyze Master Sheng-yen's biographies and his writings to clarify the *Louts Sūtra* meditation in his meditation system. A historical survey of the practices of the Lotus Samadhi will also be made.

Key words：Master Sheng-yen, *The Lotus Sūtra*, Kumārajīva, The Lotus Sūtra meditation/Lotus Samadhi, Mahāyāna meditation

The Use of the Li Hexagram in Chan Buddhism and its This-Worldly Implications

Brook Ziporyn

Professor
Department of Religious Studies, Northwestern University
National University of Singapore

▍ Abstract

The "Cantongqi" 參同契, attributed to Shitou Xiqian 石頭 希遷(700-790), is a short text of 220 characters that first appears in verifiably dated document in the biography of Shitou in the *Zutangji* 祖堂集 of 952. Shitou is considered the ur-patriarch of Caodong Chan (Jp: Soto Zen), traditionally regarded as a student of Huineng's student Qingyuan Xingsi 青原行思 (660-740), and as the teacher of Yaoshan Weiyan 藥山惟儼(745-828), who was the teacher of Yunyan Tansheng 雲巖曇晟 (780-841) whose student was the Caodong Patriarch Dongshan Liangjie 洞山良 价 (807-869). This text, which is still recited as part of the daily liturgy in Japanese Soto Zen monasteries today, sharply contradicts popular stereotypes of Zen as a freewheeling form Buddhism that eschews textual intricacy, tradition and learning, for it is an extremely dense text that utilizes an extended metaphorical structure presupposing a deep familiarity with indigenous Chinese light-dark and yin-yang symbolism as derived from the *Yijing* 易 經 and its commentarial tradition, from which, indeed, the text borrows its name. For this reason, perhaps, the text has been little studied and even less understood. In spite of its exemplary status as a true amalgamation of Buddhism and Chinese thought, there have been almost no attempts in modern Chinese Buddhism to reclaim the legacy of this text. Master Shengyan's commentary to the text in his *Baojing wujing* 寶鏡無境 (Fagu, 2008) is one of the very rare exceptions. But this text marks a distinctive systematic attempt to reconfigure the traditional understanding of Buddhism into a truly "this-worldly" form of practice, propounding a notion of practice and enlightenment that is thoroughly intermelded with the world of phenomena. For this reason, an understanding of this text can make a great contribution to the construction of modern Humanistic Buddhism of a distinctly and deeply sinitic kind. In this paper I will attempt to unravel the dense symbolism of the text in the hopes of clarifying its distinctive understanding of Buddhist practice enlightenment, and its modern relevance. Of special importance in understanding this text is its insistence on the ineluctable copresence of knowing and not-knowing even in the state of Enlightenment, which may be regarded as an integration of Daoist conceptions of sagehood into the Mahayana notion of the interfusion of samsara and nirvana. Enlightenment is not to be imagined as a state of perfect transparence and clarity, but as an enfoldment of the "light" in the "dark" and the "dark" in the "light." This conception expresses one of the most profound and unique ideas of the Chinese cultural heritage: that the comprehensive inclusion and harmony of "both this and that" is superior to the pure and exclusive presence of only "this," even when "this" is defined as something that is superior to "that."

Key words：Chan Philosophy, Soto (Caodong) Zen History, Shitou Xiqian's "Cantongqi", Humanistic Buddhism, Li Hexagram, Yin-Yang Thought in Chan

1. Light, Darkness and the Li Hexagram in Caodong Chan Texts

The "Cantongqi" 參同契 , attributed to Shitou Xiqian 石頭
希遷(700-790), is a short text of 220 characters that first appears
in verifiably dated document in the biography of Shitou in the
Zutangji 祖堂集 of 960. Shitou is considered the ur-patriarch of
Caodong Chan (Jp: Sōtō Zen), traditionally regarded as a student
of Huineng's student Qingyuan Xingsi 青原行思(660-740),
and as the teacher of Yaoshan Weiyan 藥山惟儼(745-828), who
was the teacher of Yunyan Tansheng 雲巖曇晟(780-841) whose
student was the Caodong Patriarch Dongshan Liangjie 洞山良
价(807-869). This text, which is still recited as part of the daily
liturgy in Japanese Soto Zen monasteries today, sharply contradicts
popular stereotypes of Zen as a freewheeling form of Buddhism
that eschews textual intricacy, tradition and learning, for it is
an extremely dense text that utilizes an extended metaphorical
structure presupposing a deep familiarity with indigenous Chinese
light-dark and yin-yang symbolism as derived from the *Yijing* 易
經 and its commentarial tradition, from which, indeed, the text
borrows its name. For this reason, perhaps, the text has been little
studied and even less understood. In spite of its exemplary status as
a true amalgamation of Buddhism and Chinese thought, there have
been almost no attempts in modern Chinese Buddhism to reclaim
the legacy of this text. Shi Shengyan's commentary to the text in
his *Baojing wujing* 寶鏡無境(Taipei: Fagu, 2008) is one of the
very rare exceptions. But this text marks a distinctive systematic
attempt to reconfigure the traditional understanding of Buddhism
into a truly "this-worldly" form of practice, propounding a notion
of practice and enlightenment that is thoroughly intermelded
with the world of phenomena. For this reason, an understanding
of this text can make a great contribution to the construction of
modern Humanistic Buddhism of a distinctly and deeply sinitic
kind. In this paper I will attempt to unravel the dense symbolism
of the text in the hopes of clarifying its distinctive understanding

of Buddhist practice enlightenment, and its modern relevance. Of special importance in understanding this text is its insistence on the ineluctable copresence of knowing and not-knowing even in the state of Enlightenment, which may be regarded as an integration of Daoist conceptions of sagehood into the Mahayana notion of the interfusion of samsara and nirvana. Enlightenment is not to be imagined as a state of perfect transparence and clarity, but as an enfoldment of the "light" in the "dark" and the "dark" in the "light." This conception expresses one of the most profound and unique ideas of the Chinese cultural heritage: that the comprehensive inclusion and harmony of "both this and that" is superior to the pure and exclusive presence of only "this," even when "this" is defined as something that is superior to "that."

Here is the complete text of the Cantongqi, in the original Chinese and in my English translation:

竺土大僊心	東西密相付	人根有利鈍	道無南北祖
靈源明皎潔	枝派暗流注	執事元是迷	契理亦非悟
門門一切境	迴互不迴互	迴而更相涉	不爾依位住
色本殊質象	聲元異樂苦	暗合上中言	明明清濁句
四大性自復	如子得其母	火熱風動搖	水濕地堅固
眼色耳音聲	鼻香舌鹹醋	然於一一法	依根葉分布
本末須歸宗	尊卑用其語	當明中有暗	勿以暗相遇
當暗中有明	勿以明相睹❶	明暗各相對	比如前後步
萬物自有功	當言用及處	事存函蓋合	理應箭鋒拄
承言須會宗	勿自立規矩	觸目不會道	運足焉知路
進步非近遠	迷隔山河固	謹白參玄人	光陰莫虛度

---

❶ For these two lines, the *Zutangji* version has: 當明中有暗，勿以明相遇。當暗中有明，勿以暗相睹。

The mind of the great sage of India
Is secretly transmitted both east and west.

Human capacities may differ in their acuity, But in the Way there is no patriarch of Northern or Southern [School].

The numinous source is bright, pure and shining.

But in its separately branching streams, it flows on darkly.

Clinging to phenomena is of course a delusion; But accord with the true principle alone is also not enlightenment.

All objects perceived by all our sense organs
Turn back toward each other, and turn back not.

Since they turn back toward each other, they are all interfused.

Since they do not, each abides in its own position.

Now form originally comes in different shapes and appearances.

Sound is always differentiated into the pleasant and the unpleasant.

So "darkness" is also appropriately used to describe what is upstream, near the source;While "brightness" discloses the idea of differentiation into clear and turbid.

Each of the four elements spontaneously returns to its true nature,
Like a child finding its mother.

Fire is hot, wind is moving, water is wet, earth is firm; The eyes see forms, the ear hears sounds, the nose smells scents, the tongue tastes flavors.

But each and every phenomenon puts forth these varied leaves while forever depending on its root.

Root and branch must together return to their source; Their designation as either exalted or base lies only in our use of language.

When brightness has darkness within it, we must not treat it [merely] as brightness.

When darkness has brightness within it, we must not look at it [merely] as darkness. ❷

For brightness and darkness are in all cases paired, like the

---

❷ My translation follows the *Zutangji* version.

front and rear foot when walking.

Each thing has its own meritorious power; we should speak of them in whatever way will allow their function to fully develop.

Phenomena are present [in the true principle], like a lid fitting a pot.

The true principle responds [to phenomena], like the tip of an arrow bearing the previous arrow up.

The words we transmit must accord with the basic meaning of the teaching; Do not set up guidelines of one's own.

If all that meets your eye cannot be brought into accordance with the Way

How will your feet ever know the road to walk?

Just keep moving forward—it matters not how far is left to go.

It is when they are separated off from you by your ignorance

That the mountains and rivers stand firm in your way.

Earnestly I [make bright and] beseech all who take part in this [dark] mystery:Do not let the passing of the light and the darkness [i.e., time] go by in vain.

The light/darkness imagery of this text is front and center, and immediately leaps to the eye. It works on several levels at once, creating a highly complex and dense set of ideas about Buddhist practice and enlightenment that would be further elaborated and nuanced throughout the Caodong tradition, which went on to produce a number of texts in the same vein, notably the *Baojing Sanmei ge* attributed to Dongshan himself, where the Yin/Yang structures of the *Yijing* are explicitly invoked (causing much confusion among later scholars!), and the "Five Ranks" verses. All of these texts play on the same light/dark symbolism, which can thus be regarded as the unifying thread of the tradition, creating as well its own distinctive method of expression, as different from the reasoning of the sutras and sastras as it is from the shock tactics of the more well-known Linji and Yunmen branches of Chan.

What do "light" and "dark" mean here? The primary meaning is given in the fourth and fifth lines of the verse: "The numinous source is bright, pure and shining. But in its separately branching streams, it flows on darkly." As Master Shengyan says, brightness in this context represents Emptiness, here described as the "numinous source," while darkness represents all conditioned dharmas, "because all such dharmas have obstructions; all dharmas are in the realm of Being (*you*), but obstruction and attachment are a part of Being. Emptiness is bright, because it is free of all obstructions and attachments. Emptiness is also called Principle (*li*), while conditional dharmas are called Events or phenomena." ❸ It is true that "brightness" is in this line of our poem a word for the ultimate, for the absolute, for Emptiness. But it must also be remembered why this particular image becomes an important stand-in for Emptiness in this stage of Chan history. Indeed, "light" imagery is very prominent in early Chan texts, notably in the works attributed to Huangbo and Linji, representing the opposite tendency in Chan history. These texts often fall back on light as their most desubstantialized word for the true Buddha, the Buddha-nature, the True Mind and so on, all of which names come under harsh criticism. What is the true Buddha? Just mind, says Chan, is the Buddha. But a term like "mind" is already objectified, i.e., an object of mind. It is something of which we can have a thought or an awareness, rather than the awareness which can be aware of anything. What early Chan wants to point to is the fact of absolute subjectivity itself, for which any and every term, as standing for an object, is ultimately inappropriate. What is really meant is the very fact of awareness itself, the illumination of the sensorium as such, like the brightness of a mirror. Brightness has no color or shape of its own, but it illuminates, discloses, every other possible color and shape; it is what makes all presences present, without itself being any single particular presence. Hence we are often told that the real Buddha "is just this numinous brightness that is here before you." It is the very pre-objectified act of perception which you are now

---

❸ Shengyan fashi, *Baojingwujing* (Taipei: Fagu, 2008), p. 31.

undergoing. "Brightness" is a last frontier symbol for this, when all other symbols have been deconstructed.

Shitou's poem presupposes this development as a starting point. But it then moves on to complexify and nuance this symbol, to turn it over. This begins already in the following couplet: "Clinging to phenomena is of course a delusion; But accord with the true principle alone is also not enlightenment." "Phenomena," as Shengyan points out, is so far equivalent to "darkness," "brightness" to Principle or ultimate truth. So when we are told that clinging to principle is also not enlightenment, it means clinging to brightness, mind, awareness alone is also not enlightenment. Mind devoid of its dark, opaque, particularized objects is also not enlightenment. To clear away all the dark, of all the particular phenomena in the world, all the obstructions and opacities, is not the way to enlightenment.

This theme is also important already in much early Chan. It is a key point made in the Platform Sutra, for example, where Huineng pointedly rejects the idea of enlightenment as a "cutting off of thoughts." This is a rejection of a certain quietist understanding of Chan teaching, associated polemically with the Northern School, which prizes the stillness of mind, awareness as such, without engaging any objects of awareness. The true mind, which is suchness, must flow freely; the thoughts, mental events, perceptions, are the function of suchness itself. Chan wants to reject pure transcendence, pure quiescence, pure "brightness." There must be "darkness" against which, or as which, this brightness can function.

Shitou's verse will go even further in this direction. The next couplet introduces a new concept and an additional nuance: "All objects perceived by all our sense organs/Turn back toward each other, and turn back not." The key term here is "turning back to each other" (回互 *huihu*), and we are told immediately, paradoxically, that all things both do this, and do not do it. What is it to "turn back toward each other"? The idea seems to imply the standard Buddhist idea of interdependence: these individual things all depend on one another, and hence they must be referred back to each other to find their origin, their source, their real nature. In this sense they are all interfused, undivided and undifferentiated. But at the same time, this does not detract from each one being exactly what it is, differentiated, expressing perfectly just this essence that it is. Though each is interfused with all the others, they cannot be confused with one another; each is here as just as it is. In this sense they are independent of one another, "each abiding in its own position."

Here again we see the characteristic motif of *bothness*, which has already been introduced in the line about Principle and Phenomena. The dominant theme in this work is the copresence, the both/and structure, of both the differentiated and the undifferentiated. This is already signaled in the title of the work, "The Concordance of Sameness and Difference." The interfusion of all phenomena is Principle. Their independence is Phenomena. Neither one alone is enlightenment. They must always both be accounted for.

But this term *huihu* has a more specific meaning in the Caodong tradition, which appears explicitly in the *Baojingsanmeige* attributed to Yunyan, the teacher of Dongshan, to whom it is also attributed by some sources. This text does not appear in the *Zutangji*; its first dateable appearance is in the *Jingdechuandenglu* of 1004. Since it is difficult for us to reconstruct the exact sequence and source of composition of these texts, it is impossible to know for sure if Shitou's use of this phrase can be interpreted in terms of its usage in the—putatively later—Yunyan text. But I will venture the hypothesis here that we can gain some clarity on the issue by tentatively assuming that it can; we will see how much clarification of Shitou's text can be derived from this procedure. For the Yunyan poem's usage of the term *huihu* drives us deeply into the arcana of *Yijing* hexagram structure and interpretation. Here is the Yunyan (or Dongshan) text, the part, with my translation:

寶鏡三昧

如是之法　佛祖密付　汝今得知之　宜善保護
銀碗盛雪　明月藏鷺　類之弗齊　混則知處
意不在言　來機亦赴　動成窠臼　差落顧佇
背觸俱非　如大火聚　但形文彩　即屬染汙
夜半正明　天曉不露　為物作則　用拔諸苦
雖非有為　不是無語　如臨寶鏡　形影相睹
汝不是渠　渠正是汝　如世嬰兒　五相完具
不去不來　不起不住　婆婆和和　有句無句
終不得物　語未正故　重離六爻　偏正回互
疊而為三　變盡成五　如荎草味　如金剛杵
正中妙挾　敲唱雙舉　通宗通途　挾帶挾路
錯然則吉　不可犯忤　天真而妙　不屬迷悟
因緣時節　寂然昭著　細入無間　大絕方所
毫忽之差　不應律呂　今有頓漸　緣立宗趣
宗趣分矣　即是規矩　宗通趣極　真常流注
外寂中搖　繫駒伏鼠　先聖悲之　為法檀度
隨其顛倒　以緇為素　顛倒想滅　肯心自許
要合古轍　請觀前古　佛道垂成　十劫觀樹
如虎之缺　如馬之馵　以有下劣　寶幾珍禦
以有驚異　黧奴白牯　羿以巧力　射中百步
箭鋒相值　巧力何預　木人方歌　石女起舞
非情識到　寧容思慮　臣奉於君　子順于父
不順非孝　不奉非輔　潛行密用　如愚若魯
但能相續　名主中主

This teaching has been transmitted secretly from the Buddha and the Patriarchs.

Having obtained it, you should carefully cherish and protect it.

Like snow in a silver bowl, or a heron hidden against the bright moon: Categorized together, they are still not the same; though mixed together as one, they are still distinguishable.

The meaning does not reside in any words, but adapts to each opportunity to that arrives.

Move and you are in a trap; miss and you fall into regret.

Like a great mass of fire, turning away from it or coming into contact with it are equally mistaken.

To portray it in any literary form is already to defile it.

In the middle (*zheng*) of the night, its brightness shines; but in the light of day it's not revealed.

This is the standard of all things, which functions to remove their suffering.

Although it is not constructed, neither is it wordless.

It is like encountering a precious mirror, so that form and reflection gaze upon one another: You are not him, but he is precisely (*zheng*) you.

Like an infant who has all five marks (of Buddhahood): not going, not coming, not rising, not staying, Goo goo ga ga, he speaks without speaking, Never quite saying anything, because his words are not yet right (*zheng*).

It is like the six lines of the Li hexagram, In which the "rightly positioned" (*zheng*) and "askew" (*pian*) turn back toward one another.

They stack up into threes, and all their permutations come to five, Like the five-flavors of the hyssop plant, like the five-pronged *vajra*, Wondrously sandwiching in the midst of rightly matched, rhythm and song arising at once.

It penetrates both the source and the outgoing roads, Sandwiching and nested threads, sandwiched and nested roads, [As the Li Hexagram texts says,], such "crisscrossing" brings good fortune, For it can in no way be contravened.

Uncontrived and subtle, it belongs to neither delusion nor enlightenment.

Within each cause and condition, at each time and season, It is both serene and illuminating.

So minute it enters everywhere without gap, so vast it transcends all location.

Yet with the slightest deviation, you fall out of tune.

Now there are sudden and gradual, various teaching and approaches arising in various conditions.

Though the teachings and approaches are each separate, each contains the standard.

When any teaching is mastered and any approach reaches its ultimate, the true eternity flows through them.

Those who are still within but shaken without are like tethered colts or cringing rats.

The ancient sages took mercy on them and offered them the Dharma.

Following their own perverse views, they take black for white, But when perverse views are extinguished, the right mind spontaneously accords.

To follow the ancient tracks, please observe the ancient sages.

The Buddha, showing his completion of the path, sat still for ten eons, Like a tiger leaving remnants of his prey, like a horse leaving its hind shoe.

For those of lesser abilities, a jeweled table and a brocaded robe; For those astonished and wondering, a house cat and a white ox.

The skill of Archer Yi could hit a target at a hundred paces, But that is no match for the skill of two arrows hitting in midair.

As soon as the wooden man sings, the stone girl rises to dance; Since it cannot be known by thought or feeling, what use is thinking about it?

The minister serves his lord, the son obeys his father; If not they are unfilial and disloyal.

Practicing in secret, functioning unseen, stupid and rustic—

If only this is continued, it can be called the master within the master.

I will postpone a full exegesis of this very dense and cryptic poem for another time. For the present purposes, I want to focus on the lines: "It is like the six lines of the Li hexagram, In which the "rightly positioned" (*zheng*) and "askew" (*pian*) turn back toward one another. They stack up into threes, and all their permutations come to five...." (*Li liuyao pianzheng huihu/die er wei san, bianjin cheng wu* 重離六爻，偏正回互，疊而為三，變盡成五). This line has led to extensive and wildly disparate interpretations over the past thousand years, as commentators have struggled to devise a system of hexagram analysis that would add up correctly. The differences rest on what is meant by the "three" and the "five" here, and how they relate to the lines of the hexagram.

Shengyan, in his commentary to the *Baojingsanmei*, offers a creative adaptation of the interpretation first clearly presented by the Qing dynasty Pure Land master Jieliu Xingce 截流行策 (1628-1682) in his remarkable work, *Baojingsanmei benyi* (寶鏡三昧本義).❹ Master Shengyan offers a clear and illuminating exegesis of the complex system of correlations devised by Xingce to explain the "three" and the "five" in relation to the Li hexagram, what precisely is meant by *zheng, pian*, and *huihu* in this context, and to then link these five to five stages of Buddhist practice as understood by the Caodong School and evidenced in some of its other classical teaching materials, most notably Dongshan's

---

❹ Xujangjing 63.217-221. Though the text is attributed to one "Jingxi," neither the identity nor the dates of this figure have been discoverable. We may speculate that Xingce is the real author and that this attribution is used by him as a literary trope meant an homage to the great Tang Tiantai master Jingxi Zhanran, who could not possibly be the real author, meant to indicate a distant intellectual lineage in Tiantai thought.

"Five Ranks," to be discussed below. I will briefly summarize this interpretation of Xingce and Master Shengyan.❺

Here is the Li Hexagram:

```
─────────────
────   ────
─────────────
─────────────
────   ────
─────────────
```

The essence of the Xingce/Shengyan approach is to take pairs of lines as the basic unit under discussion. There are three different kinds of pair in this hexagram:

```
                        ─────────────
                        ────   ────

            ─────────────
            ─────────────

────   ────
─────────────
```

That is what is meant by "They stack up into three."

However, if we stairstep upward through the hexagram, taking one pair of lines at a step, and then interlocking the steps, using the top line of one pair as the bottom line of the next pair, we end up with five steps:

```
         ─────────────
         ────   ────     5.
    4.   ─────────────
         ─────────────   3.
    2.   ────   ────
         ─────────────   1.
```

---

❺ See Master Shengyan, *Baojingwujing* (Taipei: Fagu, 2008), pp. 92-100.

This is what is meant by "all the permutations add up to five."

This understanding of the hexagram's "three" and "five" is shared by Xingce and Shengyan. The circular figures used as illustrations of these five interlocked pairs of lines is also identical in their readings. However, Shengyan reverses Xingce's interpretation of *zheng* and *pian*. For Xingce, *Zheng* refers to enlightenment, while *pian* refers to delusion. Shengyan, though noting that ordinarily we would expect the *zheng* to correlate with enlightenment and *pian* with delusion, cites the Chan insistence that delusion is enlightenment, going against the commonsensical view of ordinary people, and thus reverses the associations: *zheng* refers to delusion, whie *pian* refers to enlightenment.❻ Moreover, Shengyan uses "light" to represent enlightenment, and "dark" to represent delusion, while Xince uses "light" to represent phenomena or delusion and "dark" to represent Principle or enlightenment. But for both Shengyan and Xingce, enlightenment is represented by the unbroken Yang lines, and delusion is represented by the broken Yin lines. They simply reverse the names, so that Xingce calls the unbroken line symbolizing enlightenment zheng while the Shengyan calls it pian, and vice versa for the broken lines symbolizing delusion. Neither, however, gives a full explanation of why this term is chosen to symbolize enlightenment, and that one delusion.

Shengyan: Enlightenment = *pian* = light = unbroken line ————
      Delusion =*zheng* = dark = broken line —— ——
Xingce: Enlightenment =*zheng* = dark = unbroken line ————
      Delusion   =*pian* = light = broken line —— ——

This would not make any difference if we these terms did not appear in the Five Ranks of Dongshan. However, when we try

---

❻ Ibid., p. 93.

to match the meaning of these five steps with the Five Ranks of Dongshan, many difficulties arise for either Xingce's or Shengyan's interpretation. The text of the Five Ranks is as follows, translating the titles according to Shengyan's and Xingce's interpretation:

(1) 正中偏　三更初夜月明前，莫怪相逢不相識，隱隱猶懷舊日嫌。

(1) Enlightenment Within Delusion (Shengyan)
Delusion Within Enlightenment (Xingce)

  At the beginning of the night, the third watch, before the light of the moon.
  No wonder they meet without recognizing one another.
  Hiddenly, they still embrace suspicions/beauties from former days.

(2) 偏中正　失曉老婆逢古鏡，分明覿面別無真，休更迷頭猶認影。

(2) Delusion Within Enlightenment (Shengyan)
Enlightenment Within Delusion (Xingce)

  The late-rising old woman encounters an ancient mirror.
  Clearly she sees the face there, and indeed there is no other true likeness.
  But don't go on to mistake the reflection for your head.

(3) 正中來　無中有路隔塵埃，但能不觸當今諱，也勝前朝斷舌才。

(3) (Delusion) Arriving Within Enlightenment (Shengyan)
(Enlightenment) Arriving Within Delusion (Xingce)

  In the nothingness there is a road which surpasses all the worldly dust.

Just avoid the present emperor's tabooed name
And you surpass all the eloquence of ancient times.

(4) 兼中至　兩刃交鋒不須避，好手猶如火裡蓮，宛然自有
沖天志。

(4) Both Sides Arriving

Two blades meet, no need to avoid each other.
The master swordsman is like a lotus in the flame
Naturally his heroic spirit penetrates to the heavens.

(5) 兼中到　不落有無誰敢和，人人盡欲出常流，折合還歸
炭裡坐。

(5) Both Sides Fully Realized

Falling into neither being nor nothingness—Who dares
harmonize with such a tune?
All people want to distinguish themselves from the common
flow.
Back and forth it goes, but always returning to sit in the
coals.

Shengyan's interpretation is to take each step here as correlated
to one pair of lines in the hexagram, reading from the bottom up.
The first stage is the position of a practitioner of the path who has
seen the Buddha-nature: enlightenment has made an appearance
within delusion. The second stage is the arduous practice that
follows, focusing on the delusion which is still an obstacle to full
realization: delusion is still present within this enlightenment, and
requires the greatest attention. The third stage is when delusion is
completely submerged within enlightenment, so that the delusion
is completely latent and can for the present no longer manifest
at all. The fourth stage is the disappearance of both delusion and
enlightenment, going beyond both—for with the disappearance of

delusion into enlightenment, the contrast that sustains them both disappears and both vanish. The fifth stage is the reappearance of both delusion and enlightenment in the enlightened function that makes use of delusion in its compassionate activity in the world, where there is apparently only the ordinary world of delusion, but this delusion is actually identical to the highest enlightenment.

Since Xingce reverses the denotation of *zheng* and *pian*, his interpretation of the stages is necessarily different. Due to limitations of space I will not go into Xingce's reading of the stages in more detail here. Both versions have something interesting to say about understanding the attitude toward practice and the phases of relation between delusion and enlightenment in the progress of a Buddhist practitioner, and have their own validity (as upayas) in explicating those ideas through a creative use of the available symbols. But neither can, in my opinion, give a convincing account of how these stages are supposed to match up with the five verses offered by Dongshan in explanation of these five ranks, as given above. Neither gives a sufficient explanation of the meaning of *zheng* and *pian* in this context, and how they come to be correlated this way, and how they play out in these verses. To find another path into this understanding, I believe we need to reconsider the light and dark imagery and the traditions of Yijing commentaries that inform these metaphors, and revisit the implications of the "five" and "three" in Yunyan (or Dongshan's) verse. Of utmost importance for this will be an investigation of the significance within traditional Yijing commentary and hexagram interpretation of *zheng*, *pian* and *zhong* ("Center"), the three key terms in the names of the Five Ranks, and the context of the original Precious Mirror poem, where the trope of the Li hexagram is offered *specifically as an explanation of the seeing of one's own face in a mirror*. ("It is like encountering a precious mirror, so that form and reflection gaze upon one another: You are not him, but he is precisely (*zheng*) you…"). For it is the image of the *mirror*, and its special significance in the Caodong Chan theory of subjectivity and of the relation of delusion and enlightenment, that is the key to understanding the use of "light" and "dark" and the Li hexagram in these texts.

2. A New Interpretation of the Li Hexagram's Use in the Five Ranks

For that reason, I would like to here offer a new explanation of what is being said here about the hexagram, which differs somewhat from the traditional explanation taken up by Shengyan in his commentary to this verse. A full discussion and justification of the various alternate schemas and my reasons for my own reading would require a long and detailed discussion which must be postponed for the present. It is hoped that some of the justification for this suggestion will be made clear in the details of the exegesis to follow. But for our present purposes we can at least make use of the specification this verse gives us for the interpretation of the key terms *zheng* and *huihu*. The Li hexagram, again, looks like this:

Now the term "centered" (*zheng* 正) has a particular meaning in traditional *Yijing* hexagram interpretation, neglected in the Xingce exegesis. It means for a line to be in a position that bears the same yin-yang valence as itself. A yin line in a yin position is *zheng*. A yang line in a yang position is also *zheng*. The unbroken lines are yang. The broken lines are yin. The positions are counted from the bottom up, and in all hexagrams these positions are also given a valence, which alternates between yin and yang. The lowest position is yang. The second position is yin. The third position is yang. The fourth is yin, the fifth is yang, the sixth or top is yin. Although *pian* is not normally used as the technical term for the antonym of "centered" in traditional hexagram commentary, we can easily see that it is being borrowed here for the more technical phrase *buzheng* 不正, in a cleverly punning overlap of two symbol systems. Looking at the hexagram again, we can now see exactly what *huihu* means. For the Li hexagram is composed of two identical trigrams, also called Li, which are stacked on top of one another. The bottom Li trigram has three lines, yang-yin-yang, in three positions, which are also yang-yin-yang. In other words, every line of this trigram is *zheng*, centered, in its proper position. The top Li trigram is identical: yang-yin-yang. But the three positions it occupies have just the opposite valence: yin-yang-yin. That means the entire trigram is now off-center, not in its proper position, *buzheng* or *pian*. In other words, the two trigrams composing this hexagram are identical, but at the same time they are complete opposites: the *zheng* and the *pian* version of the same thing are presented as facing each other.

```
———————————    （不正＝偏）
———    ———    （不正＝偏）
———————————    （不正＝偏）

———————————    （正）
———    ———    （正）
———————————    （正）
```

The implication of this for our present purposes will become apparent in a moment.

For it is at this point that the Shitou's verse takes a profound and decisive turn: "Now form originally comes in different shapes and appearances./Sound is always differentiated into the pleasant and the unpleasant./So 'darkness' is also appropriately used to describe what is upstream, near the source;/While 'brightness' discloses the idea of differentiation into clear and turbid." What we have here is a second-order *reversal of the bright/dark metaphor.* Given the fact that it is only the differentiated that can be known,

seen, apprehended, the numinous source is actually "dark," not
bright: it is unknowable, beyond any illumination or brightness.
The differentiated "branches," on the other hand, are "bright": they
are what is seen, known, felt, disclosed.

What we have here is the characteristic Chan idea expressed
simply in the phrase, "The eye cannot see itself." The eye, the
source of all vision, is what is unseen. Whatever is seen is not the
eye. Hence the source, or the mind, or suchness, or the Buddha,
is forever shrouded in darkness, by definition, and whatever
is illuminated is not the source, is not the Buddha. As the
Diamond Sutra says, whatever has form is not the real Buddha.
That is, whatever can be known, whatever can be an object of
consciousness at all, is not the Buddha. For the Buddha, the true
mind, the real subject, is not in the light: the Buddha is the dark,
the blind spot of our thinking, of our experience. The same idea is
given a more elaborate and striking formulation in the *Surangama
Sutra*,❼ an apocryphal Chinese text that epitomizes many key Chan
ideas. In that sutra, the Buddha tells the tale of a certain unfortunate
man named Yajnadatta, who looked into the mirror one morning
and went insane. For he saw that "other person" there in front of
him, with feet just like him, legs just like him, trunk and arms and
chest just like him, but above that—the other guy has something
he does not: a head!❽ He sees his head in the mirror, i.e., as an
object, and then goes crazy because he thinks that he himself does
not have any "head" comparable to that which he sees there in front
of him—so stable, so visible, so real-looking. But of course it is
just his own real (invisible to itself) head which allows him to see
the illusory (real-looking) head which makes him think he has no
head. The nature of the seeing head is to see other things but not
to be an object itself; it sets up objects in its manner of function,
but errs when it wants to have the reality of an object of the kind

---

❼ 《大佛頂如來密因修證了義諸菩薩萬行首楞嚴經》（T19, no.945）

❽ T19, 121b.

it, through its much greater power, posited in the first place due
to its not being an object, i.e., being a "seeing" rather than a seen.
This madness also is neither self-existent nor caused by anything;
it is not anything real—this is what is meant by its "falseness."
No account of it can be given (there is no "it" to give an account
of). Original awareness just means "not anything, not excluding
anything." Hence the thought of the object is not excluded, and
when it arises, there was no self-nature of awareness to be lost or
occluded thereby. We need not inquire why the awareness fell into
delusion, for this would imply that the awareness was a something,
which could fall or vanish. Like Yajnadatta's real head, it was there
all along, expressing itself all the more in thinking it was absent.
Any and every perception would express it.

Yajnadatta's confrontation with his own reflection is a
metaphor for our existential condition: we see ourselves, but only
in an alienated, objectified form, and then we go insane—delusion
—in seeking to provide our own living, unobjectifiable subjectivity
with the kind of "reality" we have found in objective things, which
are actually nothing but an emanation of our own subjectivity. We
want a head, but we have a head, which is the absence of any head,
the head we can never see, but which is present in all our seeing.

We can now understand the *huihu* just discussed with respect
to Dongshan's use of the Li hexagram. The two trigrams *face each
other as in a mirror*.

```
————————  （不正＝偏）
————  ————  （不正＝偏）
————————  （不正＝偏）

（Mirror）————————————————————

————————  （正）
————  ————  （正）
————————  （正）
```

They are "the same" but simultaneously "exact opposites," just like my real head and the head I see in the mirror. The top trigram is the "off-center," objectified version of the lower trigram. It has all the exact same components, but by being in the wrong "position," its valence is exactly reversed: it shows up as an object. At a later time we can discuss in detail all the images of "same but not same" that show up in the Caodong tradition of teaching verses: the snow in the silver bowl, the white heron in the moonlight, the "late-rising old lady seeing her reflection in an ancient mirror" of the second of Dongshan's "Five Ranks," representing (in my reading) precisely the top trigram: "A late-rising old woman encounters her face in an ancient mirror/clearly she sees her own face, and there is indeed no other likeness/but do not go on to get confused and take the reflection for your own real head." (*Shixiao laopuo feng gujing, fenming dumian bie wuzhen, xiu geng mitou yourenying* 失曉老婆逢古鏡，分明覿面別無真，休更迷頭猶認影。) We see this also clearly in the story of Dongshan's "enlightenment verse," which likewise involves an encounter with a reflection and a tricky double recognition. Dongshan's gatha (not found in Zutangji, published in 956, but found in Jingdechuandenglu, published in 1004): "(Dongshan) said to Yunyan before he departed, "If in a hundred years someone suddenly asks me to describe your true likeness, what should I say?" Yunyan said, "Simply say, Just this is it!"....Later, seeing his reflection in the water as he crossed it, he had a great insight into what he had been told, and composed the following gatha:

Above all I should not seek outside myself! For then he is far from me.
Now I go forth alone, and I meet him everywhere.
Now he is precisely *(zheng* 正*)* me, but I am not him.
Only understanding in this way is one in accord with Suchness.

切忌從它覓　迢迢與我疏

我今獨自往　處處得逢渠

渠今正是我　我卻不是渠

恁須這麼會　方得契如如

This is the incident referenced in the *Baojingsanmei*, from which that text gets its name: "It is like encountering a precious mirror, so that form and reflection gaze upon one another: You are not him, but he is precisely (*zheng*) you." That text goes on to introduce the motif of *huihu*: the true and the false facing each other, as if in a mirror. But one of these is "bright" and the other is "dark." What is "dark"? The *true* head which can *never be seen*. What is "bright"? The *false reflection* which is all that can be seen. It is this that leads to delusion, for there is only the bright to be recognized and identified with, which is the fundamental illusion. So here we have the reversal of the bright and dark: the true is dark, the false is bright. And yet, as Dongshan says, one must neither accord only with "principle"—the unseen head—nor only with phenomena—the reflection: that reflection, the world of phenomena, *is both* me and not me.

The term *hu* also has an extremely important technical usage in hexagram interpretation, neglected in the Xingce/Shengyan interpretation: the term *huti* 互體 is used to denote *embedded trigrams* stacked within a hexagram. It is to this that, in my interpretation, the "three" and "five" of Dongshan's verse refer, which provide the structure for the progression of the "Five Ranks" of later Caodong tradition, further elaborating on the light/dark symbolism initiated in the Shitou verse. But this is a complex topic that will be taken up at a later time.

This motif stands in sharp contrast to the "brightness as source" motif alluded to earlier. Here in Shitou's poem, the two motifs have been brought together, and their apparent contradiction, far from being ignored, is rather put front and center. The contradiction of the two is now seen as a deeper truth: the *bothness* we have mentioned in regard to Principle and Phenomena is now applied to these two alternate systems of interpretation: we must maintain both.

It is at this point in our analysis that we encounter the line of Shitou's poem for which there are two textual variants, which produce wildly different interpretations of the entire meaning of the poem. The version used in modern texts, including both Shengyan's commentary and the Soto liturgical tradition, reads as follows: 當明中有暗 勿以暗相遇 當暗中有明 勿以明相睹 ❾ The meaning of this would be: "When the darkness is within the brightness, we must not treat it as darkness. When the brightness is in the darkness, we must not look on it as brightness." But the oldest version of the text, found in the Zutangji, reads instead: 當明中有暗 勿以明相遇 當暗中有明 勿以暗相睹 The meaning of this would be, rather: "When brightness has darkness within it, we must not treat it [merely] as brightness. When darkness has brightness within it, we must not look at it [merely] as darkness." I propose that we interpret the poem in accordance with the latter meaning, following the earlier version of the text. The implications of this choice are very large, and alter decisively the implications of all the light/dark symbolism in this poem and in the later Caodong tradition, including the Dongshan verses. It is my contention that this reading lends support to my interpretation of the numerical derivations from the Li hexagram in Dongshan's *Baojingsanmeige*. That is a question for later discussion. But here I would like to explore the implications of this interpretation for the understanding of "humanistic Buddhism," and the relation between the phenomenal world and the experience of enlightenment.

The received text, "When the darkness is within the brightness,

---

❾ For these two lines, the *Zutangji* version has: 當明中有暗，勿以明相遇。當暗中有明，勿以暗相睹。

we must not treat it as darkness." I reverse the order in the first phrase because the "it" of the second phrase must, in this version, be interpreted to refer to "darkness." In the *Zutangji* version, on the contrary, the meaning is, "When brightness has darkness within it," we must not treat it—brightness—merely as brightness. The following line in both versions says, basically, "and vice versa." So in the received version, the meaning of the first line is that, since darkness is in brightness—since it is always "both"—we must not treat the darkness as darkness. In other words, because the dark is *situated within* a larger context of brightness, the dark is not the dark. Translating the symbols back into the symbolized ideas, this means: "Since the phenomenal world is *within* the True Mind of Emptiness, it must not be viewed as merely phenomenal." The second line means, in the received version, that since the brightness is always *within* darkness, it must not be viewed as merely brightness.In other words: "Since the True Mind of Emptiness is always within the phenomenal world, it must not be viewed as merely True, Pure, Empty," and so on. That is, in a formula, because X is always *contained in non-X*, X is not just X. This makes perfect sense within Mahayana Buddhist thought, and it is along these lines that the lines, and with them the entire poem and its light/dark symbolism, have been interpreted.

The first line in the *Zutangji* version, in contrast, means that, since the brightness always has darkness *within it*, the brightness is not just brightness. In other words, because X *contains* non-X, it is not just X. The same is true for the second line. Translating into the symbolized ideas, this means: "Because the True Mind of Emptiness *always has phenomena within it*, it is not to be viewed as only True, Pure, Empty, etc. And because the phenomenal world *always has the True Mind of Emptiness within it*, it is not to be seen only as phenomenal."

Now it is quite true that these two versions do in a sense end up saying the same thing: that each of the two always involves the other, and can never be separated, so each alone is to be viewed as always both. We might feel that the difference is only a matter of emphasis. But the *reason* for the "bothness" in the two versions is actually presented as radically different. In the received version, when I look at the phenomenal world I am to remember the True Mind that *surrounds* it, that *contains* it, and thus to realize that this phenomenal world is always also the True Mind. In the *Zutangji* version, on the contrary, when I look at the phenomenal world I am to remember that the True Mind is *within each phenomenon*, and therefore to see this phenomenon as always also the True Mind. The same difference is found in the reverse case. The received version tells me, when I think of the True Mind, to recall also that it is always situated within the phenomenal world—i.e., in my body, in my situation, in a particular phenomenal experience—and therefore to see this True Mind as always also phenomenal. But in the *Zutangji* version, I am instead told to recall that the True Mind is also phenomenal not because it is *within* the phenomenal world, but because the phenomenal world is within it. The question is: does bothness derive from "being contained in" the non-apparent, or does it derive from "containing in itself" the non-apparent. The rest of this paper will explore the practical implications of these two different visions of the relation of delusion and enlightenment, and their diverse implications for humanistic Buddhism.

Now let us return to Dongshan's Five Ranks. In accordance with the above discussion, I am inclined to follow Xingce's reading of *zheng* and *pian*, which is also supported in Caoshan's exegesis in the *Caoshan yulu*: *zheng* represents the dark, the inconceivable, the unspeakable, Principle, Emptiness—the true self, the Buddha-nature, what is never directly speakable, the eye that cannot see itself. *Pian* represents the bright, the conceivable, the speakable, affairs, things—the visible, discernible, describable world, what the eye sees. *Zheng* is darkness and pure enlightenment; *pian* is brightness and phenomenal delusion.

We are now in a position to offer another new explanation of the "three" and the "five" in the hexagram, which I think can be demonstrated to be correct by its high degree of coherence with the content of the Five Ranks and their implications of light and darkness, delusion and enlightenment. In my interpretation the "three" are the three different "huti" trigrams "stacked" within the Li Hexagram:

```
─────────
───   ───
─────────
─────────
───   ───
─────────


─────────
───   ───
─────────
─────────
───   ───
─────────


─────────
───   ───
─────────
─────────
───   ───
─────────
```

The fourth, comprised of the top three lines, is of course a repeat of the first, so the total number of "stacked" trigrams in the Li Hexagram is indeed three. What then are the "five" that are its "total permutations"? They are all the complex relationships of yin and yang embedded in this hexagram, every permutation of yin-yang found there, all the ways in which it presents them, at once. I will give them below, as matched to the "Five Ranks" that explicate their significance for Caodong Chan:

(1) 正中偏　三更初夜月明前，莫怪相逢不相識，隱隱猶懷
舊日嫌。

(1) Phenomena Within Original Enlightenment (the seen within
the unseen seer).

> At the beginning of the night, the third watch, before the
>   light of the moon
> No wonder they meet without recognizing one another.
> Hiddenly, they still embrace enmities from former days.

```
—————————
———   ———
—————————
—————————
———   ———
—————————
```

NEW EXEGESIS: We have *three lines* of verse, matching
the *three lines* of the trigram in the *zheng* position. The entire
trigram is thus *unseen*, the eye that does not see itself, original
enlightenment. However, in the *middle position* (*zhong*) of
this unseen enlightenment is the broken line, which is *pian*,
the mismatched, the decentered, the seen, the head seen in the
mirror: the phenomenal world of delusion. This represents
the stage of the ordinary person: he is living within original
enlightenment all the time, forever meeting it everywhere,
but does not realize it: "they meet without recognizing one
another." This is the brightness concealed in the dark, like the
moon in the midnight sky. The reason for this situation is the
"hidden enmities from former days": the ordinary person's
burden of *karma*. Note that each line includes a "bright"
and a "dark" image. Line one is bright (moon) within dark
(midnight sky). Line two is dark (not recognizing) within bright
(meeting). Line three is again bright ("former days"—literally,

"former suns") within dark ("hiddenly"). This well accords with the complex flipflopping and levels of internesting of light and dark within one alluded to in both the Shitou poem and the Yunyan/Dongshan poem.

This interpretation is amply confirmed by the accompanying explanatory verse, also attributed to Dongshan. This verse is named xiang 向 "Facing" i.e., the unseen facing outward into the world, pervading it, though nowhere explicitly appearing in it.

聖主由來法帝堯　　御人以禮曲龍腰
有時鬧市頭邊過　　到處文明賀聖朝（向）❿

All sagely rulers have imitated Emperor Yao, treating others with ritual propriety, bowing from the dragon waist.
At times it wafts past your head in the busy market— everywhere the aroma of the holy culture singing the merits of the sagely dynasty.

(2) 偏中正　失曉老婆逢古鏡，分明覿面別無真，休更迷頭猶認影。

(2) Original Enlightenment Within Phenomena (The unseen seer appearing within the seen)

The late-rising old woman encounters an ancient mirror.
Clearly she sees the face there, and indeed there is no other true likeness.
But don't go on to mistake the reflection for your head.

---

❿ T47.516a.

NEW EXEGESIS: The same trigram, but now in the *pian* or *buzheng* position: the face in the mirror, what the eye sees. This is the alienated, off-centered image of Yajnadatta's head. It represents the conceptual understanding of the Buddha-nature: an image of the original enlightenment, but distorted because it is an object to be seen, a concept to be thought, a goal to be pursued. Within this image there is indeed a likeness of the true head, but not to be mistaken for that head. Again we have the internesting of light and dark images. Line one has darkness ("old woman"—extreme Yin) within light (the broad daylight of noon). Line two has light ("clearly") within darkness ("no other likeness"). Line three has darkness ("mistaking your head") within light ("recognizing in the reflection.") So again we have dark within light and light within dark, with the reversed valence of all the lines of the same trigram as before, their "mirror image."

This interpretation is again confirmed by Dongshan's accompanying verse. This verse is named *feng* 奉, "Obeying," i.e., the practitioner now deliberately pursuing the desired goal of enlightenment:

淨洗濃莊為阿誰　　子規聲裡勸人歸
百花落盡啼無盡　　更向亂峰深處啼（奉）

Washing and scrubbing, this heavy makeup—for whom? The cuckoo's song goads one toward home.

Even when all the flowers have fallen, its cries are unexhausted, crying even toward the depths of the unruly peaks.

(3) 正中來　無中有路隔塵埃，但能不觸當今諱，也勝前朝斷舌才。

(3) (Phenomena) Emerging from Right in the Center of Original Enlightenment (Emerging from the Unseen Seer)

In the nothingness there is a road which surpasses all the worldly dust.
Just avoid the present emperor's tabooed name
And you surpass all the eloquence of ancient times.

NEW EXEGESIS: This trigram has two lines in the *zheng* trigram and one in the *pian* trigram. It "starts" from the *middle* line (*zhong*) of the *zheng* trigram, as the title indicates. It progresses thus from the *zheng* into the *pian*, the seen emerging from the extreme depths of the unseen. The verse describes a first stage of Chan practice: the total negation of anything determinate, complete negation. However, from this extreme negation of everything and anything, something very powerful manifests, in accordance with the principle that "when something reaches its extreme, it must reverse" (物極必反 *wuji bi fan*) which informs the hexagram system and is embedded in the reversal of midnight into the rebirth of Yang and light. We have again light and dark imagery in lines of the poem. But because we are now dealing with a different trigram, which spans both *zheng* and *pian*, we have a different distribution. Line one has light ("there is a road") within dark ("within nothingness"). Line two has pure darkness ("avoid the tabooed name"), matching the yang on yang of the middle line of this trigram in its current position. From that comes the pure brightness of the third line ("eloquence surpassing former ages"), matching the Yang on Yin of the next line. This refers to the typical type of Chan rhetoric which simply focuses on negations and non-sequitors: "Not mind, not Buddha, not things," "This is not a fly-whisk," etc., corresponding to the position of absolute emptiness and inconceivability: whatever particular claim is made is ipso facto not true. Simply by staying with this total negation, one nonetheless produces a new insight into the world: just avoiding the present tabooed name (whatever one was previously assuming was true), by saying nothing at all, one explicates more of the truth than even the most eloquent of ancient orators.

Once again we have confirmation in Dongshan's accompanying verse. This verse is named *gong* 功, "Accomplishment": that is, the first stage of actually reaching a form of insight:

枯木花開劫外春　　倒騎玉象趁麒麟

而今高隱千峰外　　月皎風清好日辰（功）

Flowers bloom on the dead tree, a spring blooms beyond the ages; backwards riding the jade elephant, chasing the unicorn.
Now is the perfect moment beyond the high and hidden peaks, where the moon shines and a clear wind blows.

(4) 偏❶中至　兩刃交鋒不須避，好手猶如火裡蓮，宛然自有沖天志。

---

❶ I follow the Song exegete Huihong Juefan 慧洪覺范 (1071-1128) in substituting *pian* for *jian* here, for reasons of coherence. However, my interpretation of the "three" and the "five" differs radically from Juefan's, which is harshly (and in my view justifiably) critiqued by Xingce.

(4) (Original Enlightenment) Reaching Right to the Center of Phenomena (The Unseen Seer Arriving Right in the Center of the Seen)

Two blades meet, no need to avoid each other.
The master swordsman is like a lotus in the flame
Naturally his heroic spirit penetrates to the heavens.

NEW EXEGESIS: Here we have the opposite trigram. The previous trigram *came from* the "center" line (of the bottom *zheng* trigram). This trigram *arrives at* the center line (of the top *pian* trigram). The titles of the verses describes this situation exactly. It is thus a mirror image of the previous, but with the *zheng* and *pian* valences exactly reversed. This echoes the relation of the first two verses, representing the first two mirrored trigrams, and the reversal of direction gives us a vivid understanding of meaning of *huihu*. Line one is a Yang line in a Yang position: two brightnesses meet, two "Yangs," neither is "yielding." Hence: "Two swords meet, neither yields …" Line two crosses into the *pian* trigram, which is the seen rather than the unseen, the phenomenal as opposed to the unseen seer of the original enlightenment. Hence here too we have Yang (brightness) in the very midst of *pian* (also a brightness): two brightnesses with no dark: the lotus and the flame, corresponding to wood and fire, the two Yang elements of the Five Phases. The third line reaches the top pair of lines in the hexagram, commonly associated with Heaven as opposed to Earth (the bottom two) and Man (the middle two). This is the ruling line of the entire hexagram, the fifth position. But it is an empty, Yin line. The verse puns on this emptiness with the word *chong* 沖, which means both a gush of something and also "emptiness." It gushes, emptily, into Heaven: exactly the line in the hexagram. This also shows a reversal from extreme Yang to the Yin, from *pian* to *zheng*, from seen to unseen: his heroic spirit penetrates the Heaven, associated with *xuan* (darkness, blackness). This points to the kind of Chan rhetoric that suddenly focuses on a random particular object in the world, just as it is: "The oak tree in the garden." "Three pounds of flax," and so on. By simply illuminating one particular after another, with nothing at all mysterious or profound or hidden, letting everything be just as it appears, suddenly one emerges into the abstruse truth of emptiness, where everything is beyond any fixed appearance. The unseen seer arrives in the very center of the seen, of every phenomenal appearance.

Here is the confirmation from Dongshan's accompanying verse, which is named *gonggong* 共功, "Collective Accomplishment": now it is not only myself as the unreifable subject who is realized: the accomplishment is present in all concrete particulars working together, just as they are; the newness of the many flowers is the "unseen" present in the "seen," "original enlightenment" appearing in the very particularity and separateness of various phenomena:

眾生諸佛不相侵　　山自高兮水自深
萬別千差明底事　　鷓鴣啼處百花新（共功）

Sentient beings and the Buddhas never impinge on one another—the mountain is high of itself, the water is deep of itself.

All the thousands of differences and disparities are a matter of the brightness; but where the partridge sings, all the flowers are renewed.

(5) 兼中到　不落有無誰敢和，人人盡欲出常流，折合還歸
　　炭裡坐。

(5) From Within Both to Within Both (Phenomena Arriving at
　　Enlightenment As Enlightenment Arriving at Phenomena;
　　The Unseeing Seer Manifested in the Seen as the Seen
　　Manifested in the Unseen Seer).

Falling into neither being nor nothingness—Who dares
　　harmonize with such a tune?
All people want to distinguish themselves from the common
　　flow.
Back and forth it goes, but always returning to sit in the coals.

NEW EXEGESIS: Note that the last figure, rank 5, is no
longer even a trigram, but rather a four-lined figure. But it is
still a sandwiching relation of yin and yang embedded in the
hexagram—all the more significant for jumping out of the
traditional trigram system in an unexpected way, encompassing
both of the two inner trigrams at once—a suitable symbol for
Caodong's vision of enlightenment itself. It is in fact both of the
previous two trigrams at once, interested to form a new hyper-
trigram—just what we would expect from the sudden reference
to "both" in the title of this verse, and the "back and forth" of
the final line. The figure is read both up and down, interlocking
as the two trigrams, but thereby forming a meta-version of the
original trigram, exactly reversed: instead of yin sandwiched
within yang (the Li trigram), we have (two) yang within yin—
another huihu, a "crisscross" (cuo—which in Yijing exegesis

means precisely this reversal of yin and yang) as alluded to in the Yunyan/Dongshan poem. The first line negates both light and dark, alluding to the two outer lines of the tetragram: one is the center of the *pian* trigram, which would be "being," the seen, the face in the mirror. The other is the center of the *zheng* trigram, which would be "non-being," the unseen, the eye that cannot see itself, Yajnadatta's real unseen head. This tetragram has the "center" of both of these opposed trigrams, which are further "responding" to each other, in the language of the Yijing commentarial traditions: lines 2 and 5. They are the same but reversed; normally a yin line "responds" only to a yang line and vice versa, but here we have yin versus yin, so there should be no response. However, in the terms of the zheng/pian distinction, they are opposite in valence, and thus *should* respond. Since both are happening at once, the verse gives us a question: "Who dare respond?" This "who?" itself is a form of Chan rhetoric much favored by the Caodong school: not a negation, not an affirmation, but an unanswered question, which is simultaneously both negation and affirmation.

The next line refers to the two center lines of the tetragram. As we saw above, one is the seen emerging from the unseen, the other is the unseen emerging from the seen: we have light to dark and dark to light simultaneously. This is just what we find in line two: everyone wants to emerge from the common flow. To emerge is to go from unseen to seen, from unnoticed to noticed. But when everyone emerges, no one emerges: they all come forward together. Everyone wants to be different from everyone else, and so they are all the same. Light goes to dark by being too much light.

The final line explicates the Caodong ideal of continual practice, taking in the tetragram as a whole: an expanded version of the Kan trigram, which is light within dark. Back and forth refers to the *huihu* between light and dark seen in the previous verses, and now fully integrated into this one figure. "Coal" is light within dark. It is the energy of fire concealed within a black lump. This, I believe, is the image of meditation: a stillness and darkness which has within it the spring of reversal to the most vibrant action. We find a similar idea extended even in the Japanese Sōtō tradition which derives from Chinese Caodong, in Dogen's idea that "practice itself is enlightenment."

This entire figure, be it noted, is composed of "centers." The two outside lines are the centers of the two Li trigrams, while the remaining two lines are together the center of this new hyper-trigram. The bottom Li trigram is the non-objectifiable original mind, the head that cannot see itself. The top Li trigram is the objectified reflection of that mind which is the phenomenal world, the head seen in the mirror. This final figure is a reverse Li trigram, but with an expanded center, a Kan trigram which is made of two overlapping facing reflections, now merged into one: it is two trigrams at once, is both the phenomenal and the seer, both the head that cannot see itself and the head in the mirror, huihu, facing each other, forever expressing each other, back and forth, fully integrated. This integration is not static but dynamic: it is head expressed as the continual process of seeking the head.

Again our interpretation is confirmed by Dongshan's explanatory verse, which is named *gonggong* 功功, "Accomplishment's Accomplishment": since all are accomplishing together, the dichotomy of subject and object has fallen away and there is no longer a "doer" of the realization, there is only the "who?" Continual search is now itself seen as the realization of the search. Accomplishment accomplishes itself, and the accomplishment of one is the accomplishment of all. Practice is enlightenment.

頭角纔生已不堪　　擬心求佛好羞慚
迢迢空劫無人識　　肯向南詢五十三（功功）

As soon as the horns sprout, it is unbearable—what a disgrace to focus one's mind in pursuit of the Buddha!

Since the distant eon of emptiness none has known who this is who consents to go off to the south visiting the 53 wise teachers.

3. Conclusion: What Does It All Mean

Taking a step back, we can now give an overview of the significance derived from the *Book of Changes* imagery in synthesizing the unique Caodong Chan view of the relation of subjectivity and objectivity, the Absolute and the phenomenal, the seen and the unseen, enlightenment and delusion, as follows:

1. The pure undifferentiated mind of enlightenment is never objectified; whatever you can conceive or experience is not "it." It is "beyond" any possible experience of the world.

2. The phenomenal world is all objectified and conceivable objects, states, conditions.

3. These relate as eye and visual world: the eye cannot see itself.

4. The eye is "dark," the world is "bright."

5. These relate in the *Surangama Sutra* as real unseen head and reflection of head in the mirror.

6. The head is "dark and the reflection is "bright."

7. The bright is in the dark and the dark is in the bright: the eye is everywhere and nowhere in the visual field. The head is everywhere.

8. The Five Ranks show us how at all stages the enlightened mind is present in delusion and delusion is present in the deluded mind. All that changes is the arrangement of the two.

9. Rank One: Ordinary deluded life always takes place in the midst of the unrecognized original enlightenment of the Buddha-mind.

10. Rank Two: Buddhist practice starts by presenting Buddha-mind as a specific objectified state within the world of phenomena, toward which we strive.

11. Rank Three: This striving is fulfilled first in the realization that in fact that state is precisely the opposite of all objectification, and can never be an object of pursuit or attainment. From this negation of all determinate contents comes the affirmation of the state of enlightenment.

12. Rank Four: But this also does not amount to a total blank which transcends and excludes all particular states: rather, it is manifest in every object and state, just as it is, without exception. From enlightenment comes the affirmation of all existence.

13. Rank Five: The final realization is a full integration of the unseen and the seen, of the noumenal and the phenomenal, the unseen eye and the seen world, the head and the reflection, each leading to each other back and forth constantly in a constant process of manifestation and transcendence, of negation and affirmation, of yin and yang, which is the continual Buddhist practice that constitutes the life of enlightenment.

What are we to take away from all this? What is the message for humanistic Buddhism contained in these arcane symbols? We have returned to the full meaning of Shitou's verse: 當明中有暗，勿以明相遇。當暗中有明，勿以暗相睹. Since the phenomenal world is always saturated with the nonobjectifiable mind, we should not view it as merely world. Since the original unobjectified mind is always saturated with phenomena, we must not imagine it is simply unobjectified mind. Since the eye has world in it, it is not merely eye; since the world has eye in it, it is not merely world. So when eye sees world, it is eye-world seeing eye-world. Can the eye see itself or not? Yes and no, no and yes, back and forth they face each other. "He is precisely you, but you are not he," says Dongshan's enlightenment gatha. If we said "This world is original enlightenment," we would have no reason to change it, no reason to practice, no reason to make any effort: this is the caricature of "original enlightenment" thought that has recently come under attack in Critical Buddhism. That would be "he is precisely you." If "this world is not enlightenment," if enlightenment had to replaced by another world, or by a pure blank unobjectifiable "mind," then too there would be no reason for us to try to do anything in this world: enlightenment would be utterly unlike any possible objective state or condition, the negation of them all equally. This would be "you are not him." What we have here, instead, is both of these and neither. The world is enlightenment precisely as the continual, ceaseless attempt to seek enlightenment in it, the goal is the search itself: again and again we return to sit in the coal, the point of darkness from which the light emerges, the actually emergence of the phenomenal as enlightenment and enlightenment as the phenomenal. This is the Middle Way between acceptance of the world and rejection of the world. This is the future of Humanistic Buddhism suggested by Caodong Chan.

In closing, we may note also the way in which this use of the *Book of Changes* contributes to the creative Chinese reconfiguring of Buddhist themes, especially the treatment of language and of the sudden/gradual problem in Chan traditions. By combining all these complicated and abstract doctrinal matters into the single symbol of the Li hexagram, we find we have an alternative to the one-after-another expression typical of linguistic explication: all these meanings are whole and complete simply in the hexagram itself, once it has been touched off by the associations and linkages displayed in the verses. For we can grasp the entire hexagram as a single image, perhaps conceived almost like a *mandala*, but within it we also find each of these distinct configurations; the "same" trigram we have on the bottom is repeated on the top, but now it is different, recontextualized by the reversed yin-yang valences of the positions. And in the meeting of this same-different trigram with its same-different self, we have, as a by product, the embedded *huti* trigrams, which are just the very same lines viewed differently. Finally we have the last stage in a hyper-trigram or tetragram, the middle four lines, which is exactly the reverse of the original trigram in structure (yin outside, yang inside), but now structured so that all lines are literally the "center" line: the top and bottom lines of this four-line figure are the "center" of the original two trigrams, while the middle two lines together form the "center" of the new figure. We can view all five of these ranks "suddenly," all at once, without having to progress through them one by one, one after another. And yet at the same time, the ranks remain distinct: each internal trigram is really there, and really different from the others, if we choose to focus on that subset within the hexagram. We have here an application of indigenous Chinese holism as embodied in the *Book of Changes* to the problem of the relation of sameness and difference of samsara and nirvana, their simultaneous radical difference and radical sameness, as presented doctrinally in Mahayana Buddhist sources. Here we have a way of overcoming on the one hand the absolute difference between and gradual progression through the stages, and on the other hand also the leveling down and loss of distinctness that would come from simply denying all difference. The hexagram instantiates a perfect interfusion of the sudden and gradual, of unity and differentiation, of Original Enlightenment and Buddhist practice—bringing us back to the title of Shitou Xiqian's original verse: "The Concordance of the Same and Different."

曹洞禪中的離卦應用與詮釋
以及其人間佛教入世轉向的涵義

任博克

美國西北大學宗教研究所教授、國立新加坡大學教授

▌摘要

　　傳為石頭希遷禪師（700～790）所作的《參同契》最初見於952年《祖堂集》的〈石頭希遷禪師傳〉。石頭禪師傳為六祖慧能（638～713）的學生青原行思（660～740）的弟子，又為藥山惟儼（745～828）的老師。藥山禪師的弟子雲巖曇晟（780～841）又為曹洞宗開祖洞山良价（807～869）的師父。因此，石頭禪師無疑可稱為中國禪宗史最重要人物之一。而其代表作品《參同契》雖僅有二百二十字，然到現在猶為日本曹洞宗日日必誦必拜的功課的一部分。此文內文反映出之內涵，相當不同於一般認為禪因其行雲流水之風格而刻意避免錯綜複雜的經典解釋傳統之印象，因此文本晦奧的文字中使用了複雜的暗喻結構，顯露出作者對於中國傳統玄學及來自《易經》註解傳統之陰陽思想體系之嫻熟，而此文之書名亦由此傳統而來。

　　或許正因如此，有關《參同契》之近代研究可說是學之無幾，了之幾無。日本歷代學者關心此文者不算很多，中國近代學者更少有人關注此文。而聖嚴法師所作《寶鏡無境》一書中的《參同契》註釋乃屬例外，為近代中國學者少數詳

細解此文之作品。由於此文標誌了一種對於佛教修行觀進行全面體系之系統性重新整合,而導向修行、開悟與現世之現象界完全融合之認知方向,因此此文對現代中國人間佛教的建設有重大的意義。本文嘗試解析《參同契》複雜的象徵結構,以解明其獨特之修行及解脫觀,並討論其現代義涵。

本文將由《參同契》祖堂集本與通行本的幾個重要差異,重新的追索其原意,並自「明暗」象徵系統,兼論及道家陰陽理論的背景,探討其所提倡對於大乘佛教涅槃生死觀及世間出世觀的改革,並發揮其將來對於現代中國人間佛教思想提出貢獻的可能性。

關鍵詞:禪哲學、曹洞禪歷史、石頭希遷《參同契》、人間佛教、離卦、禪之陰陽思想

聖嚴法師《觀音妙智》的 「楞嚴」慧解

胡健財

華梵大學中國文學系副教授

▌摘要

　　聖嚴法師《觀音妙智》是一部講述觀音菩薩耳根圓通法門的專門著作，本論文希望結合法師的禪修思想以及相關的論著，以探討法師對「觀音法門」的闡述。一般而言，《楞嚴經》被視為自力的法門，是自我的修行，《法華經·普門品》是講述觀音菩薩對眾生的救度，至誠誦念名號；前者是修持一己的耳根圓通，圓滿智慧，後者是觀音普門示現，救苦救難。而聖嚴法師《觀音妙智》不但詳細說明「耳根圓通」的修行原理與方法，讓我們可以有一個清晰的了解，但更重要的是：聖嚴法師是從觀音菩薩的信仰來提倡這個法門，換言之，念誦觀音菩薩的聖號，相信觀音菩薩的救度，學習觀音菩薩的慈悲與智慧，淨化自我，提昇境界，進而以觀音菩薩為楷模，自利利他，是觀音法門的宗旨，也是聖嚴法師《觀音妙智》措意之所在。

關鍵詞：聖嚴法師、楞嚴經、觀音法門、觀音菩薩、耳根圓通

一、緒論

聖嚴法師一生提倡觀音的精神，法鼓山也是一個弘揚觀音菩薩的道場，❶觀音法門具有「自利利他」的特色，足為現代佛教發展之重要因素。❷根據法師的著作所開示，在在顯示深刻的禪修觀點以及宗教精神，前者是破除自我為中心的執著，而後者則是提倡學習觀音菩薩的智慧、慈悲、信心與願力，以成就無上正等正覺之菩提佛果，參與社會建設，造就人間淨土。綜合而言，即是自利與利他之相互輝映，自利是不斷的自我提昇，提昇人的品質，利他是不斷的付出，建設人間淨土。自利利他，從付出中學習，悲智交融，定慧不二，信智一如，這是觀音法門對現代社會可以提供的啟示。而法鼓山最近出版的一本著作：《觀音妙智》，這是聖嚴法師對《楞嚴經》「耳根圓通」的完整講述，結合法師其他的論著，如《聖嚴法師教觀音法門》、《絕妙說法》、《心的經典》等，可以勾勒

---

❶ 聖嚴法師說：「我一開始就是念觀世音菩薩的聖號，直到現在，只要有時間，我還是念觀世音菩薩的聖號。」（《觀音妙智》，頁209。）又說：「我有兩本中文小書：《聖嚴法師教觀音法門》、《觀世音菩薩》，講的就是觀世音菩薩的修行法門，以及我是如何修行觀世音菩薩的法門，又得到觀世音菩薩怎麼樣的感應。在我的一生之中，一次又一次得到觀世音菩薩的感應。臺灣的法鼓山，也是念觀世音菩薩的功德感應而得到的感應，所以諸位一定要相信觀世音菩薩，觀世音菩薩是值得大家常念、恆念、多念的！」（《觀音妙智》，頁126。）

❷ 傳統的宗教具有安定人心的力量，但不免流於自我封閉的格局，上焉者自命清高，下焉者是一般的迷信，宗教的社會功能不彰，尤其難以與現代社會接軌，假如佛教在現代社會尚能有一席之地，對文化之發展具有影響力量，則必須有一番更新，佛教內涵之提昇以及文化事業之開拓，是不能忽略之重要因素。

出法師對觀音菩薩修行的工夫與次第之見解。特別就《楞嚴經》而言，這是一本文辭優美、義理艱深的經典，卻是教導我們如何效法觀音菩薩的精神，自利而利他。筆者因為長年對該經有所研究，並且陸續發表一些論文，❸近年來，更試圖從聖嚴法師的禪法來說明觀音法門的修行工夫，此即法師對禪的分析，有散亂心、集中心、統一心與無心四個階段，筆者以為配合「六結」的解除，把統一心分為「身的統一」與「心的統一」，以及增加一個「無心的超越」，是可以說明六結之解除狀態。❹而聖嚴法師《觀音妙智》可以充分讓我們一睹法師對《楞嚴經》的慧解，雖然法師只有詮釋其中的第六卷，但該卷卻是精神所在，依筆者的看法，《楞嚴經》雖有二十五圓通，但法門只是一個，此即以「如來藏心」來發明因地心與果地覺之一致，觀音法門更重要的一點就是「發菩提心」，依大悲心為體，這樣，「耳根圓通」之所以「入流亡所」，並且「一者上合十方諸佛本妙覺心與佛如來同一慈力」、「二者下合十方一切六道眾生與諸眾生同一悲仰」，便是由於自我執著之放下，以及體證寂滅現前之智慧與慈悲，因此，本文之寫作，是希望發明聖嚴法師「觀音法門」的深刻見解，以見法師對《楞嚴經》的獨到發明，並且指出做為現代佛教文化發展之重要意義所在。茲論述如下：

---

❸ 詳見本文參考書目。
❹ 此即：動結是散亂心、靜結是集中心、根結是身的統一、覺結是心的統一、空結是無心、滅結是「無心」的超越。詳細分析，請參考胡健財〈《楞嚴經》「觀音法門」及其現代意義之闡發〉。

二、聖嚴法師禪修指導思想與《楞嚴經》修證觀點

（一）聖嚴法師禪修指導的思想

　　中國佛教之沒落，自明清以來，似屬大勢所趨，不但義學式微，就連真參實修的修證工夫，亦屬難能可見；所謂修行，是有逃避人生之嫌疑，與佛教的原來精神，大相違背。其實，佛教是屬於現世之宗教，注意現實的人生，絕非只求往生西方便忽略現世的努力；而持齋、持戒、持咒、念佛、拜佛、誦經、禮懺的宗教行為，更不只是往生西方的手段而已，它是具有轉迷為悟，改變現實的意義，因此，這是親身的體驗，是把極樂的精神在娑婆之中即可實現。然而，中國佛教之沒落，只剩下一個宗教的殼子，這是近百年來有識之士亟欲改革之目標；而中國的禪宗，在中國佛教整體的沒落之下，也逐漸不為人知，埋藏在古代的文化傳統之中，有待我們的重新發現；聖嚴法師則是國際知名的禪師，傳承臨濟、曹洞二宗的法脈，是近代中國佛教復興禪法的重要人物，法師所傳的禪法，融合時代的精神，既不是中國禪林古代的模式，也不是現代日本禪宗的樣子，而是法師自己透過經驗，將釋迦世尊以來的種種鍛鍊身心的修行方法，加以層次化與合理化，綜合成一套重視修行觀念，並要求修行方法的禪學修證思想。它的特點是：具有現代意義，不離人生卻超越人生，能將宗教的內容落實在現實的人生中，深具宗教情懷，廣大精微，高明中庸，因此，禪法將不只是利根之人才能修習，而是人人可學，人人應學，只因缺乏方法，觀念不足，導致我們視它為畏途而已。以下，將依聖

嚴法師的開示，說明這個禪法的精神內容。

1. 禪是「自我」認識的過程

自我是「什麼」？自我可以是「小我」，也可以是「大我」，當然更可以是「無我」。凡夫以「肉身」為我，修行人則以身心及環境中的互動為我，以時空之無限為我，因此，「自我」的認定，是具有彈性，將視修行的境界而有不同的理解；而禪的修行，就是幫助我們認識它的真相，不要迷於其中而不自知。聖嚴法師說：

> 禪的理論根據，是要把自我的中心、自我的執著、自我的意識，從肯定而到達否定。要先肯定自我，然後到否定自我，自我否定之後，連主觀的、客觀的對立存在，也都要否定，超越於對立與統一之上，這才叫作禪的悟境。如果還有個自我的話，不管是主觀的自我或客觀的自我；不管是局部的小我或者是全體的大我，只要有一種我的觀念或我的執著存在，它就不是禪悟。❺

> 一己之我，可小可大。在佛法上認為構成自我的五大元素是色、受、想、行、識，合稱五蘊，所謂的「色」乃是肉體的生理現象，而「受」、「想」、「行」則是我們心理活動現象的三個階段，當我們接受到外界的刺激時，一定是經過思索之後，而產生相對應的動作，這就是「受」、「想」、「行」。而所謂的「識」，則是連貫時

---

❺ 見〈禪與悟──無常無我・理入行入〉，《禪鑰》，頁48。

空的精神現象，也就是在時間與空間之中貫串的生命之
體，那是眾生生命的連續存在。❻

　　若用禪的修行方法，如數息、念佛、或專門注意自己
呼吸的出入等，慢慢、慢慢地，首先你會發現有許多的雜
念，漸漸、漸漸地，雜念亦愈來愈少，到最後，你便知道
那不能控制的「我」究竟是什麼了。所謂「我」，無非是
一連串的過去與未來，一連串的自己與環境所發生的關係
在心理所產生的作用而已，除此而外，所謂「小我」是不
存在的。到這程度時，已經了解到所謂個人的「我」，實
際上就是念頭，念頭的起滅即是「我」，也即是分別執著
的「心」。❼

　　然則，自我之面對，應是禪修的根本內容，而如何面
對？聖嚴法師說：

　　踏實的人生觀，也可以說是禪的人生觀。此當先從肯定
自我開始，然後提昇自我，到達消融自我。❽

　　如何達成頓悟的目的，首先要在日常生活裡，時時刻
刻注意自己的舉手投足與舉心動念，不僅生活得清清楚
楚，而且經常要在穩定、平衡、輕鬆的心態下努力不懈。
如何做到這種程度？就是當你無論做什麼事或面對什麼人

---

❻ 見〈自私與無我〉，《禪門》，頁20-21。
❼ 見〈覺後空空無大千〉，《禪鑰》，頁154。
❽ 見〈人生觀的層次〉，《禪門》，頁64-65。

的時候，首先放下瞋、愛、得、失的自我觀點，然後實事求是、就事論事地從事各項活動。例如你煮飯，乃至你打掃、睡覺、讀書、工作，都全心全力以赴，若能胸中無私，加上心無二用，就是禪的平常工夫。將此工夫持之以恆，則縱然不能頓悟，已是快樂之人。❾

禪宗祖師們說的悟，是指悟到我們不必要執著以自我為中心，所以能夠放下一切。能夠放下的人才是有擔當的。也就是說愈能夠放下的人，他的心量愈大，那他的悟境也就更高深了。❿

可見通過禪者的體驗，「道」並沒有那麼神祕。只要凡事離瞋、離愛、離自我中心的價值判斷，那就是道、悟、解脫、智慧。總之，禪不離現實的生活。⓫

因此，禪的修行，在觀念上便是建立正確的觀念，此即生命是由五蘊假合的生理與心理的種種因素所聚集的自我，是一個自私的我，是可以隨時改變的自我；因為一旦離開時空的關係，根本沒有這個自私的自我存在。而人之所以不能認識它，就是因為執著甚深，放不下各種成見，因此，需要用方法去體認它，在層層的觀照之下，發現真正的自己，佛法稱之為「無我」，也就是沒有主觀的自我，也沒有客觀的對象。然而，從自私到無我，並非一蹴可及，這一個過程，法師認為是

❾ 見〈禪與纏〉，《禪與悟》，頁34。
❿ 見〈悟與誤〉，《禪與悟》，頁41。
⓫ 見〈禪─擔水砍柴〉，《禪與悟》，頁154。

從肯定而到否定,須從肯定自我開始,然後逐步看清楚它的存在,所謂「否定」,不是抹煞它、拒絕它,而是「正視」它並非一成不變,在這個不斷超越之下,發現所謂「自我」原來即是「無我」。

2. 禪的肯定「自我」是從省思與消融中不斷超越

省思是透過方法來練習,是運用方法來體察自己的存在,練習的過程,稱為「禪修」。因為佛教是一個有修有證的宗教,一向重視修習禪定,不論在原始佛教、大乘顯教、金剛乘密教,都有各自的禪修方法。其中共通而基本的修行法門,是五停心和四念處。五停心的練習,是為了平息、淨化內心的騷亂與混濁的狀態,使人心念集中,達到正定的目的,而由五停心之得定,進而觀四念處開發智慧,便是解脫生死輪迴之要道。這兩種方法於早期佛教論典便有記載,至今仍然沿用著。

這樣來說,所謂「禪修」,是通過「方法」,漸漸地將妄念減少,乃至到了無念的程度,發覺自己過去的存在,只不過是存在於一連串煩惱妄念的累積之上,那不是真正的自己。因為真正的自己,是與一切客觀的事物不可分割,客觀事物的存在,只是主觀存在的各部分而已。因此,禪的修行不必追求什麼,也不必厭棄什麼,修行的責任是如何將全體建立得更有秩序、更為完美,這個全體的世界從放下的角度來說,便是「無心」:沒有自我的執著與自我的界限,稱為「開悟」,而到達無心之前,心的各種狀態,聖嚴法師分為:散亂心、集中心、統一心。修行的目標,是要從散亂心進入集中、統一的心,這是修禪而獲得的定境,到了最後階段,這個充滿、完整、實在的心消失之時,才是真正的禪。因為禪並沒有真的或

假的世界，也不會傾向於真實或排斥虛假，禪是完全包含一切的相對，所有的相對都是平等不二。聖嚴法師說：

此所謂的修持，不外戒定慧三無漏學，以戒為基礎，以定為過程，以慧為目標。此中的定學是先從差別的散心，至集中心，再至統一心。當達到統一心時，不僅是知識上的懂得物我一體是什麼，也會親自體驗到物我一體的境界是什麼。那時便會感到生命的整體性是不可分割的；生命的內涵是充塞於宇宙而無限圓滿的；生命的存在是究竟圓熟的；生命的活動是圓通無礙的。那便是差別相的大融和。⓬

第一步是把散亂心變成集中心，再從集中心而達到統一心。然後將此統一心粉碎，即成無心，便是禪境。此處的心的意思，是念頭和思想的代名。我們平常所謂的心，經常都在想東想西，故喻如「心猿意馬」，念念不停止。因此要用方法將之導入軌道，便是由散亂的變成集中的，從集中的進一步成統一的。⓭

從散亂變成集中以後，你的念頭轉過來會支持你在方法上精進努力，使你牢牢地掌握住自己所用的方法。從集中到統一，即已從念頭單一化的連續，而變成了無限深廣。⓮

如果，從前念到後念，綿綿不斷，稱為「念頭成串」，

⓬ 見〈生命的圓融〉，《禪的世界》，頁202。
⓭ 同註⓬，頁202-203。
⓮ 同註⓬，頁203。

這是時間的統一；若再從成了串的情況，變為深廣無限，便是空間的統一。時空統一之時，即會體驗到物我一體、內外一體、自他平等、天人合一的心境了。❺

達到這程度以後，生命是整體的，是不可分割的，它的內涵是充塞於時間和空間的。但此仍在大我的層次，若能更進一步，大地落沉，虛空粉碎，才是生命的究竟極致，圓融無礙。❻

因為凡夫心念散亂，禪的修行，初步是鍛鍊這個散亂心，要用方法來調理它，以數呼吸、持佛名號、觀身受法等等，來達到集中、專一、統一心的目的。當心能集中於方法之時，這個使用方法的心便成為集中的心，對於念頭的活動，都能夠清楚明白，能夠指揮自己，慢慢地，從集中到統一，心的統一有三個層次，聖嚴法師說：

專一心之後，進一步便進入如前所述的統一心，它有三個層次：1. 身心的統一：身心統一，主要是由於心念穩定、落實。若在乎身體的存在，則是一項負擔，不舒服。若能讓心穩定於方法之上，或專注於某一動作、某一項工作之上，便可忘掉身體的存在及身體的負擔。2. 內外的統一：能夠內外統一，而將「我」消融在環境之中，並不太難，譬如藝術家便可以做到，而欣賞音樂演奏、繪畫等藝

❺ 同註❹。
❻ 同註❹。

術品或是自然風景，也能陶然自得，渾然忘我，便屬此
類。宗教家及哲學家「天人合一」的體驗，也屬此一層
次。3. 前後念統一：欲達到前後念統一，非常的不容易。
此時不知道有前念，不知道有後念，唯知住於現在的一
念。在定中，若一直保持住「現在」這一念上，便沒有時
間，因為前後念已統一，出定後，時間又再度出現。**⓱**

　　因為修心到達統一心念這個地步，只是修「定」的範
圍，乃有四禪八定之分，屬於「鍊心」，攝心凝念，是「定」
的經驗，尚未到達無心空慧的實證，因此，當心念離開方法之
時，也就是出定之後，仍是在分別之中。聖嚴法師以為：中國
禪宗的禪定不只如此，因為定的本身同時即是智慧，達到這個
境界，也稱為「頓悟」。聖嚴法師說：

　　禪有幾個層次：第一個層次，我們稱為靜坐；第二個層
　　次叫作定；第三個層次名為禪。真正禪的核心，是第三個
　　層次，剛才所講的一些效果和作用，都是靜坐的階段。**⓲**
　　我們講第三個層次——禪。中國禪宗的禪，是智慧的意
　　思，也就是沒有自我中心；沒有了自我中心，才有真正的
　　智慧。有自我中心的時候，雖然有智慧，但那樣的智慧並
　　不客觀，是主觀的；既然是主觀的，便不是真智慧。因為
　　一有了主觀，就有利害衝突的關係。所以，我們可以說，

⓱ 見〈禪—自我的消融〉，《禪的世界》，頁86-87。
⓲ 見〈禪與現代人的生活〉，《禪與悟》，頁249。

禪是一種絕對客觀的智慧。佛法的目的和功能,在於智慧的追求和開發,因此,一切經典所指示的修行方法,都是為了開智慧。而自我中心的破除,必須用修行的方法,此可分為二種方式:第一種,是從修定開始;第二種,則不需要任何修行,而是直接把自己的妄念及自我中心,徹底地粉碎掉。第一種方法,是一般所通用的,稱為漸悟。第二種方法,是不容易做到的,一般稱之為頓悟。**⓳**

禪是智慧的頓悟,因為它是無門之門,不假方便,然而,眾生愚鈍,也不妨假藉方法以修定,然後一切全部放下,此一過程,稱為「放下統一心,提起自在心」,也稱為「破心」。聖嚴法師說:

「我」實在是極不易去除的,除了鍊心之外,第二個方法就是「破心」。破心就是將「有我」的心粉碎,方式有二:1. 沈澱法(默照禪):若將統一的心,止於一念,那僅是定;若能靈明廓徹,既不住於止,又不停於觀,心靜如止水,心明如皎月,便會「桶底脫落」,悟境現前。如在一個桶中盛水拌泥,泥沙漸漸沈澱桶底,起初攪動,泥沙猶會翻起,但沈澱到最後,水已澄清而桶底終因太重而脫落,此時桶內空空如也,水與泥都不復存在了。既無可止可定的心念,也無能觀能照的心念,便成無念亦無心,而親見無我。2. 爆炸法(話頭禪):即反覆不停地

參一個話頭，問話頭之前的究竟是什麼？但是不准你替
話頭給答案。歷代有名的話頭很多，例如：「拖死屍的
是誰？」「未出娘胎前的本來面目是誰？」「念佛的是
誰？」及趙州從諗禪師「狗子無佛性的『無』是什麼？」
……。**⑳**

　　因為禪修的精神是不立一切法，須從各種境界中超越，
即使到達一種統一的虛空狀態，已經與環境，乃至身與心已經
不再對立，沒有負擔，不起追求或抗拒的心理反應，但這仍是
一個「大有之我」，因此，禪修至此，仍須使用方法破除執
著，所謂「破除」，即是「放下」，放下對統一心境的耽著與
喜愛，如是，即是從自我的肯定到自我的消融之不斷超越，超
越有賴觀念之不斷提醒與方法之綿綿提起，而關鍵所在，是這
個「無心」的體會。

3. 禪的超越是從出世間回到現實的世間

　　禪的超越是要有「無心」的體會，何謂「無心」？無心是
「心」對「無」的體會，然而，無並非沒有，也不是不存在，
真正的無心是超越相對的境界，佛法稱之為「空」，修行到達
的無心，不落於一切之相對，即是對空的體證。聖嚴法師說：

　　　　我們要了解：「有」是過程，「空」是目的，在達到目
　　　的前，不能夠離開「有」的過程，必須在過程中，看目的
　　　是空而離過程的有；然後要離有也離空，不落空有，即空

⑳ 同註**⑰**，頁87-88。

即有，才是正見。㉑

　　怎樣才能達到第四層次的超越空有呢？以禪的方法來講，是以話頭、公案、默照等的方法，效果比較顯著。不過妄想心多、煩惱心重的人，還是先用數息、念佛、拜佛、懺悔等方法，奠定基礎為佳。㉒

　　中國禪之目的及其功能，在於使人於修行之後「開悟見性」。眾生皆具佛性，人人都有成佛的可能，因此，許多人都希望開悟見性。那麼，何謂「佛性」呢？空相、空性，即是佛性。相，指一切有形的，可用思惟或五官接觸到的現象，包括我們的生理、心理，以及身心以外的世間所包涵的一切物理現象；性，則是本質、根本。佛性不是有形質的存在，亦非可被描述的任何現象，故以空為相，以空為性。㉓

　　禪，一定要超越這個情況而進入「無我」的層次。如何達到「無我」呢？還是依賴方法：繼續打坐也可以，例如用參公案、參話頭，到最後，把自我中心全部粉碎，徹底瓦解。㉔

　　因此，禪的修行是必須以這第四個層次的「超越空有」的「無心」為目標，之前的三個階段是修定，至此才進入禪的核心，稱為「徹底粉碎瓦解自我中心」，唯有如此，不以「虛

㉑ 見〈一般佛法開示〉，《聖嚴法師教禪坐》，頁90。
㉒ 見〈禪修的要領（二）〉，《禪鑰》，頁103。
㉓ 同註❼，頁150。
㉔ 同註㉓，頁157。

空」為我，放下對虛空的執著，修行才能真正得力，才能從消極中回到真實，因為禪宗的悟是指在活活潑潑的生活中，不受任何境界所動搖的心，中國禪宗的禪，是智慧的表現，也就是沒有自我中心；沒有自我中心，才有真正的智慧，因此，一切經典所指示的修行方法，都是為了開發智慧，而智慧必須回歸平常，並非在平常的世界之外另有一個存在，禪法對虛空的體會，便是即有而空，空即是有。聖嚴法師說：

> 「空」有三個層次：1. 空間的空；2. 虛空的空；3. 如實的空。一般人經驗空間的空，從定境中體驗虛空的空，禪悟者體驗如實的空。虛空粉碎之後，才能進入真正的禪的悟境。若僅只體驗於到虛空，他可能會走上消極、遁世、厭離人生的路。㉕

> 通常修行修到這個程度已有成績，很多人認為到這程度已是開悟、解脫。其實沒有，因為他「感」還在。這個情況不是空，而是虛空。空是空間，是普通日常生活的感受，虛空則在禪或定時開始感受到。在此情形下，要把它粉碎，之後才能進入真正禪的體驗，否則他會走上消極、遁世、厭離。很多有修行的人，因此而在山裡，終其一生不想出來。他不想再接觸紅塵，他討厭安逸、快樂的塵世生活。這個情況不是禪，禪不希望停留在此階段，如停留在此階段，有悖佛法，因此要用方法。㉖

㉕ 見〈禪與現代人的生活〉，《禪的世界》，頁106。
㉖ 同註⑱，頁229-230。

　　所以禪定或是宗教的一種超脫的經驗，都不是禪；禪是
要落實到平常的生活裡。這時虛空對他來說，已不存在：
他不貪著虛空境界，而又回到自然的人間；他已很落實，
他叫過來人，他從人間的虛妄，從宗教上的虛妄，又落實
到人間的實在。這時他才是真正的人，活潑潑的活人。㉗

　　因此，虛空粉碎，大地落沉，是禪修的一種體認，用以
說明凡夫是以幻有為我，一般的修行人，是以虛空為我，如
是，執「有」是煩惱，執「空」也是煩惱，二者都不是正確的
佛法；而粉碎虛空之後，由宗教經驗落實到實際生活，這時
候，待人處事，更親切、更明白、更積極，也就是從「有」之
認識與肯定，再從肯定到超越，這個超越是要回到人間，並非
否定現實的存在，禪修之所謂「開悟」，即是如斯思維而修。
聖嚴法師的禪修思想，即是以此踏實的態度，指導我們邁向成
佛之路。

（二）《楞嚴經》的修證觀點

　　《楞嚴經》是一部立足於如來藏心，依之做為修證基礎
的經典。《楞嚴經》特殊的地方，是破除對因緣的迷思，主張
「真心」是一切法的根本，修行唯有掌握到這個根本，才屬於
有效。㉘這個真心是要肯定這一切所有，均不能離開「生命」

㉗ 同註⓲，頁230。
㉘ 《楞嚴經》的修證觀點，筆者曾歸納為：體認真心、從根解結、慎選圓
　通。三點之分析，詳見胡健財〈《楞嚴經》「觀音法門」及其現代意義

的本身，這個生命的本身不是身外有一個存在所賦予，其實，生命的意義是要從自己的身上發現真正的自己，因為一切皆是「性」中所有，這個「性」就是自家所有，自家體會，立足於「如來藏心」，即是面對生命中的自己，它一方面包括現實的身心，另一方面，則是超越現實的身心，換言之，不離不即，在肯定中超越，在超越中承當，依此而言，這是「真」，不知真而迷於萬有，是謂「妄」。其實，真非悟可得，更不是修可成，只因迷而說真；妄也是因迷而說有，妄非斷而滅，若能「寂滅現前」，一切法本來如此，因此，它不是因緣生，當然也不是有一個能生的「本體」，「破妄而顯真」是《楞嚴經》破除眾生對一一法的執著，本經從「七處徵心」之辯妄求真，「十番辨見」之即見論心，無非是要說明真心是從自己身上發現，並非身外另有真心存在。而其後的「廣會四科」，是要從萬法之中了解「相妄性真」的道理。㉙

　　破妄之法，五蘊是色心二法互緣相生的結果，在五蘊當中，有人以「身體」為我，有人以「物質」世界為我，有人以各種感受、想像、意志決斷、靈魂、經驗……為我，這一切的迷失，皆因凡夫看不清五蘊的真相，更不知虛幻所在，佛

之闡發〉。更早的一篇論文則指出：發明真心是修行的關鍵、六根是煩惱的賊媒，也是解脫的大道、慎選圓通與一門深入、戒行清淨是修行的立足點。這四點之分析，詳見胡健財〈從《楞嚴經》論禪修對身心管理的啟示〉。

㉙ 「四科七大」之會融，重點是在體認真心，亦即體察其中「相妄性真」的道理。詳細的討論，可參考胡健財〈《楞嚴經》「捨妄歸真」之身心體認與生命圓滿之追求〉。

的論說方式，是一一指陳：若是因緣生，何者是因緣？更不
是自然有，二者皆非，需要好好觀察，此身此心有如幻化，
誰為真實？

　　六入方面，是以根塵對辨的方式，破除凡夫對六根的執
著，方法則是約「緣」而破，若「緣」破則「根」何所在？
而塵即緣，是以眼入約明暗二塵，聲入約動靜二塵，鼻入約
通塞二塵，舌入約甜苦與淡二塵，身入約離合二塵，意入約
生滅二塵。

　　十二處虛妄是要破其相妄，顯其性真，而破法有別。眼
色、耳聲是二法對破，身觸是約根破，餘者皆專破外塵，此即
有根境對破，約根破，以及即塵而破的不同。十二處破「處」
本無處所，既無處所，則是幻妄稱相而已。

　　根塵識三，化為六根、十二處、十八界，這些數目字的
變化，都是凡夫的執著以為實有。十八界虛妄即是論述此中
一一現象皆是虛妄，若論其真，即是藏性。然則，所謂「虛
妄」，是說「相」有生滅。十八界皆是「相」，若論其真，則
是原無「界相」，因此，稱之為「無」，三處都無，根塵識皆
無可指陳。

　　總上所言，四科相妄，是要發明「了妄即真」的道理，
茲以圖示歸納如下：

四科相妄，了妄即真	
五蘊	舉喻發明，破五陰元無，只是循業偽現之「虛妄」而已。
六入	根塵對辨，破意在「根」，卻約緣之有無而破根之本無生體與實體。

十二處	眼色、耳聲二法對破，身觸約根破，鼻、舌、意約塵破；十二處乃破「處」之相妄，故「處」無處所。
十八界	從「要」破，識為其要，故獨約「識」破，識破則界不立。

其次，「遍融七大」是要從另一個角度說明萬法存在之方式，此即著重於形成身心世界的七大元素之考查，指出七大週遍於法界，一一之法皆是隨緣而顯用，若論其真，皆是不變之如來藏性；也就是說：觀相元妄，論性則真，而凡夫不明此一真相，總以為七大的根元，不是因緣和合而有，就是自然之性，然而，這都只是「但有言說，都無實義」。

七大之相，依《楞嚴經》的說法是：地大如「如水成冰，冰還成水」；火大是「火性無我，寄於諸緣」；水大是「水性不定，流息無恆」；風大是「風性無體，動靜不常」；空大是「空性無形，因色顯發」；見大是「見覺無知，因色、空有」；識大是「識性無源，因於六種根塵妄出」。

七大發明世間種種變化，是「相」而非「性」，更非因緣與自然所生。因為性真者，物物皆真；周遍者，隨時隨地，應用無窮。真心是當處即真，周遍一切，「無非、無不非」——無有非處，亦無有不非處；「無是、無不是」——無有是處，亦無有不是處。是非等相，原是妄情分別執著，是非不到之地，不容擬議猜度，才是「實相」所在。因緣、自然，二皆遠離，方為真實之見，這是《楞嚴經》的根本見地。能有此體悟，才有超越的可能。

七大之性，依如來藏的說法，地大是「如來藏中，性色真空，性空真色，清淨本然，周遍法界」；火大是「如來藏

中，性火真空，性空真火，清淨本然，周遍法界」；水大是「如來藏中，性水真空，性空真水，清淨本然，周遍法界」；風大是「如來藏中，性風真空，性空真風，清淨本然，周遍法界」；空大是「如來藏中，性覺真空，性空真覺，清淨本然，周遍法界」；見大是「如來藏中，性見覺明，覺精明見，清淨本然，周遍法界」；識大是「如來藏中，性識明知，覺明真識，妙覺湛然，遍周法界」。

　　七大周遍，宇宙法界一一之法皆是七大，這是通過「性中所有」與「一切皆空」來建立，換言之，如來藏中，性即是空：性空；色即是空：色空；是謂妙有真空之性。即色即空，妙有真空，是謂「性中所有」。性中同時是「妙有」與「真空」，而且，妙有即是真空，這樣，性中之色本是空，性本自空；性中之空本是色，性本自色。性色即是空，性空即是色，即性即色即空即真。四大依空說色：空是真空，色是真色，皆是性中所有，如是，因為真空，所以具足一切諸法；因為真色，所以萬法不相為礙。

　　總上所說，《楞嚴經》依真起修，這個真心是性中所有，而且，即色即空，換言之，即性即色即空即真，修行若是把握到這個原則，則一切法皆是佛法。茲以圖示歸納如下：

七大週遍，即性圓融			
七大	色即是空	空即是色	如來藏中	皆是性中所有
地大	性中之色本是空 性本自空 性色真空	性中之空本是色 性本自色 性空真色	即性即色 即空即真	空是真空 色是真色

火大	性中之火本是空 性本自空 性火真空	性中之空本是火 性本自色 性空真火	即性即色 即空即真	空是真空 色是真色
水大	性中之水本是空 性本自空 性水真空	性中之空本是水 性本自色 性空真水	即性即色 即空即真	空是真空 色是真色
風大	性中之風本是空 性本自空 性風真空	性中之空本是風 性本自色 性空真風	即性即色 即空即真	空是真空 色是真色
空大	性中之覺本是空 性本自空 性覺真空	性中之空本是覺 性本自覺 性空真覺	即性即覺 即空即真	覺是真空 空是真覺
見大	性中之見本是明 性本自見 性見覺明	性中之覺本是見 性本自覺 覺精明見	即性即見 即覺即明	明是自性之光 見是六根真知
識大	性中之識本是知 性本自知 性識明知	性中之覺本是識 性本自覺 覺明真識	即性即識 即明即知	知是光明覺察 識是智慧覺照

三、《觀音妙智》對《楞嚴經》「觀音法門」之闡發

　　《楞嚴經》是一部共計十卷，涵蓋佛教多方面的思想，不僅解釋佛性，闡述宇宙、人生的形成與現象，亦介紹各大菩薩二十五種修證的法門，內容豐富，是中國佛教各宗各派共同推崇的經典。本經第六卷是記載觀音菩薩繼二十四位菩薩之後，自陳「耳根圓通」的證悟內容，提出修行的工夫有三點：1.「發菩提心」是學佛的根本，2.從「聞、思、修」入三摩地，3.「入流亡所」以證「寂滅現前」；並且獲得「一者上合十方諸佛本妙覺心與佛如來同一慈力」、「二者下合十方一切

六道眾生與諸眾生同一悲仰」的妙證,以及「三十二應,應身無量」、「十四無畏,有求必應」、「四不思議,德用殊絕」的妙用。❸因此《楞嚴經》第六卷介紹觀音菩薩特別詳細,是其餘的法門不能相比,而且文殊菩薩獨選耳根具有三種圓通:圓真實、通真實、常真實。又認為:「此方真教體,清淨在音聞,欲取三摩地,實以聞中入」,「圓通超餘者,真實心如是」,在在顯示「耳根圓通」之重要,《楞嚴經》實可視為一部弘揚「觀音法門」的經典,其餘二十四聖入道因緣不同,只是「歸元性無二,方便有多門,聖性無不通,順逆皆方便」的圓滿說法,換言之,地球是圓的,但比較起來,哪一條路適合走,還是有分別,這樣說來,《楞嚴經》是宣揚「觀音法門」的經典,第六卷具有重要的內容,可以確信無疑;而聖嚴法師《觀音妙智》則是專門介紹這第六卷,稱為「觀音菩薩耳根圓通法門講要」,通過法師的講解,可使我們更能了解「觀音法門」的意義,而本文希望可以結合「禪修」的觀點,對觀音菩薩修行的工夫,發掘它的內容,並且有一個清楚的把握,因此,下文即就《觀音妙智》的內容加以說明:

(一)《觀音妙智》內容介紹

　　《觀音妙智》全書分為緒言與第一至第七章,書前有編者序與臺大楊惠南教授的導讀,據編者所言,本書是「聖嚴法師從一九八四年十二月於美國紐約的東初禪寺開始講解《楞嚴

---

❸ 詳細的分析,請參考胡健財〈《楞嚴經》「觀音法門」及其現代意義之闡發〉。

經》，其中的耳根圓通部分，從一九九五年十一月開始，至二
○○五年六月為止，前後歷時將近十年之久。本書是從講經期
間的四十八場講座、五十八卷錄音帶中整理、編輯而成。法師
親自修訂，於不足之處錄音補充，並於二○○七年五月二日，
在晚年養病的臺北中正精舍完成修訂。」❸

　　緒言是介紹「漢傳各宗所共同推崇的《楞嚴經》」，分
為：《楞嚴經》的背景與名稱、翻譯、真偽、內容、耳根圓通
最為殊勝。

　　在緒言中，關於《楞嚴經》的背景，聖嚴法師說：

　　《楞嚴經》是中國佛教非常重要的經典，歷來註解，
講述的人非常多。自宋朝以來，本經是禪宗主要的經典之
一，也是天台宗、華嚴宗特別重視的經典。甚至到了清末
民初時，已經創出專崇《楞嚴經》的一宗一派，只是後來
未能成為一派學說。❸

　　此外，法師分別從文學的角度、佛法的修持、佛學的理
論、佛教的信仰來看這部經典的地位。他說：

　　從文學的角度來看，《楞嚴經》是一部內容非常豐富、
文字簡潔優美的文學作品；以佛法的修持而言，經中包含
淨土宗的念佛法門、密宗的持咒法門，以及禪宗的禪修法

---

❸ 見〈編者序〉，《觀音妙智》，頁2-3。
❸ 見〈緒言〉，《觀音妙智》，頁11。

門；以佛學的理論來講，它講空宗的般若，也講唯識的法相，同時又與華嚴宗和天台宗的思想有密切關係；而從佛教的信仰來看，中國人所崇信的觀音法門，除了《法華經》的〈普門品〉之外，在《楞嚴經》裡也介紹得非常清楚，所以它是非常重要的一部大經，自宋朝以來，漸漸為中國佛教各宗各派所共同推崇、依靠。❸

正因為《楞嚴經》在中國是具有崇高而重要的地位，因此，法師讚歎說：「能夠聽聞這部經的人，都是有福報的人。」❸

名稱方面，《楞嚴經》的全名是《大佛頂如來密因修證了義諸菩薩萬行首楞嚴經》，簡稱有幾個，而以《楞嚴經》為普遍。此外，它還有一個別名是《中印度那爛陀大道場經》，意指此經是中印度那爛陀大學裡最重要的一部經典。

翻譯與真偽方面，聖嚴法師指出本經在傳譯上有兩個不同的記載，因為同為唐朝智昇法師所編的佛經目錄學《開元釋教錄》以及《續古今譯經圖記》記載了《楞嚴經》不同的翻譯者，前者將本經的譯者題為懷迪，❸後者則說主譯人是沙門般

---

❸ 同註❸。

❸ 同註❸。

❸ 彼云：「沙門釋懷迪，循州人也，住本州羅浮山南樓寺，其山乃仙聖游居之處。迪久習經論，多所該博，九流七略，粗亦討尋，但以居近海隅，數有梵僧游止，迪就學書語，復皆通悉。往者，三藏菩提流志譯《寶積經》，遠召迪來，以充證義。所為事畢，還歸故鄉，後因游廣府，遇一梵僧（註曰：未得其名。）齎梵經一夾，請共譯之，勒成十

刺蜜帝，譯語是沙門彌伽釋迦，筆受是房融，證譯是沙門懷迪，譯於唐神龍元年（西元705年）於廣州制旨寺。❸

　　由於《續古今譯經圖記》與《開元釋教錄》同為智昇所撰，說法不同，便引起後人諸多猜測與懷疑，如究竟是誰人之譯？倘一人一譯，一經何以有兩個譯本？並進而懷疑這些記載是否真實等。基於傳譯之經過，有啟人疑竇之處，在考據上，本經遂有「偽經」之說法，在學術上，更有人指摘本經是使「佛法奄奄一息之禍首」。❸

　　然而，所謂「偽經」，是文獻來源之真偽？還是真理之真偽？聖嚴法師說：

　　　現在考證的真偽問題，「真」是指真的有這部經從印度傳過來；「偽」是指這部經好像不是從印度傳來的，而是在中國出現的。❸

卷，即《大佛頂萬行首楞嚴經》是也。迪筆受經旨，兼輯綴文理。其梵僧傳經事畢，莫知所之。有因南使，流經至此。」（見《大正藏》，第五十五冊，頁571下。）

❸ 彼云：「沙門般刺蜜帝，唐云極量，中印度人也。懷道觀方，隨緣濟度，展轉游化，達我支那，乃於廣州制旨道場居止。眾知博達，祈請亦多；利物為心，敷斯祕頤，以神龍元年龍集乙巳五月己卯朔二十三日辛丑，遂於灌頂部中誦出一品，名《大佛頂如來密因修證了義諸菩薩萬行首楞嚴經》一部（註曰：十卷）。烏萇國沙門彌迦釋迦譯語、菩薩戒弟子前正諫大夫同中書門下平章事清河房融筆受、循州羅浮山南樓寺沙門懷迪證譯。其僧傳經事畢，汎舶西歸，有因南使，流通於此。」（《見《大正藏》，第五十五冊，頁371下～372上。）

❸ 見〈楞嚴百偽〉。《呂澂佛學論著選集》卷一，頁370。

❸ 同註❸，頁14。

　　因此，真偽問題，是對「文獻來源」的懷疑，此外，聖嚴法師更指出：這部經裡所用的名詞很多都無法在大乘經典裡找到根據，此經的經名與部分內容，也在其他經論中出現，有人認為可能是某位具有大智慧的人，編輯了許多經與論的內容，寫成了《楞嚴經》，而《楞嚴經》所講的菩薩階位也不同於一般所說的五十二位。❸

　　但是，正因為本經的內容包含了空的思想，瑜伽唯識思想，以及如來藏思想，也和中國佛學宗派，如禪宗、淨土宗、密宗等，具有密切的關係，聖嚴法師並不是從「文獻」的角度看待本經，而是肯定它的經典價值。聖嚴法師說：

　　　從宋朝一直到現在為止，講解、註解此經的著作不下數百種，在《大藏經》裡就可以看到幾十種。在近代，太虛大師、圓瑛法師、海仁法師、以及南懷瑾居士都曾經講解過《楞嚴經》。因此，中國各宗各派都很喜歡它，連我也不例外。因此，不管這部經是不是從印度來的？到底是真、是偽？它都是一部非常重要的經典，我們必須先肯定它，才能真的挖掘它的內涵。❹

　　之所以這樣認為，聖嚴法師對經典是有一個基本的看法，他說：

---

❸ 同註❷，頁14-15。
❹ 同註❷，頁16-17。

　　實際上，佛經所載的即是佛法，那麼它是不是從印度
來的，或者是否為佛說的，都不是問題。像我現在出版的
書是「聖嚴」寫的，印順法師的書是「印順」寫的，透過
我們兩人所寫的書，使得大家都能接受佛法，認識佛法，
那就等於代佛說法。傳佛的法，就是佛法，不須懷疑「聖
嚴」或「印順」說的是不是佛親口所說，只要相信兩人傳
播的都是正確佛法。因此，《楞嚴經》是否自印度傳來？
不管別人怎麼考證，怎麼論辯，我們還是相信這部經是正
確的佛法。❹

　　法師這個看法，也正是宗教界普遍的態度，儘管在傳譯
上本經有些啟人疑竇之處，但無損它在教界的地位。因為就佛
教來說，真理是誰說並不重要，重要是它有道理。換言之，真
理就是真理，真理可以超越文獻本身，文獻本身有問題但內容
不一定有問題，二者不應混為一談。進一步來說，佛教是一個
宗教，不是世間的學問，把佛教當作學術來研究，稱為「佛
學」，佛學發明了佛法的道理，但是，佛學的研究，是有其限
制；因為佛學研究是依於文獻，文獻的地位顯得十分重要，而
佛法的修證到了一定的程度之後，是超越了文獻的限制，因
此，學術發明宗教之理，而宗教則證明學術之實，至於何者為
真！恐怕見仁見智，各有堅持。而聖嚴法師的說法，是肯定本
經的價值，不受文獻考證的說法所動搖，這是與歷來的高僧大
德之主張吻合。例如：近代禪宗泰斗虛雲和尚，在其開示中，

---

❹ 同註❷，頁13。

屢稱本經，舉以為教，且更明言本經的價值曰：

> 現在是末法時代，你到那裡訪善知識呢？不如熟讀一部
> 《楞嚴經》，修行就有把握，就能保綏哀救，消息邪緣，
> 令其身心，入佛知見，從此成就，不遭歧路。……古來行
> 人，從此經悟道的很多。❷

又如憨山德清是明代四大高僧之一，嫻於經教，深於禪
行，其《年譜》中，記載其開悟以及以本經印心的經過。彼云：

> 四年，丙子，予三十一歲，發悟後，無人請益，乃展
> 《楞嚴》印證，初未聞講此經，全不解義，故今但以現量
> 照之，少起心識，即不容思量，如是，八閱月，則全經旨
> 趣，了然無疑。❸

然則，有了聖嚴法師以及歷來修證者對《楞嚴經》的肯
定，相信更有助於本經的弘揚。

緒言的第四部分是介紹《楞嚴經》的內容，聖嚴法師首
先指出本經是以「根塵同源，縛脫無二」為主旨，說明六根與
六塵本來同源，而煩惱與解脫是沒有不同，這與《六祖壇經》
所說「煩惱即菩提」、「生死即涅槃」是相同的意思，所以禪
宗很喜歡這部經典。❹今考《楞嚴經》卷五說：

---

❷ 見岑學呂編《虛雲和尚年譜》，頁291。
❸ 見福徵述疏《憨山大師年譜疏》卷上，頁35。

　　使汝流轉，生死結根，唯汝六根，更無他物。汝復欲知
無上菩提，令汝速登安樂解脫，寂靜妙常，亦汝六根，更
非他物。❹

　　根塵同源，縛脫無二，識性虛妄，猶如空華。❹

　　由塵發知，因根有相，相見無性，同於交蘆。❹

　　此即《楞嚴經》以為：六根是煩惱的根本，也是解脫的
關鍵；迷則成流轉，悟則成解脫。迷是對於六根的認識不真，
悟是了達六根之本空。然則，虛妄結處何以在「根」？不在
「塵」與「識」？因為若從源頭上看，不但「根塵同源」，
「識性虛妄」，識性亦同源，根塵亦虛妄，只是文字互略而
已；根、塵、識三者，彼此相依，皆是虛妄。而且，世間萬
法，依《楞嚴經》來看，亦盡是虛妄，「虛妄」者，本無所
有。唯有從其「相妄」之中，體察其「性真」，方才不受生死
相續，免於輪迴之苦。

　　其次，本經講的修行方法，聖嚴法師以為它提倡「三摩
地」，用三摩地按菩薩的修行次第一個一個修，直到開悟，實
證佛的境界為止。❹這裡「三摩地」的修行方法，具體來說，
是通過對根門的真正認識，達到止息煩惱的目的。換言之，生
命之所以流轉生死，是因為起惑造業，因而受報。然而，業是

❹ 同註❸，頁17。
❹ 見《大正藏》第十九冊，頁124下。
❹ 同註❹。
❹ 同註❹。
❹ 同註❹。

由心識所感所造,而心識之生起,是以六根為依止,正因為六根面對六塵時,執取愛染,認識不清,未能依戒而行,才招致惡果,因此,根門是「結」之所在,也是結之根元。而《楞嚴經》主張「根塵同源」,正視六根之虛妄與塵境是相同,解脫下手處,也是因為面對六根時,有一個通達的了解;此即縛與脫之間,實是迷與悟的轉變,其理無二,當了解這個道理之後,努力修行,是謂「解行並重」,也就是「從理論上去理解,就是正知正見,然後從實際修行上去努力,這就是『正行』。」❹

最後,緒言是對本經十卷內容之介紹,以及「耳根圓通最為殊勝」之說明。❺

以上即是《觀音妙智》緒言的大致情形。其後,第一章「觀音法門的修行方法」,介紹「耳根圓通」的具體內容;第二章「觀音菩薩以三十二種應化身度眾」,說明觀音菩薩的慈悲度眾;第三章「觀音菩薩的十四種無畏加持力」,說明修行觀音法門具有十四種對眾生布施的力量;第四章「修觀音法門獲四種無作妙德」,描述觀音菩薩自己得到四種不可思議的功德;第五章「文殊菩薩評析二十五圓通法門」,聖嚴法師說:「這是文殊師利菩薩慈悲,要破眾生的我執,並不是否定二十五位菩薩的悟境。」❺第六章「獨特殊勝的觀音法門」,是對這個法門的肯定,第七章也就是最後一章:「末世修行的

---

❹ 同註❹。

❺ 十卷內容之介紹請參閱《觀音妙智》,頁17-19,茲不具論。「耳根圓通最為殊勝」之說明請見下文之分析。

❺ 見〈第五章「文殊菩薩評析二十五圓通法門」〉,《觀音妙智》,頁203。

四種清淨明誨」，說明持戒的重要。即定即慧，加上四個清靜明誨，是《楞嚴經》第六卷的內容，也是聖嚴法師著力所在。

以上介紹《觀音妙智》內容完畢。

（二）《觀音妙智》對《楞嚴經》「耳根圓通」之解讀

在上述的單元之中，如何修行「耳根圓通」法門，是大家關心的重點，「耳根圓通」是因，觀音菩薩的應化度眾、無畏力量、無作妙德是果，而這個修行因地甚難了解，因此，本文結合聖嚴法師在《聖嚴法師教觀音法門》的講法，希望有一個綜合的歸納說明。

首先，何謂「耳根圓通」？聖嚴法師在《觀音妙智》的緒言中，曾經指出：

> 《楞嚴經》中提到「觀音法門」的特性，即是「聞」
> ——用耳根聞聲。聞什麼聲？這個聲音不是外在的聲音，
> 也不是音響的聲音，而是收攝心意，「反聞」聲音的本
> 性，以及一切萬法的自性。萬法的自性即是空性，也就是
> 說，現下所有的一切萬法、萬緣，皆是因緣生，因緣滅。
> 自性本空，沒有一樣是真正永恆、不斷、不滅、不壞的
> 自性，因此，稱之為「空性」——反聞，聞空性。聞見空
> 性，了悟空性，即與諸佛的智慧圓滿相應，而能證入諸法
> 實相，這便是「耳根圓通法門」。❷

---

❷ 同註❸，頁21。

　　此即「耳根圓通」是觀音菩薩通過耳聞聲音反聞自性的法門，這個法門所聞的聲音是不斷地超越，不斷地放下；當超越、放下到最後，便是體會「空性」的存在，空性是萬法的自性，也是由能聞之我體驗到無聞的自性，也稱為「無我」、「無自性」：沒有自我中心的執著。在這一段話中，也許，我們不妨歸納為三個原則：1.耳根聞聲，2.收攝心意，3.體會空性。此當中，「反聞」是徹底放下耳根，放下一切對有形、無形，可以讓我們依靠、參與、捉摸、把持的聲音，因為聲音無自性，當了解這個聲音從有聲到無聲，進而無我，即連能聞的主體也都超越放下。

　　其次，聖嚴法師認為：「耳根修持的至高法門，它包含了兩個層次」：

　　　《楞嚴經》中的觀世音菩薩耳根圓通法門，是透過耳根成佛的境界，也是耳根修持的至高法門。它包含了兩個層次。第一個層次，觀無聲之聲。……第二個層次，即是「聞所聞盡，盡聞不住」。❸

　　進入修行狀態的第一個層次是「觀無聲之聲」，是從有聲到無聲的觀照，這是對塵境的超越，稱為「塵盡」；換言之，進入「初於聞中」，便是「入流亡所」，進入法性之流，亡其所聞的對象。聖嚴法師說：

---

❸ 見〈《楞嚴經》的耳根圓通法門〉，《聖嚴法師教觀音法門》，頁40-41。

「初於聞中」，就是一直在聽、聽、聽，自己已經融入
了聽的那樁事，心裡面究竟是在聽呢，還是有東西可以被
自己聽，已經無法區分，渾然打成一片了。❺❹

「入流亡所」，進入了被聽的聲音之流，此聲為無聲之
聲；進入了無聲之聲的音流，而忘掉自己是在音流之中，
也把音流忘掉了。❺❺

如此，耳根圓通的重點，也僅是「破執」——契入空
性，破除生命萬相的執著，而自在解脫於一切情境中。❺❻

然後，「耳根圓通」進入修行狀態的第二個層次，即是
「聞所聞盡，盡聞不住」。這是對「根盡」的說明，意即超越
了能聞與所聞。聖嚴法師說：

「聞所聞盡」是要聽到的、被聽到的東西都沒有了，
能聽的功能也沒有了，也就是到達一種被聽的環境與能聽
的功能都沒有的狀況，這叫作「關閉六根」。……重要的
是這個「盡」字，指的是從此以後六根不再受六塵環境影
響。……一旦做到的時候，就是「六根清靜位」了。❺❼

「根盡」超越了「根相」，不再受到六根的限制而有無
限的自由，因此是「六根清靜位」。然而，往後的修行境界也

---

❺❹ 見〈第一章「觀音法門的修行方法」〉，《觀音妙智》，頁27。
❺❺ 同註❺❹。
❺❻ 同註❺❸，頁42。
❺❼ 同註❺❹，頁29-30。

是放在這裡稱作「第二個層次」，意即涵蓋往後的所聞、所覺、所空、所滅各個階段，也是完全放下，沒有執著，此即超越一切相對的境界，到了「生滅既滅」，即是「寂滅現前」。因為「聞所聞盡，盡聞不住」是對「根盡」的說明，而「覺所覺空」，是對「識盡」的說明，意即超越了能知與所知。聖嚴法師說：

> 「覺所覺空」，是覺和所覺都空了，這個「覺」是六識，意指自己已經斷了煩惱，已得智慧而開悟；「所覺」，是覺自己身心世界環境時，已不受六根及六塵的困擾，這就是五蘊皆空，實際上，此時即為大乘佛法的證法空，而「聞所聞盡」則是證我空。(58)
>
> 覺，是能覺，能就是智慧，已經超越了十八界，到達解脫的層次；所覺，是能聞與所聞，六根、六塵、六識等十八界都是所覺的範圍。……初地菩薩已是六根清淨，與聲聞乘聖人阿羅漢所覺還在，菩薩超越覺與所覺，將所覺也放下。(59)

這是「六識」的解脫，超越了「識相」。超越了六根與六塵的影響，覺與所覺也都一起放下。

至於「所空」與「所滅」則是說明一切都超越以及超越的描述。聖嚴法師說：

---

(58) 同註(54)，頁31。
(59) 同註(54)，頁32。

空與所空的觀念全部擺下，連怎麼空的、最高的空、圓滿的空都要擺下，此時即為「生滅既滅，寂靜現前」。❻⓪

依此而言，「聞所聞盡」是根盡，「覺所覺空」是識盡，「空所空滅」是空盡，一切皆盡則為「寂滅現前」，如是，六結俱解，即是身心得到解脫。換言之，從「初於聞中，入流亡所」開始，「入流亡所」是解動結，解除對「動塵」的執著；進入「所入既寂，動靜二相，了然不生」，是解靜結，解除對靜塵的執著；「如是漸增，聞所聞盡」，是解根結，解除對六根的執著；「盡聞不住，覺所覺空」，是解覺結，解除對心靈的執著；「空覺極圓，空所空滅」，是解空結，解除對空靈的執著；「生滅既滅，寂靜現前」是解滅結，是絕對的放下，不再有任何的執著。❻①

最後，是關於「聞思修」這三個字的說明，聖嚴法師說：

聽，是聽聲音，先聽有聲之聲，然後聽無聲之聲。開始時一定是有聲音的，聽到最後，自己與聲音不一不二，此時聲音已經不存在，但是仍然在聽。接著，當自己的心力與體力都不夠時，這種狀況便會離開。就像平常打坐時，如果數息數得很好，也會數到自己和呼吸、數字分不開。但是總有身體疲倦，感到心力沒有辦法繼續下去的時候，

❻⓪ 同註❺④，頁33。
❻① 這部分討論，詳見胡健財〈《楞嚴經》「觀音法門」及其現代意義之闡發〉。

就離開了這種狀況，此時要用思的方法。㉒

「聽，是聽聲音，先聽有聲之聲，然後聽無聲之聲」，從有聲到無聲，是從「耳聞」到「心聞」，從「具體」到「抽象」的過程；而「思」則是一種「維持著」的能力與態度，維持著對「聞」的綿延不斷，聖嚴法師說：

> 思，不是思想，而是維繫著、維持著心情的平和，雖然力量不夠，但是心情始終維持著平靜的狀態，不灰心、不著急，繼續用方法修行。㉓

「修，是不斷地維持下去」，因此，修是聞與思綜合的說明，離開了聞與思，沒有所謂的「修」。「實際上，聞、思、修是同時在進行著」，即聞即思即修，「聞、思、修這三種實際上是一體的」，「等到工夫用得相當好時，聞、思、修便是同時進行的」。聖嚴法師說：

> 修，是不斷地維持下去，在生活裡的任何時間都不離開聞與思的工夫。聞與思交錯地用：很清楚的聽到有聲音，於是用思惟，思惟是觀想，觀想聲音、聽到聲音、心繫聲音，實際上聞、思、修是同時在進行著，也就是說，聞的本身實際上就是思，直到最後只有聞、聞、聞，聽聲音聽

㉒ 同註㉔，頁25。
㉓ 同註㉒。

到自己跟聲音合而為一，而這同時也是在用思的方法；然後在平常生活裡不斷地聞、思，用思來聞，就是觀想聽到的聲音，這便是修。聞、思、修這三種實際上是一體的。❻❹

聞、思、修，是從聞開始，最初聽聲音是用耳朵在聽，聽的是有聲之聲，聽到最後耳朵已經沒有功能，而是用意根的心在聽了。……聽到的則是無聲之聲——心裡不是真的聽到聲音而是維繫著自己的一種力量，是那個力量在聽。❻❺

一開始是有次第的，然後才能進行到同時：剛開始是先聽，聽到自己的力量不足時，再用思，然而在思的過程之中，仍然要回到聽的上面去，不斷地思和聽，實際上就是在修。等到工夫用得相當好時，聞、思、修便是同時進行的。❻❻

以上說明了「聞思修」的修行原則：這是從耳朵開始聽，維持著，持續修行之三個步驟。聽是聽聲音的自性，思是維持著這種狀態，修是不斷地維持下去，三者是同時進行著。這樣，有了聖嚴法師詳盡的開示，對「耳根圓通」的修行原理與次第，配合聖嚴法師禪修的指導，是可以有清楚的了解。

而這個法門之所以殊勝，是除了自力以外，更有他力的功能，因為觀音菩薩是以大悲為體，發菩提心，換言之，禪修

---

❻❹ 同註❻❷。
❻❺ 同註❺❹，頁27。
❻❻ 同註❺❹，頁26。

不是但求自了，更須度化人間，於是，「觀音法門」是從耳聞熏修，更從聞聲普度眾生，這是《楞嚴經》「觀音法門」。

（三）《觀音妙智》對《楞嚴經》「觀音法門」之闡發

聖嚴法師對於《楞嚴經》「觀音法門」另一項重要的發明，即是通過對觀音菩薩的信仰加以說明。此即強調菩薩的慈悲救度，修習「耳根圓通」，應該同時相信念菩薩的名號是有用的，因此，《楞嚴經》「觀音法門」不僅是自力的法門，更是自力他力同時彰顯，而他力的彰顯，又非民間信仰之迷信可比，而與「耳根圓通」互通。聖嚴法師說：

> 觀世音菩薩是千真萬確處處示現的，千處祈求千處應，萬處祈求萬處應，在同一時間的一切處有人需要他，他於一切處都會同時出現。他出現的都是化身或分身，菩薩的本身並沒有住在一定的地方，雖然淨土經典中說是在西方極樂世界，然而觀世音菩薩的法身，遍於一切時，遍於一切處，無處不在，無時不在，有緣的人祈求他，他就會以化身或分身出現。❻
>
> 觀世音菩薩是在所有的菩薩之中，感應與靈驗最豐富的，和我們這個娑婆世界的眾生也是最有緣的，所以請大家一定要相信，有事沒事都要念觀世音菩薩，有事念，有

---

❻見〈第二章「觀音菩薩以三十二種應化身度眾」〉，《觀音妙智》，頁77。

用；沒事念，就是培養安心的習慣吧！❻

我絕對相信念觀世音菩薩是有用的。有罪惡感的人要念觀世音菩薩、精神不正常的人要念觀世音菩薩、心理不正常的人要念觀世音菩薩、行為不正常的人要念觀世音菩薩，遇到災難時要念觀世音菩薩，災難消失了要念觀世音菩薩，即使平時無事，也都要念觀世音菩薩。❻

這是說觀世音菩薩是千真萬確存在，遍於一切時，遍於一切處，無處不在，無時不在，有緣的人祈求他，他就會以化身或分身出現。所以請大家一定要相信，有事沒事都要念觀世音菩薩，念觀世音菩薩是有用的。然而，何以說這是與「耳根圓通」可以相通，並非宗教的迷信？聖嚴法師說：

觀世音的特質在於「大悲」，而真正的慈悲，則建立於「無我的智慧」中。唯其能夠放棄種種以「自我中心」為考量的愛憎喜怒、利害得失，以「生命同體」的立場與關懷出發，才能建立平等的慈悲。❼

觀世音菩薩的慈悲，就是最高層次的「大慈悲」，……一直念到自己的心中也生起慈悲心、柔軟心，瞋恨的煩惱就會愈來愈弱。❼

---

❻ 見〈第三章「觀音菩薩的十四種無畏加持力」〉，《觀音妙智》，頁127。
❻ 同註❻，頁128-129。
❼ 見〈後記：江心上的月影〉，《聖嚴法師教觀音法門》，頁110。
❼ 同註❻，頁116。

　　菩薩是向內聞，聞自性本空。我們不斷地講自性，自性是一切諸法，一切現象的本性，如來藏性，就是空性。也就是說，自性是人的、菩薩的、佛的、一切眾生的、以及一切現象的同一性，就是空性。唯有滅去一切音聲，才能向內圓聞圓聽本具的自性，就不再分別聽到各種各樣特殊的聲音，而是聽空的自性。此時，慈悲的力量自然會產生，而且是對一切眾生都能夠產生慈悲心。❼❷

　　因此，念觀音菩薩即是體會空性，破除自我中心，當不再分別聽到各種各樣特殊的聲音而是聽空的自性。此時，慈悲的力量自然會產生，而且是對一切眾生都能夠產生慈悲心，這是向菩薩學習，達到菩薩一樣的修行境界。

　　此外，仗者菩薩的慈悲力、功德力，也就是菩薩的心力，可以對我們產生很大的幫助。聖嚴法師說：

　　心是非常重要的，觀世音菩薩反聞聞自性，它的心外沒有環境，遇到環境困難時，馬上把心從六塵的境界轉回來，反觀自性，一切問題都沒有了。凡夫沒有這麼大的力量，可是我們仗者菩薩的慈悲力、功德力，也就是菩薩的心力，使得煩惱的火燒不起，欲望的水淹不著，功德就是這樣產生的。因此，遇到火與水的災難時，就念觀世音菩薩，相信觀世音菩薩有這個能力救濟我們、幫助我們。❼❸

---

❼❷ 同註❻❽，頁108。
❼❸ 同註❻❽，頁96。

　　因此，念觀音，當下便有用，當下便能寧靜、能安心。不一定需要有所求、有所感應—有所求念觀音，很好；無所求念觀音，那是平常修行、念自家珍寶，那更好！它是鍊心之道，練習「無著」、「無執」與「無求」。❼❹

　　其次，是因為觀世音菩薩從無量劫以來，結了無數眾生的善緣，所以只要聽到你念觀世音菩薩的名號，許多不同層次的神鬼眾生就會幫助你。

　　為什麼念觀世音菩薩是這麼的靈驗？因為觀世音菩薩從無量劫以來，結了無數眾生的善緣，無論是正、是邪的眾生，他都結了善緣，而他對每一個眾生，都是平等的救濟、平等的布施、平等的結緣，所以念聖號時，是不是真的有觀世音菩薩來救我們，這是另一回事，而是任何的神、魔、靈體、精神體聽到你在念觀世音菩薩，他們就會放你一馬，也會伸出友善溫暖的手來拉你一把，這是由於觀世音菩薩結了許多眾生的善緣，所以只要聽到你念觀世音菩薩的名號，許多不同層次的神鬼眾生就會幫助你。❼❺

　　無論如何，只要以慈悲心和安定的心去接觸這些傳說中的鬼國，接觸那些鬼，他們是不會傷害人的。因為觀世音菩薩能夠使眾生斷妄想，沒有瞋恨與傷害眾生的念頭，所以即使到了鬼國，鬼也不能傷害眾生。普通人雖然不能斷

---

❼❹ 見〈持誦聖號的法門〉，《聖嚴法師教觀音法門》，頁96。
❼❺ 同註❻❽，頁128。

妄想，但是真的到了這麼恐怖野蠻之處，遇到了鬼，只要
念觀世音菩薩的名號，相信觀世音菩薩的慈悲，就能避免
被鬼傷害。❼⑥

因此，念觀音菩薩，即是以菩薩的慈悲心做為自己的
心，由於觀音菩薩與娑婆世界的眾生具有深刻的因緣，人們在
危難、恐懼之時，誦持菩薩的名號，即得救度，因此，菩薩聞
聲救苦，消災解厄，有求必應的形象，深入民心，所謂「大慈
大悲救苦救難觀世音菩薩」，民間信仰與正信佛教有其交會之
處，然而，稍有不同的是：正信佛教標榜學習觀音菩薩的慈悲
與智慧之精神，並非拋棄自我的努力，純粹是等待救援的依賴
心態，換言之，須以「耳根圓通」之悟入空性，放下自我，更
須學習菩薩廣度眾生的悲心大願，不捨眾生；進一步而言，利
他是效法觀音菩薩的精神，成為菩薩的化身，慈悲為懷，具足
智慧，到處幫助苦難的眾生。而聖嚴法師在《觀音妙智》中闡
述觀音菩薩的法門，除「耳根圓通」的開示外，更重要的一
點，便是融入《法華經·普門品》「持誦聖號法門」，它的特
點是：從堅定信心開始，至誠的恭誦聖號，藉此淨化自我，同
時也是在修「耳根圓通」，由是而言，「觀音法門」的二重法
要、二大意義，聖嚴法師是會歸於對菩薩的信心，因此，耳根
圓通的落實點，是與念佛法門相通，通過觀音菩薩聖號的持
誦，消災解難，同時也在修行。聖嚴法師說：

---

❼⑥ 同註❻⑧，頁98。

　　日常工作時可念，睡覺前仍可念。吃飯、工作、如廁都
可以──只是於廁所裡，默念即可，不要大聲念。不是怕
菩薩生氣，而是怕他人起了煩惱，以為是對菩薩的不敬。
行、住、坐、臥，將觀音聖號持得綿綿密密，一心不亂，
自然能與菩薩悲願相通、智慧相通。❼

　　在念念觀世音菩薩的名號時，自然而然，雜念、妄想
會減少，會產生慈悲心，心中會有一種安定、安全，以及
一種倚靠觀世音菩薩的信心。在此情況下，即使鬼要傷害
你，但是看你非常鎮靜、安定，似乎有恃無恐，好像背後
有種什麼樣的強大力量讓你不害怕，那麼鬼就不敢來干擾
你、傷害你了。所以遇到任何的危險在面前出現時，心不
要慌亂、不要恐懼，要鎮靜、要安定，該怎麼處理就怎麼
處理，然後再念觀世音菩薩的聖號，多半會得到平安。至
於是否能夠百分之百不會受到傷害，這也很難講，但是絕
對比慌亂、恐懼、沒有信心，要好得多了。❼⓼

　　從信心的角度看，這是一種信仰，聖嚴法師鼓勵我們：
對觀世音菩薩一定要有信心，如果也能學習、效法著菩薩的修
行，或者僅僅是念觀世音菩薩的聖號，當遇到災難時，與不信
觀世音菩薩的人遇到災難，在心理上的承受程度是不一樣的。
因為念觀世音菩薩的確能夠消災解難，災難不會降臨；即使災
難到臨，也因為對觀世音菩薩有信心，同時又在修行，就等於

---

❼ 見〈《心經》的解脫觀〉，《聖嚴法師教觀音法門》，頁96。
⓼ 同註❻⓼，頁98。

沒有遇到災難。退一步而言,有人希望被救而念觀世音菩薩,但是要坐牢的還是坐牢,要槍斃的仍然槍斃、遇到災難的還是遇到災難,不過,同樣是遇到災難,如果對觀世音菩薩有信念,持續念誦觀世音菩薩的名號,雖然災難同樣發生,可是在接受災難的同時,心情與感受是絕對不一樣。換言之,以菩薩心為心,就是對自己有信心,這是與凡夫趨吉避凶的心態大有不同,而正信佛教與民間信仰的分別,也在這裡看出:修行是關鍵所在,不完全是一種依賴的行為,因此,佛教之復興,融入現代社會之中,實有賴修行之提倡,以及對正信之弘揚,觀音法門同時具有這兩個特點,而且,觀音菩薩與娑婆世界具有深厚的因緣,發揚觀音法門的精神,正是時代之需要。

四、結論

一般而言,《楞嚴經》被視為自力的法門,是自我的修行,《法華經·普門品》是講述觀音菩薩對眾生的救度,至誠誦念名號;前者是修持一己的耳根圓通,圓滿智慧,後者是菩薩普門示現,救苦救難。而聖嚴法師《觀音妙智》不但詳細說明「耳根圓通」的修行原理與方法,結合法師禪修的理論,讓我們可以有一個清晰的了解,對於進入這個修行法門會有很大的幫助,本文之寫作,也是希望結合法師對禪修的開示,可以有所申論;但更重要的一點是:聖嚴法師是從觀音菩薩的信仰來提倡這個法門,宗教的研究,根據聖嚴法師對「觀世音菩薩的十四種利益」的說法:「一方面屬於信仰,一方面屬於修行,另一方面則屬於理論,三方面都要顧到。若是完全講信仰,就變成迷信;完全講修行,就是盲修瞎練;完全講理論,

則是說食數寶，因此，信仰的、修行的、理論的，要三種並重，並不是僅僅強調某一部分。」❼觀音法門的分析，正是需要結合這三方面來探討，同時，佛教在現代社會之意義與地位，也不能忽略這三者之同時並重，聖嚴法師《觀音妙智》的價值，由此可見。

---

❼ 同註❻，頁129。

參考書目

一、聖嚴法師著作法彙

1. 聖嚴法師《觀音妙智》，臺北：法鼓文化，2010年1月。

2. 聖嚴法師《聖嚴法師教觀音法門》，臺北：法鼓文化，2003年8月。

3. 聖嚴法師《絕妙說法》，臺北：法鼓文化，2002年1月。

4. 聖嚴法師《探索識界》，臺北：法鼓文化，2001年1月。

5. 聖嚴法師《心的經典》，臺北：法鼓文化，1997年9月。

6. 聖嚴法師《禪門》，臺北：法鼓文化，1996年7月。

7. 聖嚴法師《禪鑰》，臺北：東初出版社，1996年5月。

8. 聖嚴法師《禪的生活》，臺北：東初出版社，1996年3月，十二版。

9. 聖嚴法師《聖嚴法師教禪坐》，臺北：東初出版社，1996年2月。

10. 聖嚴法師《禪的體驗・禪的開示》，臺北：東初出版社，1994年7月。

11. 聖嚴法師《禪與悟》，臺北：東初出版社，1994年2月，二版。

12. 聖嚴法師《拈花微笑》，臺北：東初出版社，1994年1月，八版。

13. 聖嚴法師《禪的世界》，臺北：東初出版社，1996年1月。

二、佛教經論

1. 《大佛頂如來密因修證了義諸菩薩萬行首楞嚴經》十卷，《大正藏》，第十九冊。

2. 《大正藏》，第五十五冊。

3. 長水子璿《首楞嚴經義疏注經》，《卍續藏》，第十六冊。

4. 溫陵戒環《楞嚴經要解》，《卍續藏》，第十七冊。

5. 交光真鑑《楞嚴經正脈疏》與《楞嚴經正脈疏懸示》，《卍續藏》，第十八冊。

6. 憨山德清《楞嚴經懸鏡》與《楞嚴經通議》，《卍續藏》，第十九冊。

7. 達天通理《楞嚴經指掌疏》與《楞嚴經指掌疏懸示》，《卍續藏》，第二十四冊。

8. 太虛大師《楞嚴經研究》，臺北：文殊出版社，1989年9月。

9. 圓瑛法師《大佛頂首楞嚴經講義》，臺北：佛陀文教基金會，1989年4月。

10. 福徵述疏《憨山大師年譜疏》，臺北：新文豐出版公司，1987年6月。

三、當代著述

1. 岑學呂編《虛雲和尚年譜》，臺北：天華出版公司，1985年4月，三版。

2. 印順法師《學佛三要》，臺北：正聞出版社，1992年4月，修訂一版。

3. 黃繹勳等主編《觀世音菩薩與現代社會》，臺北：法鼓文化，2007年4月。

4. 藍吉富主編《觀音菩薩聖德新編》，臺北：迦陵出版社，1995年6月。

5. 南懷瑾等《觀音菩薩與觀音法門》，臺北：考古文化事業公司，1990年6月。

6. 《大乘起信論與楞嚴經考辨》，臺北：大乘文化出版社，1978年12月。

7. 《呂澂佛學論著選集》，山東：齊魯書社，1997年7月。

8. 霍韜晦《絕對與圓融》，臺北：東大圖書公司，1989年12月。

9. 霍韜晦《如實觀的哲學》，香港：法住出版社，1992年7月，二版。

四、期刊論文

1. 于君方〈「偽經」與觀音信仰〉，《中華佛學學報》第八期，

1995年7月。

2. 胡健財〈《大佛頂首楞嚴經》「耳根圓修」之研究〉，國立政治大學中國文學研究所，博士論文，1996年6月。

3. 胡健財〈從《楞嚴經》論禪修對身心管理的啟示〉，臺北：華梵大學工管系第二屆禪與管理學術會議，1997年5月。

4. 胡健財〈虛雲和尚禪法要旨之探討〉，臺北：華梵大學哲學系第二屆儒佛會通學術研討會，1997年10月。

5. 胡健財〈佛教東傳兩千年與漢傳佛教之再弘揚〉，宜蘭：佛光大學佛教文化國際學術研討會，2000年11月。

6. 胡健財〈從《楞嚴經》「七處徵心」試論佛法之修證〉臺北：華梵大學哲學系第五屆儒佛會通學術研討會，2001年5月。

7. 胡健財〈從《楞嚴經》「十番辨見」試論「真心」之體認〉，臺北：華梵大學哲學系第六屆儒佛會通學術研討會，2002年5月。

8. 胡健財〈《楞嚴經》「觀音法門」及其現代意義之闡發〉，臺北：中華佛學研究所第五屆中華佛學國際會議，2006年3月，收於《觀世音菩薩與現代社會》，臺北：法鼓文化，2007年4月。

9. 胡健財〈虛雲和尚立足於《楞嚴經》對禪法之開示〉，臺北：華梵大學第十三屆國際佛教教育文化研討會，2006年10月。

10. 胡健財〈曉雲法師「般若禪法」之研究〉，臺北：華梵大學第三屆曉雲法師思想行誼國際學術研討會，2007年10月。

11. 胡健財〈勞思光先生「心性論」立場之佛教詮釋及其研究方法之檢討〉，嘉義：南華大學宗教研究所佛學與人文學方法學術研討會，2007年12月。

12. 胡健財〈曉雲法師佛教文化事業之弘揚及其當代意義〉，臺北：華梵大學中文系第七屆生命實踐學術研討會，2008年11月。

13. 胡健財〈《楞嚴經》「捨妄歸真」之身心體認與生命圓滿之追求〉，臺灣大學生命教育研發育成中心、臺灣大學哲學系、財團法人臺灣生命教育學會「2009生命教育國際學術研討會」，2009年10月，收於《生命教育研究》第三卷第二期，2011年12月。

The Wisdom Teaching
of *Surangama Sutra*
as Expounded in Master Sheng Yen's
The Wondrous Wisdom of Guan-yin

Kin-Choi Woo

Associate Professor

Department of Chinese Literature, Huafan University

▌ Abstract

The Wondrous Wisdom of Guan-yin authored by Master Sheng Yen is a special book which he expounds the practice method of Bodhisattva Avalokitesvara (Guan-yin), the Perfect Penetration of the Ear Organ. This essay investigates this Guan-yin practice as elaborated by the Master in this book and his other related writings together with his teaching of Chan practice. In general, the practice stated in the *Surangama sutra* is regarded as self-reliant that one can practice and benefit on one's own; whereas, the Universal Gate chapter in the *Lotus Sutra* talks about the Bodhisattva Guan-yin's deliverance of sentient beings by reciting his name wholeheartedly. The former is about a practice that one can attain the complete and perfect wisdom by engaging in the practice of Perfect Penetration of the Ear Organ on one's own; the latter is about Bodhisattva Guanyin's universal and equal deliverance of all sentient beings regardless of any danger or suffering that sentient beings encounter. In *The Wondrous Wisdom of Guan-yin*, the Master elaborates the concept, theory and the practice of the Perfect Penetration of the Ear Organ, so we can have a clear understanding of it. Moreover, he advocates this practice from his religious faith on Bodhisattva Guan-yin. In other words, he believes in the deliverance of sentient beings by reciting Guanyin's name and the purification of one's

self through the learning of Guanyin's wisdom and compassion.
Above all, he believes that one shall not only benefit oneself
but also benefit others by emulating Guanyin and practicing his
method. And that is exactly the significance of Guanyin's practice
and the well intention of Master of writing this book.

Key words：Venerable Master Sheng Yen, *Surangama Sutra*,
The practice method of Bodhisattva Avalokitesvara,
Bodhisattva Avalokitesvara, The Method of Perfect
Penetration of the Ear Organ

聖嚴法師對話頭禪與默照禪的繼承與發展

涂艷秋

國立政治大學中國文學系教授

▍摘要

　　聖嚴法師的禪法可謂是當代臺灣最具影響力的法門之一。他分別繼承了臨濟宗的話頭禪與曹洞宗的默照禪，同時也教授這兩種禪法。這兩種禪法對他而言，不但是他個人修行上的利器，也是他接引眾生重要的法門。但吾人若回顧歷史可以發現臨濟宗的大慧宗杲曾抨擊默照一派為「默照邪禪」，而曹洞宗的宏智正覺也認為修行「不要作道理，咬言句，胡棒亂喝」，宗杲與正覺在修持方法上各有堅持，那麼聖嚴法師說他自己同時繼承了兩派的修行法，究竟如何繼承？是各行其是的繼承？還是以一為主以一為從的繼承，抑或是調和二者，從中提煉出一種新的禪法？

　　曹洞宗的宏智正覺通常是利用「拈古頌古」、「回互」、「偏正五位」等方式，來教導學生參究古則意蘊。他的修行法門主要為「默照」，要求學習者徹底的「休歇」「揩磨」，他認為只有「歇得盡、修得穩」才可能見性。所謂的「休歇」是萬事拋下，什麼都不作。但「揩磨」卻是如金針引玉線般的「細細行將去，密密其中來」，利用綿密的工夫徹底的刮垢除塵，這二者間有無矛盾？聖嚴法師如何面

對「休歇」與「揩磨」間的背反？

　　大慧宗杲卻認為「四料簡」、「偏正五位」、「功勳五位」等，這些都只是方便法門，最直接、最徹底的方法是「參話頭」，這種方法完全避免分析或理解，直接將修行者引入一個「意識不行、思想不到、絕分別、沒理路處，驀然噴地一下，自然明心見性」之處。

　　宏智正覺的「休歇」主張萬緣放下、萬念皆休，始得見佛性；而大慧宗杲則認為必須恆切努力，抱著話頭不放，甚至要鑽進疑團中，在那密不透風中，緊咬話頭不放，方才能夠明心見性。由此觀之，這的確是兩種完全不同的修行法門。

　　若仔細的觀察聖嚴法師對話頭禪與默照禪的繼承，我們可以發現，不論是對主張萬念休歇的默照禪或緊咬話頭不放的話頭禪，聖嚴法師都認為開悟的過程應該都具備「收心」、「集中心」、「統一心」與「無心」四個階段，在默照禪中，聖嚴法師直接將休歇萬念的過程，分為「收心」、「攝心」、「安心」與「無心」四階段；而話頭禪中「念話頭」的過程，屬於「收心」的階段，「問話頭」則為「集中心」的階段，至於「參話頭」則屬於「統一心」到「無心」的階段，最後的「看話頭」則是對「無心」的保任。

　　將禪修的方法以「四心」來說明的方式既不是傳統的默照禪，也不是話頭禪，而是聖嚴法師親證這兩種禪法之後自己的體悟。因此我們可以說在採用默照或話頭的方法上，聖嚴法師是繼承了宏智正覺與大慧宗杲二人；但在親證的過程中，歷代祖師都有他們個別的開悟經驗，這是無法依樣畫葫蘆的，聖嚴法師便以他親身的經驗，化為清楚的四心來說明

開悟的歷程。

　　聖嚴法師對默照禪的繼承在於徹底的掌握「默」與「照」的精神，卻不採用「拈古頌古」、「回互」、「偏正五位」等方式，他將宏智的「休歇」詳細的分為「收心攝心、集中心、統一心、無心」等四個過程。同樣的，他對話頭禪的繼承也不在「四料簡」、「偏正五位」、「功勳五位」等，而是將大慧宗杲的參話頭分為「念話頭、問話頭、參話頭、看話頭」等四部分。將此與宗杲原本的「緊緊咬住一個話頭」、「製造疑情」、「參破疑情」三部分加以比較，可以得知聖嚴法師將宗杲「緊咬住一個話頭」的階段視為「念話頭」的部分，而將「製造疑情」的階段，細分為較淺的生起疑情的「問話頭」階段和較深的生起疑團的「參話頭」階段外，還添增了參破話頭後的保任階段——「看話頭」，使得修行者能夠保持在明心見性的光景中。

　　若將聖嚴法師提煉過的默照禪與話頭禪對照來看，可以發現修行者在「念話頭」的階段尚未產生疑情，他只是利用「話頭」來集中紛然雜陳的念頭，相當於默照禪「收心」的階段；到了「問話頭」時，雖然偶有妄念出現，但由於疑情已經產生，所以心已經可以集中於一處了，這就相當於默照禪的「攝心」階段；到了「參話頭」時，修行者以能綿綿密密、一句接一句，如泉水湧出般的參問，遺忘了身體或環境的存在，這就進入「集中心」的階段，等到全人進入了一個大疑團當中後，就已進入「統一心」了；最後的「看話頭」則是打開悶葫蘆之後的保任階段。修行者雖然已到達明心見性的階段，但由於習氣未斷，所以仍須時時提撕，方能維持

開悟的狀態，此即相當於默照禪「無心」的階段。

關鍵詞：聖嚴法師，大慧宗杲，天童正覺，禪法

一、前言

聖嚴法師的禪法可謂是當代臺灣最具影響力的法門之一。他分別繼承了臨濟宗的話頭禪與曹洞宗的默照禪，同時也教授這兩種禪法。這兩種禪對他而言，不但是他個人修行上的利器，也是他接引眾生的重要法門。但吾人若回顧歷史可以發現臨濟宗的大慧宗杲曾抨擊默照一派為「默照邪禪」，而曹洞宗的宏智正覺也認為修行「不要作道理，咬言句，胡棒亂喝」，宗杲與正覺在修持方法上各有堅持，那麼聖嚴法師說他自己同時繼承了兩派的修行法，究竟如何繼承？是各行其是的繼承？還是以一為主、一為從的繼承，抑或是調和二者，從中提煉出一種新的禪法？

（一）研究動機

歷代的禪宗祖師都有一套屬於自己的修行方法，這套方法絕大多數是承續前人，加上自己特殊的體會而成的，大多數人終生謹守一種方法，甚至因為個別的體認而攻擊別人的方法，但聖嚴法師卻稱自己的禪法，同時接續了大慧宗杲的話頭禪與宏智正覺的默照禪，且不偏廢任何一端，不但教導話頭禪也宣揚默照禪，法師云：

> 西元十二世紀，在中國有兩位非常著名的禪師：一位是臨濟宗的大慧宗杲（1089～1163年），他提倡了話頭禪；另一位則是曹洞宗的宏智正覺（1091～1157年），他提倡了默照禪。我自己則正好連接上了這兩個系統的法門，當

> 我在跟老師修行著力時，用的是話頭禪，在六年的閉關期
> 間，修的則是屬於默照禪。這兩種禪法對我來講，都有很
> 大的利益及效果，直到目前我還是在教授著這兩種禪的修
> 行法門。❶

　　繼承一宗一派是我們所熟悉的，同時繼承兩宗的禪法已
不尋常，法師繼承的竟是歷史上互相攻詰、互不認同的兩個門
派：大慧宗杲曾經嚴厲的批評過默照禪，宏智正覺也對臨濟宗
的棒喝頗有微詞，那麼法師如何同時繼承了這兩派的禪法？他
究竟如何繼承？他不但繼承這兩種禪法，同時也在教授這兩種
禪法，他究竟如何教？是分別教導，還是截長補短鎔為一爐？

（二）研究方法與限制

　　本研究採取文獻分析法，為了明白聖嚴法師如何繼承話
頭禪與默照禪，首先分別分析大慧宗杲和宏智正覺的禪法，其
次再釐清法師對話頭禪與默照禪的主張，然後再與宗杲和宏智
的禪法進行比較。最後，輔以訪談整理出法師的教禪方法。最
後對法師的禪法作一全面性的檢視，以明白法師禪法的特色。

　　本研究乃是以法師的著作為主要依據，因時間促迫，僅
能進行少數個別的訪談，尚未能大量訪問參與禪法的修行者，
所以未能明白現場實施的狀況。

---

❶ 聖嚴法師《聖嚴法師教默照禪》，臺北：法鼓文化，初版七刷，2004年4
月，頁23。

二、宏智正覺默照禪的內容

宏智正覺（1091～1157）南宋隰州（今山西隰縣）人，乃是枯木法成與丹霞子淳的弟子，而法成與子淳均是芙蓉道楷的弟子，道楷的學說經由子淳，到了宏智手中廓廡始大。宏智繼承道楷「自休自歇」的禪法，發展成為默照禪，而使天下靡然相從。

正覺的禪學理論建立在人人皆有佛性之上，煩惱僅是心上幻影，因此如何去除不實的妄念，展露出吾人本地風光，便是他禪法的特色。

（一）以人人皆有佛性為基礎

禪宗的共同特色就是認為人人皆有佛性，宏智正覺也不例外，在他看來吾人與生俱來即具有一個靈明廓徹的如來德相，雖然我們尚未開悟成佛，但這如來德相在我們身上卻從不虧欠、也不缺少，它是吾人生命最基本的結構，也是最原始的狀態，所謂：

> 我衲僧家本分事，元無一絲頭缺少，無一絲頭分外，從本已來，靈明廓徹。❷

這如來德相，不僅是生命的基本基調，也是吾人與天地同根、萬物同質的地方，換句話說天地萬物均具有如來德相，

---

❷《大正藏》第四十八冊，卷一，頁1下。

如果從另一個角度來說，這德相即是諸法本性，所謂：

> 須知從本已來，靈明廓徹，廣大虛寂，三界九地，什麼
> 處得來？天地與我同根，萬物與我一體。❸

又說：

> 一切眾生，具有如來智能德相。❹

如果如來德相指的是諸法實相，那麼萬物的本性就沒具
不具有、減不減少的問題，只有顯不顯現，及顯現的完不完全
的問題，因此宏智正覺開宗明義，即說：

> 名不得，象不得，從來清淨不受染污。本自圓成，不勞
> 修泌，消融萬有，堂堂穩馭真乘，和合眾緣，處處顯揚茲
> 事。❺

又說：

> 始信元不修持，不曾染污，無量劫中，本來具足，圓陀
> 陀地，曾不一毫頭許欠少，曾無一毫頭許盈餘。❻

---

❸《大正藏》第四十八冊，卷五，頁67上～中。
❹《大正藏》第四十八冊，卷五，頁67中。
❺《大正藏》第四十八冊，卷一，頁1下。
❻《大正藏》第四十八冊，卷一，頁17下。

宏智認為這靈明廓徹的本性，不是經由吾人修持，或是「消融萬有」刮垢除弊之後所造成的，也不是吾人修行之後所建構的新事物；而是吾人本來具足，與生俱來的部分。從另一個角度說，修行不是要建構或創造出一個靈明廓徹的如來德相，而只是去顯露吾人本來原有的如來德相，這個德相在佛不增，在凡不減，是凡聖所同具的。

同時這個「靈明廓徹」的如來「智能德相」，也不會因為吾人的貪瞋而被染污，癡妄而受損害，它不但是本來具足、且是永恆不變的。是恆定不變，不待修正的。

（二）煩惱為心上之幻影

如果眾生本具如來德相，那麼為何還有眾多煩惱？在宏智正覺心中這份染污的性質究竟是什麼呢？它與清淨本性之間的關係又是如何呢？宏智云：

> 所以道：「一切皆從心地生，除去一切生底，還是本來心地。」❼

又說：

> 在一切諸法，同影像而生；在一切諸相，同幻化而用。❽
> 一切諸法皆是心地上妄想緣影，譬如湛水因風成波，唯

---

❼《大正藏》第四十八冊，卷五，頁60中。
❽《大正藏》第四十八冊，卷五，頁62中。

風滅，故動相隨滅，非是水滅。爾心地上，存許多善惡等
相，便是水上波浪，風休波滅，不是水滅，善惡相盡，不
是心滅。❾

從上面的三段引文看來，宏智認為煩惱只是心地上的妄
想緣影而已，也就是說煩惱根本不是「如來德相」，也不是由
如來德相產生的作用，它只是心的作用而已，也就是當六根與
六塵交接時所產生的作用而已，和如來德相一點關係都沒有。
當六根與六塵交接時，產生攀緣之情，生起執取之欲，自然產
生煩惱，所以要對治的是這個興風作浪的「心」，而不是那個
「清淨不受染污」的如來德相。此處必須注意的是：煩惱只是
「心地上妄想緣影」而不是「心」本身。所以要對治的並不
是受想行識，而是「心」與物交接時所生起的攀緣執取。宏
智的修行法門便是直接掌握了這個特質，針對「妄想緣影」
加以處理。

（三）默照禪在語言方面的教學法

宏智為了要教導修行者除去「心地上妄想緣影」還其本
來心地，在語言的教導上，他採用拈古頌古、回互等方法；在
打坐禪修中則主張休歇與揩磨等方法，以下分別說明之。

1. 拈古頌古

拈古、頌古是禪師截取一段古人古事或詩句，藉由一搭
一唱當中揭示禪意，最後由禪師在頌古中說明此段古人古事或

---

❾《大正藏》第四十八冊，卷五，頁60下。

詩句的意義。例如：

> 舉同光帝謂興化云：「寡人收得中原一寶，只是無人
> 酬價。」化云：「借陛下寶看。」帝以兩手引幞頭腳。化
> 云：「君王之寶，誰敢酬價。」頌曰：「君王底意語知
> 音，天下傾誠葵藿心；掇出中原無價寶，不同趙璧與燕
> 金。中原之寶呈興化，一段光明難定價；帝業堪為萬世
> 師，金輪景燿四天下。」❿

宏智藉由同光帝與興化君臣間的一段談話，來說明佛性
的重要。皇帝感嘆他有一個天下至寶，但沒人出價購買。興化
順勢問道：「我能不能看看皇上那至寶是什麼樣子？」皇帝用
手拉著他的皇冠說：「就是這個。」興化說：「這個誰敢出價
啊？」最後宏智藉著「頌古」的形式說明吾人身上有個無價之
寶，任何代價也換不了。不論是在上堂或小參時，宏智都常引
用古人的公案或詩句，再加以解說與闡釋，希望利用這些材料
幫助學僧了解公案的內容以及自己的體悟。

2. 回互

宏智的教學方法除了頌古之外，回互也是很重要的一種
原則。回互則是禪師在引導修行者時，利用反覆論辯的方式層
層深入的指出修行者當行之道，《宏智禪師廣錄》卷一就有許
多以旁參作為推理原則回互的例子。《宏智禪師廣錄》卷一：

---

❿《大正藏》第四十八冊，卷二，頁 27 中。

　　復舉僧問青林：「學人徑往時如何？」林云：「死蛇
當大路，勸子莫當頭。」僧云：「當頭時如何？」林云：
「喪子命根。」僧云：「不當頭時如何？」林云：「亦
無迴避處。」僧云：「正當恁麼時如何？」林云：「卻失
也。」僧云：「未審，向什麼處去也？」林云：「草深無
覓處。」僧云：「和尚也須隄防始得。」林拍手云：「一
等是箇毒氣。」師云：「者僧解問，青林解弄，可謂是虛
玄不犯。回互旁參，把定咽喉，方為好手，觸他毒氣，不
是作家。」且道：「正恁麼時，畢竟作麼生。」良久云：
「連頭袋子盛將去，沒底籃兒著取來。」⓫

　　在這個例子中，宏智問青林：「學人徑往時如何？」青
林回答：「死蛇當大路，勸子莫當頭。」宏智緊咬他的答案，
再問「當頭時如何」、「不當頭時如何」這兩個問題，青林都
可以正確的回答出來，但是等他繼續追問「在喪子命根，亦無
迴避處時」又該怎麼辦，青林的回答就沒辦法掌握禪宗主要精
神了，不論是「卻失」或「草深無覓處」，指的都只是形軀生
命的喪失，但宏智要的不只是視死如歸的勇氣，而是當一切都
失去之後，陡然而現的佛性或本來面目。回互、旁參的目的就
是利用這往復的過程逼顯最後的境界，想要凸顯出佛性或本來
面目，就需要「把定咽喉」。換句話說「把定咽喉」是「回
互」中最重要的關鍵，當學生能「把定咽喉」時，即能逼出回
互所要呈現的最後答案。

⓫《大正藏》第四十八冊，卷一，頁15中。

　　回互的形式有時是師生反覆討論，有時則是宏智個人設問，自己回答，例如：

　　　山云：「祇如海上明公秀，又作麼生？」柱云：「幻人
　　相逢，撫掌呵呵。」師云：「一言盡十方，萬卷該不得，
　　一步周八紘，駟馬追不及。直須無舌人解語，無足人能行
　　始得。說不得，行不得，直是無氣息，有什麼用處。」且
　　道：「幻人相逢，撫掌呵呵，又作麼生？」良久云：「念
　　念攀緣一切境，心心永斷諸分別。」❶

　　這則回互的例子，只有宏智一人自問自答，很明顯的他
並不覺得當他說出石柱的標準答案──「幻人相逢，撫掌呵
呵」時，他的學生不能夠完全了解。所以他又詳細說明「海上
明公秀」實是「一言盡十方，萬卷該不得，一步周八紘，駟馬
追不及」的比喻，這個解釋比石柱的答案更加不易理解，宏智
想說明「幻人相逢，撫掌呵呵」不是概念思維中的事物，也不
是想像中的幻覺，而是心行處滅、言語道斷的實相，所以用了
雖是「一言」，卻令萬卷無法綜賅；雖僅「一步」，卻連千里
馬也追不上。在這種誇飾的形容之後，宏智又舉了一個比喻說
這就像無舌人能說話，無足人能走路一般。這些例子在在都在
說明「海上明公秀」這個境界是超越語言，停頓思維之後的呈
現。可謂是一個「說不得、行不得，直是無氣息」的世界。
　　當宏智以「直是無氣息，有什麼用處」來說明「幻人相

❶《大正藏》第四十八冊，卷一，頁5中。

逢，撫掌呵呵」境界後，他的教學活動並沒有停止，他一躍而上深入其中，轉出「幻人相逢，撫掌呵呵」的境界又是怎麼出現的問題？良久之後宏智告訴學生，這是在「念念攀緣一切境，心心永斷諸分別」之下才能出現的境界，換句話說，「心行滅處，言語道斷」不是槁木死灰，不與世界交接，而是斷盡煩惱，卻不被煩惱來束縛。因此「幻人相逢，撫掌呵呵」是知其如幻，卻假戲真作；在假戲真作當中，卻深知一切如幻。

這種明白自身如幻，亦知他者如幻，了無一絲一毫的為真為實，這才是真正的「空」，所謂：

> 一切法到底，其性如虛空，正恁麼時，卻空它不得。雖空而妙，雖虛而靈，雖靜而神，雖默而照。若能如此，先天地先，一段事；後天地後，一段事。生死是箇中影像，畢竟立生死不得，真實到生死底，若不恁麼，隨夢幻而流。在一切境界，殊無些小得力處，識得破、辨得徹、喚得回、弄得出。在一切諸法，同影像而生；在一切諸相，同幻化而用。如電如影、如夢如響，了無一絲一毫為真為實。清淨本然，箇時周遍法界皆是，真淨妙明，箇時建立。所以道：「法隨法行，法幢隨處建立，何處不是諸人放光明？」⓭

所謂的「空」是「在一切境界，同影像而生，一切諸法，同幻化而用」，解脫者不同於眾生的地方，不是他遺世而

⓭ 《大正藏》第四十八冊，卷五，頁64中。

獨立，而是他證悟了這一切無常無我之後，對幻境不會產生攀緣之情、執著之心。同時他因為明白自身亦在幻化當中，深知幻化世界的其本性，所以也不會厭生惡死，這才是「畢竟立生死不得，真實到生死底」。

（四）默照禪在靜坐默究中的教學法

宏智除了重視語言中的提撕之外，更重視靜坐默究中的教導，在靜坐默究中他最重視休歇與揩磨兩種方法，休歇看來像是停止一切的動作，而揩磨卻像是用心去刮垢磨光，這兩種看來完全背反的方法，如何在一種禪法中同時運用？

1. 休歇與揩磨的意義

宏智的教學法中最令人稱道的是休歇與揩磨的提出，所謂的休歇與揩磨指的是什麼呢？楊曾文在《宋元禪宗史》中曾對休歇提出解釋，他說：

> 「休歇」有時與「無事」連用，一般是指離開喧鬧多事的環境，到一個安靜處所，使自己身心得到放鬆、休息，往往是採取讓精神集中的禪定形式進行心理調適活動，抑制並斷除困擾自己的各種欲望，衝動和追求……既然旨在泯滅古與今的時間觀念，故稱「一念萬年去」；要停止一切欲望追求，便稱「寒灰枯木去」；要斷除一切煩惱，便稱「一條白練去」。❶

---

❶ 楊曾文《宋元禪宗史》，北京：中國社會科學出版社，2006年10月第1版，頁509。

　　休歇是一種停止妄念的方法，它建立在修行者敏銳的反省力上，在靜坐的當下，修行者必須清楚的觀察到內心浮起的妄念。一旦察覺到妄念浮現時，立即要停止這個妄念、斬斷這個妄念，這即是「休歇」法。依據宏智的提出：

> 　兄弟此箇田地，亘徹古今，是爾人分上本有底事，祇為一念封迷，諸緣籠絡，所以不得自在去，勞他先覺，建立化門，也祇勸爾諸人，自休自歇去，歇即菩提，勝淨明心。**⓯**

　　在宏智看來，當吾人「自休自歇」時，妄念便不得浮現，從根斬斷之後，菩提自然顯現，這是因為他認為煩惱乃由妄念而起，直接斷除妄念，煩惱即能消除；煩惱消除，菩提自然顯現。這個方法即是他在回互中所謂的「把定咽喉」的方法。

　　而所謂的「揩磨」，雖然表面上看來像不同於「休歇」，但它卻是休歇過程中那個持續不斷盯緊心念，努力抓住妄念，一旦妄念生起必須立刻斬斷那個不敢絲毫鬆懈的態度，因此它強調「誅鉏盡草莽，四至界畔，了無一毫許污染」，宏智云：

> 　大休大歇底，口邊醭生，舌上草出。直下放教盡去，洗得淨潔，磨得精瑩，如秋在水，如月印空，恁麼湛湛明明。**⓰**

⓯《大正藏》第四十八冊，卷一，頁14下～頁15上。
⓰《大正藏》第四十八冊，卷七，頁78中。

揩磨的特色在於看的緊，除的盡，宏智用「洗得淨潔，磨得精瑩」來形容用心之緊，不容一根雜草存在，應該說是不容一根草存留，揩磨必須如同除草一般，除到寸草不生，濯濯如牛山方可。宏智云：

> 田地虛曠，是從來本所有者，當在淨治揩磨去，諸妄緣幻習。自到清白圓明之處，空空無像，卓卓不倚。❼

又說：

> 但直下排洗，妄念塵垢，塵垢若淨，廓然瑩明。❽

「揩磨」是一種「排洗」、「淨治」的工夫，類似於「時時勤拂拭」的精進與用功。這個工夫強調徹尾徹尾的細膩而又持續的進行方能見效。

2. 休歇與揩磨的關係

若從表面上看來「休歇」似乎是強調「放下」，要求的是枯寒身心，冷休休的，讓所有的妄念都如嚴冬的草木閉固不生，或如枯木即使逢春也不萌芽。而「揩磨」就像是「用事」，所要求的是「洗得淨潔，磨得精瑩」，是努力用力的清除或琢磨，希望身心潔淨，心田光亮。這二者似乎是兩種背反的理念，休歇時決無法進行揩磨的工作，揩磨時則決非

---

❼《大正藏》第四十八冊，卷六，頁 73 下。
❽《大正藏》第四十八冊，卷七，頁 78 中。

休歇。但我們在《宏智禪師廣錄》可以發現宏智不只是分開來使用這兩種方法，大多數的時間裡，他都將二者合在一起使用，例如：

　　（1）枯寒身心，洗磨田地。塵紛淨盡，一境虛明。水月霽光，雲山秋色。青青黯黯，湛湛靈靈。自照本根，不循枝葉。箇時底處，超邁情緣，不限劫數，一念萬年。❶

　　（2）衲僧家，枯寒心念，休歇餘緣。一味揩磨此一片田地，直是誅鉏盡草莽，四至界畔，了無一毫許污染，靈而明，廓而瑩。照徹體前，直得光滑淨潔，著不得一塵。❷

　　從上面諸多例證顯示在宏智心中，休歇和揩磨並不是兩組相對的概念，而是同一方法的兩面，各自表述出默照禪特殊而又精緻的一面。「休歇」是指修行者在靜坐當下，察覺到妄念時，立刻告訴自己這是妄念，不可隨波逐流，這個遏止妄念的動作，叫「休歇」。而修行的過程是一個不斷斬除妄念的過程，每個階段都有必須對治的對象，此時生起此妄念，彼時產生彼妄念，都需要「直下放教盡去」，這種緇銖必較不敢鬆懈的態度，就像發現心田裡冒出妄念的雜草就必須「放教盡去」，這種持續看守，不敢有所懈怠的精神即是「揩磨」。宏智說這就像洗滌的過程，即使衣服上只有一點髒都要努力清洗，直到「洗得淨潔，磨得精光，如秋在水，如月印空」。

---

❶《大正藏》第四十八冊，卷七，頁77上～中。
❷《大正藏》第四十八冊，卷六，頁74上。

　　由此可知，休歇與揩磨是同一種修行法——默照禪，不同的兩觀察面向。默照禪不但需要「枯寒心念，休歇餘緣」，不被妄念所牽引，也不主動攀緣妄念，一有妄念就休歇放下，「直是誅鉏盡草莽，四至界畔，了無一毫許污染」才算究竟。

　　從宏智的觀點看來，休歇與揩磨的目的不是滅盡心念，而是洗淨妄念，是除盡心田中的雜草，恢復田中等作物的豐美與生氣，不許任何污染與摧殘。在宏智看來吾人在人間中所有的有心經營，蓄意謀求，都是使自己擾攘不安的緣故，這些算計營求「膠膠織織」複雜到連自己都認不得自己了，而何時放下營營，何時就脫然灑落，何時脫然，何時就恢復自己的本來面目。宏智說：

　　　　只為爾心地下，紛紛地是思惟，攪攪地是架鏵。於妄想
　　　中，膠膠織織、安安排排、粘粘綴綴，什麼時得灑落去？
　　　爾若向這裡，脫然放下，不見箇身；不見箇身，箇時滿虛
　　　空遍法界，只是爾一箇自己。三世諸佛出世也，在爾身中
　　　出世；一切眾生顛倒也，在爾身中顛倒。乃至三界九地、
　　　大大小小、方方圓圓，皆是爾自己身中所現影像。㉑

　　宏智認為休歇揩磨不只是認清自我本來面目的方法，同時也是看清一切法的途徑，因為當我們汲汲營營的在獵取爭逐時，自我如幻的本質退卻了，取而代之的是一個堅實牢固的「我」。此時所有的事物都成了實有，成為可攀緣，可擁有的

㉑《大正藏》第四十八冊，卷五，頁65下。

對象，而當我們除去心念中的妄想，認識了自我本來面目，我們立刻發現不只沒有爭逐的主體，也沒有足以獵取的客體，事實上所有的事物都如幻如化，如露如電，事物之所以變成實然而有，變成可逐可取，其實是因我顛倒的緣故。

3. 休歇揩磨能發揮功效的條件

宏智主張休歇與揩磨的目的，在除去吾人自我心中的執著與妄念。從而使事物不再受到吾人有色眼鏡的蒙蔽，而能以實相方式呈現出來。然而想要使實相呈露出來，那麼絕不是隨意休歇，隨興揩磨所能達到的，這可以從宏智認為若是休歇得不夠徹底，揩磨得不夠潔淨，只要仍有一絲迷妄，那就會沾黏無數煩惱，生起無盡的紛擾，再度陷入動盪不安的心緒，纏縛煩憂的境地可知，所謂：

> 若一念迷本隨情，牽在一切處，紛紛紜紜膠膠擾擾，既從不自由處生，還從不自由處死。若是分曉漢，本無所從來，明白怎麼用，便於一切時一切處，脫徹無依；萬象中出一頭地，恁時不帶四大五蘊來；方有出身路子，臘月三十日，依舊怎麼去。所謂來無所從，去無所至，箇時淨無牽緣，廓無處所，三際斷六門空。所以道：「恢恢焉，晃晃焉，迥出思議之表也；思不到，議不及，心念纔萌，便成流注。」[22]

為了避免「一念迷本隨情」的情形發生，宏智主張徹底

---

[22] 《大正藏》第四十八冊，卷五，頁60上。

的休歇與揩磨，因為若無法廓然掃盡，通身洗淨，只要有那一
絲的牽連，仍未免是個凡夫，仍無法不墮入輪迴。宏智云：

> 師乃云：「兄弟有底道，三十年二十年三年五年，在
> 叢林中恁麼做，也道我參禪學道。若不曾到底，有甚麼用
> 處？儞但只管放，教心地下一切皆空、一切皆盡，箇是本
> 來時節。」㉓

又云：

> 當恁麼為時，直教一毫不生，一塵不翳，枯寒大休，廓
> 徹明白。若休歇不盡，欲到箇境界出生死，無有是處，直
> 下打得透，了無思塵，淨無緣慮，退步撒手，徹底了也。
> 便能發光應世，物物相投，處處恰好。所以道：「法法不
> 隱藏，古今常顯露。」㉔

　　只有徹首徹尾的休歇方才能如桶底脫落，從迷而反。只
有徹除妄念，心頭的影像才能恢復它幻生幻滅的本質，而也只
有如此，吾人才能徹見自己未污染前的本來面目。

4. 休歇揩磨以見性

　　如果修行的目的，在去除攀緣與執著；讓萬物恢復它幻
生幻滅的本相，讓吾人徹見自己未「迷本隨情」前的末來面

㉓《大正藏》第四十八冊，卷五，頁60中。
㉔《大正藏》第四十八冊，卷六，頁74中。

目，那個本來面目究竟是什麼樣子呢？宏智云：

> 吾家衲子，將以超脫生死，須槁身寒念，徹鑒淵底，虛凝圓照，透出四大五蘊。與因緣未和合，根門未成就，胞胎未包裹，情識未流浪時，著得簡眼，何患不了？恁麼了時，祖師鼻孔，衲僧命脈，把定放行，在我有自由分。所以道：「妄息寂自生，寂生知則現；知生寂自滅，了了唯真見。」❷⁵

宏智用「與因緣未和合，根門未成就，胞胎未包裹，情識未流浪」來形容吾人的本來面目，這真是個不可言說，不可指陳，也無法形容的境界，對這個境界他有更深入的說明：

> 一性湛圓，本地之光明發耀，六根互用，通身之手眼隨宜，便能眼處作耳處佛事，耳處作鼻處佛事，所以道：石人機似汝，也解唱巴歌。汝若似石人，雪曲也須和。能如是也，於一切塵，成一切智。不見教中道，若色處清淨，若般若波羅蜜多清淨，若一切智智清淨，無二無二分，無別無斷故，諸人還體悉得麼。良久云：「雲山父子能無外，水月交情自有緣。」❷⁶

當槁身寒念，徹鑒淵底時，我們遇見了父母未生時的

---

❷⁵《大正藏》第四十八冊，卷七，頁78上。
❷⁶《大正藏》第四十八冊，卷四，頁38上。

我，從而進入一個萬法平等的世界，這時「本地之光明發耀，
六根互用，通身之手眼隨宜，便能眼處作自取佛事，身處作舉
處佛事」，這境界即是所謂的「無二無別」的禪境。到達「無
二無別」的禪境之後，修行者才算進入不退轉的境界。此時的
修行者所見到的無非是實相，已無甲乙的分別，凡聖的區分，
所有的誘惑對他而言都如幻影般的不真實，宏智用「騎聲跨
色，超聽越眺」來說明得道者身處紅塵卻無車馬喧囂的寧靜。
所謂：

> 更須知有轉身路子，轉得身時，別無面孔教爾辨白；無
> 辨白處，卻昧不得，箇是徹頂透底。窮根極源時節，千聖
> 萬聖，無異蹊轍；妙在回途，借路著腳，明中有暗，用處
> 無迹。百草頭，鬧市裡，飄飄揚身，堂堂運步，自然騎聲
> 跨色。超聽越眺，怎麼混成，方是衲僧門下事。❷

真正的「見性」是禁得起考驗的，「了了唯真見」是在
轉身縱入大化時，依然可以在「無辯白處，卻昧不得」，不會
因為花花世界種種引誘，即「膠膠織織，安安排排，粘粘綴
綴」，默照禪的修行至此所謂「桶底子脫去」直見實相。因此
是一種有效的修行法門。

---

❷《大正藏》第四十八冊，卷七，頁78中。

三、大慧宗杲話頭禪的內容

（一）話頭禪提出的原因

宗杲提出話頭禪的原因，是因為他看到「近代佛法可傷，邪師說法，如恆河沙。各立門風，各說奇特，逐旋捏合，疑誤後昆，不可勝數」❷❽的緣故，根據他的觀察，當時最嚴重的錯誤在於「形似而不求悟」，修行者將參禪求解脫當成了追求時尚的行為，不求了脫生死，只求形貌上的相似，可能是當時有人只希望求得一個「自在自悟」的名號，根本不在乎沒有出離三界。就宗杲的觀察，這種狀況幾乎發生在當時每個門派當中，例如有的人學習默照禪學得不夠透徹，就妄說休歇，卻休得如土木瓦石，只是在打坐中歇息，享受坐中的輕安寧靜，卻不求了悟，也不用功，成天將自己困在那「黑山下，鬼窟裡」中，如同冷水泡石頭般，這是永無開悟之日的，因此宗杲氣憤的說：

> 教人休去歇去，歇教如土木瓦石相似去，又怕人道坐在黑山下鬼窟裡，隨後便引祖師語，證據云：「了了常知故，言之不可及。」❷❾

由於不明白輕安不是悟境，卻執著這塊貌似佛土的的黑山鬼窟。明明沒有開悟，卻在享受一份隨時被戳破的寧靜安詳。

---

❷❽《大正藏》第四十七冊，卷十四，頁867上。
❷❾《大正藏》第四十七冊，卷十四，頁867中。

　　另有人更加狡滑，他明白古人公案不可以理路商略，不可以言語掛搭。因此凡遇到關鍵處就說些毫無相關的語句，既不黏滯，也不掛搭，以表示自己早已到達祖師們的境界。事實上這種言語上的模仿又怎是真正的開悟，宗杲曾舉例說明：「或師家問：『不是心、不是佛、不是物，爾作麼生會？』便云：『和尚不妨惺惺。』或云：『和尚甚麼處去來？』」❸等等，或者直接再重複說一次「不是心，不是佛」，這種種模仿，即使模仿的再維妙維肖，也沒有辦法使仿效者開悟。

　　第三種人更為聰明，他們不但不必像第一種人擺出一副用功精進的假象，也不必像第二種人，至少在言語上還要求不黏不滯，他們只需要直接捉住問題再向上一翻，就成了絕妙之答，例如：「僧問古德：『如何出得三界去？』」❶答的人只需說：「把三界拿來，我就告訴你怎麼出去？」將二祖安心的公案拿來套用一下就叫作開悟了，但這種開悟究竟有什麼用？等到遇著生死牢關時，真的能保證自己能脫離三界嗎？

　　宗杲為反對佛門這些怪現象，所以主張明心見性必須「親證親悟」，語言上的巧問妙答，行為上的鎮日靜坐都不是真正的開悟。所謂：

　　　殊不知，此事唯親證親悟，始是究竟，才有一言半句作奇特解，玄妙解，祕密解，可傳可授，便不是正法。❷

---

❸《大正藏》第四十七冊，卷十四，頁867中。
❶《大正藏》第四十七冊，卷十四，頁867下。
❷《大正藏》第四十七冊，卷十九，頁892上～中。

　　然則如何才能「親證親悟」呢？宗杲認為只有使用話頭禪才能使人開悟，令人見性。

（二）話頭禪的內在基礎

　　宗杲認為耽溺於巧思妙語無法令人開悟，同樣的終日靜坐冥想也無法明心見性，文字禪的錯誤是顯而易見的，也是容易解決的，但是默照禪如果學得不夠徹底，它所產生的問題就相當的棘手，宗杲云：

> 坐來坐去，坐得骨臀生胝，都不敢轉動，喚作工夫，相次純熟，卻將許多閒言長語，從頭作道理商量，傳授一遍，謂之宗旨。方寸中依舊黑漫漫地，本要除人我，人我愈高，本要滅無明，無明愈大。❸

　　為了避免吾人「坐在黑山下，鬼窟裡」，如土木瓦石般，宗杲提出另一種參禪的方法──話頭禪。何謂話頭禪，楊惠南云：

> 「看話禪」一詞中的「看」，是觀察、看守、盯住不放的意思；而「話」字，則指「（狗子）無（佛性）」這一句「話」（語詞）。在宗杲的話頭禪中，「無」這一句「話」，可以用其他的「話」來代替；最常代替的「話」

---

❸《大正藏》第四十七冊，卷十九，頁892上。

是「竹篦子」話。禪宗認為，宇宙中的萬事萬物，都由
「如來藏」（妙明心印）這一源頭而來；包括「無」、
「竹篦子」這些「話」。而且，修禪的目的即在開發這一
萬物的源頭——如來藏。也就是說，參究「無」、「竹篦
子」等等「話」（公案）的目的，乃在開發這些「話」的
源頭——如來藏。❸❹

他利用了許多「話頭」來引導學生，進入一個專心一意
的世界，再要求學生突破這個境界，走出一個連「心」都不存
在的世界。但這些動作的目的都只在開發吾人內在的圓明妙
性，正如楊惠南所說的宗杲的話頭禪均在闡揚開發吾人內在的
如來藏。宗杲亦曾云：

即心是佛，佛不遠人，無心是道，道非物外，三世諸
佛，只以此心說法，只以此道度生。❸❺

宗杲以「即心」「無心」來詮釋「圓明妙性」，此性除
了「無生可度」「無法可說」之外，還包含不妄取過去，不貪
著未來，也不住於現在的特點。這圓融妙性和宏智所說的「桶
底子脫去」後所呈露的本地風光一樣，不是永絕人寰的槁木死
灰，而是身在濁世卻在污不染；人在塵寰卻念念分明。所謂：

❸❹ 楊惠南《禪史與禪思》，臺北：東大圖書公司，初版，1995年，頁173。
❸❺《大正藏》第四十七冊，卷二，頁819中。

> 直得心心不觸物，念念絕攀緣，觀法界於一微塵之中，
> 見一微塵遍法界之內，塵塵爾，念念爾，法法爾。**㊱**

（三）學習話頭禪應有的態度

宗杲在教導人學習話頭禪之前，首先要確立對話頭禪的信心，相信話頭禪是最有效的禪法，也是最準確的禪法，是唯一能令人開悟的方法，宗杲云：

> 欲學此道，須是具決定信。逢逆順境，心不動搖，方有趣向分。佛言：「信能永滅煩惱本，信能專向佛功德，信於境界無所著，遠離諸難得無難。」又云：「信能超出眾魔路，示現無上解脫道。」如上所說教有明文，佛豈欺人耶？若半明半暗，半信半不信，則觸境遇緣，心生疑惑，乃是於境界心有所著，不能於此道決定無疑。**㊲**

宗杲「決定信」中所謂的「信」，並不是指「自信」吾人身中自有一個「圓滿具足」的佛性，而是指對話頭禪這套教學法的信仰，確信它是最優秀的禪法。總之，想要這套方法發揮功效，它的先決條件就是「相信它」，只有相信它具有引導吾人開悟的能力，吾人才可能安心的依照指示向前走去，也才能在遇到困難時，鑽不出牛角洞口時依然抱持不放。

除了「決定信」之外，「決定志」也是學習話頭禪必備

㊱《大正藏》第四十七冊，卷二，頁818上。
㊲《大正藏》第四十七冊，卷二十，頁894上。

的基本條件，所謂的「決定志」是指下定決心勇猛精進，以一種破釜沉舟的姿態，視死如歸的勇氣拚命向前行去，所謂：

> 擔荷此事，直是具決定志，一棒打不回頭底，若半進半退，似信不信，縱得箇入頭處，亦禁大鑪鞴烹鍛不得。況欲向千差萬別處作主宰耶？❸

這是因為話頭禪的修行中，修行者必須深入疑情，鑽入疑團，鑽到暗無天日之處，彷彿被重重包圍，身陷不測當中。這種時間究竟要持續多久，往往因人而異，不可一概而論，有時數時、數日，也有持續數月、數年的，如果沒有「決定志」與「決定信」，很難持續下去。只有具備這種決心，才有可能在疑雲重重、山重水複之時，仍義無反顧的向前直行，也只有具備「決定志」時，才敢在最混沌最黑暗時懸崖撒手。不論是「決定信」或是「決定志」在在都說明了宗杲的話頭禪，需要非凡的氣魄與決心去克服修行中的種種困難，方才能從黑山下鬼窟裡突圍而出，重見光明。

（四）學習話頭禪的方法

宗杲為了要修正文字禪與默照禪的缺點，所以採用話頭禪。修習話頭禪不必誦經、禮佛，也不必持咒、做功德，只需持一個話頭，早也參，晚也參，參話頭時不能順邏輯推理，不可用理性思惟，也不能學文字禪，直接在「舉起處會，開口處

承當」；《大慧普覺禪語錄》裡曾云：

> 一日問謙，徑山和尚尋常如何為人。謙云：「和尚只
> 教人看狗子無佛性話，竹篦子話，只是不得下語，不得思
> 量不得向舉起處會，不得去開口處承當，狗子還有佛性
> 也無？無，只恁麼教人看，渠遂諦信，日夜體究，每常
> 愛看經禮佛。」謙云：「和尚尋常道，要辦此事，須是
> 輟去看經、禮佛、誦咒之類，且息心參究，莫使工夫間
> 斷。」❸❾

從宗杲角度看，誦經、禮佛、念咒都是宗教儀式，儀式
或許可以達到收心攝念的效果，但絕對無法因此開悟，重複這
些動作，正如同學習默照禪人如果沒有盡心的休歇，也沒有持
續去揩磨，只是坐在那裡，又怎麼會開悟呢？同樣的不斷的誦
經禮佛，對宗杲而言不過就是行禮如儀而已，怎能奢求見性？
如果想要開悟，那麼就直接進入話頭的參究，直接探訪活水的
源頭。參話頭既然如此重要，那麼要如何進行呢？

1. 妄念起時舉話頭

妄念幾乎是所有修行人卻必須面對的問題，宗杲認為當
妄念起時，若一心想要壓制它，只是像搬了塊石頭壓住青草，
一般青草還是會從旁邊冒出來的，所以不宜採用壓抑的方法，
而要立刻舉話頭，所謂：

---

❸❾《大正藏》第四十七冊，卷十四，頁869下。

> 妄念起時，亦不得將心止遏。止動歸止，止更彌動，只
> 就動止處，看箇話頭，便是釋迦老子達磨大師出來也，只
> 是這箇。❹

　　宗杲的這個方法似乎是針對默照禪的缺點而發的，宏智
面對妄念時主張立時遏止，但宗杲認為以一個在妄念中的人想
要以妄動的心來遏止妄念，這正如「止動歸止，止更彌動」，
這是個永不可能達成的任務，因此他主張運用轉移注意力的方
法來遏止妄念，他認為當妄念生起時，吾人只能將注意力轉移
到話頭上，利用心念移轉的方式來停止妄念的滋生與擾動，否
則以凡夫在纏的情形，勢必無法斷然停止妄念。當吾人察覺妄
念已起，立刻自覺的提起話頭，將心思完全放在話頭上，妄念
自然就無法蠢動了。

2. 時時提撕話頭

　　面對妄念時宏智以休歇來遏止妄念，以揩磨徹底休歇。
但宗杲認為凡夫不可能以妄止妄，所以反對休歇，他認為在妄
念萌生時最好的方法是參話頭；將精神集中在話頭上時，自然
不生妄想。舉話頭，固然可以轉移妄念，使心念盯在話頭上，
但吾人一旦離開話頭，妄念又在不知不覺中竄生出來。所以想
要徹底止息妄念，就必須無時不刻的抱住話頭，隨時隨地的參
究，如此妄想才不至如春草般的滋蔓擴展，宗杲云：

> 須是行也提撕，坐也提撕，喜怒哀樂時，應用酬酢時，

總要提撕時節。**❹**

這種「行也提撕，坐也提撕」的修行法門，除了藉由話
頭來轉移心念外，還強調出持續性的重要。宗杲認為話頭的提
撕必須具有持續性與普遍性，這樣才能保證妄念不會趁虛而
入。從某個角度來說，這個方法其實很類似於宏智所提倡的
「揩磨」，強調「盡淨」的一面。

3. 不放捨、不用棄

大慧宗杲不只注意到斷絕妄念不能只用意志力去斷除，
必須用轉移注意力的方法，讓念頭由妄想轉入話頭。同時也注
意到要徹底斷除妄念就必須「時時提撕」，在強調「時時提
撕」之後，宗杲以自身經驗說明「時時提撕」的結果只有兩
種，一是念太久後覺得沒滋味，二是亟欲解開話頭，心頭如
火。對於前者宗杲告訴修行者，千萬不能因為沒滋味就放棄，
這沒滋味處正是把你推到「意識不行，思想不到，絕分別，
滅理路處」，**❹**這已是開悟的前夕，所以千萬不能放捨，宗杲
云：

> 凡看經教及古德入道因緣，心未明了，覺得迷悶沒滋
> 味，如咬鐵橛相似。時正好著力，第一不得放捨，乃是意
> 識不行、思想不到，絕分別滅理路處，尋常可以說得道
> 理；分別得行處，盡是情識邊事，往往多認賊為子，不可

---

❹《大正藏》第四十七冊，卷十七，頁886上。
❹《大正藏》第四十七冊，卷十九，頁891上。

不知也。**㊸**

　　經過咬鐵橛的過程後，修行者只要不放捨，持續的努力，不久即可進入到另一個階段，這階段恰好與上一個味似嚼臘的階段完全相反，修行因長期專注於話頭，而生起強烈的疑情，在這疑情未解之時，修行者會努力的尋求解答，不但不覺得話頭如鐵橛毫無滋味，相反的深深的被話頭所吸引，以致於有「不知老之將至」的感覺。宗杲在〈禮侍者斷七請普說〉一文中提到自己曾因深入疑雲，連在吃飯時，拿著筷子都忘了扒飯的經驗，宗杲云：

　　　老和尚卻令我在擇木寮作不釐務，侍者每日同士大夫須得三四回入室。只舉有句無句如藤倚樹。才開口便道不是。如是半年間，只管參。一日同諸官員在方丈藥石次，我只把箸在手，都忘了喫食。**㊹**

4. 懸崖撒手

　　如果修行者對外「忘了喫食」，對內則是疑情逐步擴大，大到籠罩整個心頭，這個衝不破，解不了的疑情，恰如一團火無時不刻的在胸中燃燒，宗杲說：

　　　老和尚曰：「這漢參得黃楊木禪，倒縮去。」我遂說箇

㊸《大正藏》第四十七冊，卷十九，頁891上。
㊹《大正藏》第四十七冊，卷十七，頁883上～中。

譬喻曰:「和尚,箇道理恰如狗看著熱油鐺相似。要舐,又舐不得;要捨,又捨不得。」老和尚曰:「爾喻得極好,只這箇便是金剛圈栗棘蓬。」❹

　　這種困於話頭,鑽不出去,又衝不過去的困境,直叫修行者坐立難安。然而又捨不得拋棄,因此才造成「要舐,又舐不得;要捨,又捨不得」這進退兩難的景況。此時千萬不可突然轉向,乞靈於理性,因為實相是不可言宣,不可思議,超乎理性思維的。若以理性來探尋則所得的答案僅限於理性當中,絕無法走到「心行滅處,言語道斷」的境地,這也就是宗杲拒絕理性與邏輯的原因。

　　面對這一團熱油鐺,一不可放捨,二不可用理性思惟,必須一直抱住這話頭,直到「忽然心無所之,不覺噴地一發」❹,以將這心頭熱鐵吐出,這才算花開見佛,所謂:

　　提撕來提撕去,沒滋味,心頭恰如頓一團熱鐵相似,那時便是好處不得放捨。忽然心華發明,照十方剎,便能於一毛端,現寶王剎,坐微塵裡,轉大法輪。❹

　　宗杲這個比喻旨在說明參話頭的最後階段:在提撕來,提撕去,沒滋味時修行人卻不放棄,反而愈鑽愈深,直到衝破疑團撥雲見日的過程。這其間除了不可放捨之外,最重要的是

---

❹《大正藏》第四十七冊,卷十七,頁883中。
❹《大正藏》第四十七冊,卷二十一,頁898下。
❹《大正藏》第四十七冊,卷十七,頁886上。

必須「心無所之」，也就是不可濫用理性去思惟、去分析、去判斷，而只是抱著話頭一直問一直問，這種精神宗杲稱之為「懸崖撒手」，不管死活，縱身一跳，躍入話頭的深谷中，宗杲云：

> 爾要真箇參，但一切放下，如大死人相似，百不知百不會；驀地向不知不會處，得這一念子破，佛也不奈爾何，不見古人道，懸崖撒手自肯承當，絕後再穌，欺君不得。❹

這破釜沉舟的決心反而讓疑情散盡，置之死地而後生可說是此一境況最佳的寫照。在大死一番之後，「絕後再蘇」則如破繭而出的蝴蝶，展現的是完全不同於毛蟲的生命境界。

四、聖嚴法師的默照禪

聖嚴法師與臨濟曹洞兩宗的關係，根據他所著的《聖嚴法師學思歷程》一書來看，法師的剃度師是東初老人。而東初老人是太虛大師的學生，也是曹洞宗的焦山定慧寺的方丈，因此是洞山良价第五十代傳人。但東初老人當年卻是在臨濟宗的普陀山系的寺院中出家的，也曾經到臨濟宗的常州天寧寺參學，所以他也是臨濟宗的傳人。正因為東初老人肩負二派法統，做為他傳人的聖嚴法師也就同時繼承了曹洞與臨濟兩宗法脈。法師與臨濟的淵源不僅如此，早在民國四十七年他曾與虛雲老和尚的傳人靈源和尚結過一段法緣，二十年後也就是民國

---

❹《大正藏》第四十七冊，卷十三，頁863下。

六十七年，靈源和尚正式賜他「知剛惟柔」的法號，並給了他
一份法脈傳承譜〈星燈集〉，因此法師可說是臨濟宗義玄的第
五十七代傳人。❹

　　法師不只在法脈上與曹洞、臨濟兩宗有正式的沿承關
鍵，在禪法的修行上也同時繼承了這兩家的家法。早年他在鑽
入疑團走不出時巧遇靈源老和尚，因靈源老和尚的大呵而開
悟，這時他用的是臨濟宗的話頭禪。而他在美濃朝元寺閉關六
年期間用的卻是不折不扣的默照禪，因此法師對於這兩種禪法
深知其詳，他不但是這兩宗法脈上的繼承人，也是修行上的實
踐者。所以他在《聖嚴法師學思歷程》中云：「我有禪宗臨濟
及曹洞兩系的傳承，禪修上亦曾有過體驗。」❺《聖嚴法師教
默照禪》的編者在序文中也曾說：

　　　同時傳承了中國禪宗臨濟（話頭禪）與曹洞（默照禪）
　　兩個法脈的聖嚴法師，早期聖嚴法師教默照禪是以教導數
　　息觀以及參話頭為主，但是到了一九八○年，開始在禪修
　　期間指導默照禪法，並且從一九九八年開始，陸續舉辦專
　　修默照的禪七、禪十、禪十四、禪四十九。至今聖嚴法師
　　已經主持超過十次以上密集默照禪修活動，受益者不計其
　　數。❺

---

❹ 見聖嚴法師《聖嚴法師學思歷程》，臺北：正中書局，1996年1月第9次
　　印行。
❺ 同註❹，頁158。
❺ 同註❶，頁3。

　　這段話一方面說明了法師與臨濟和曹洞兩宗的關係，也說明了法師的禪法指導始於數息法與話頭禪，其後才擴展至默照禪。根據上述引文可知法師教導默照禪的時間大抵從1980年代才開始，但他與默照禪的接觸，早在他六年閉關的時候就開始了。或許是因為這個緣故，所以我們發現他的默照禪從一面世就相當的有組織、有次第，也相當的圓熟。

（一）聖嚴法師對「默照」二字的定義

　　既然法師自己說他的禪法繼承的是大慧宗杲的話頭禪與宏智正覺的默照禪，那麼我們來一一檢視他的禪法與歷史源頭間的關係，以便觀察法師同時繼承這兩個宗派時，所開展出來的禪法究竟呈現何種面貌。

　　宏智正覺在〈默照銘〉中有「默默忘言，昭昭現前」[52]之說，原意是說在靜默忘言的境界中，森羅萬象歷歷可辨。同一文中有「妙存默處，功忘照中」，其中的「默處」也是指靜默忘言的境界。所以「照中失默，便見侵凌」，是說失其所據，則無法昭昭而照；所謂「默中失照，渾成剩法」。宏智認為如果靜默當中沒有辦法使諸相皆現，見我本地風光，那就只是得個靜坐的樣子而已。由此可知在宏智的用法中，「默」是境界的指稱，而「照」則是智慧的發用。然而這個「用」必須在「默」當中，才能呈現出來。

　　由此可知，「默照」二字在宏智的用法中，應當是指一個開悟後「靈然獨照，照中還妙」的境界。至於要到達這個

---

[52] 同註❶，頁3。

「默而能照」的境界,則有待拈古回互的學習與休歇揩磨的努力,等到桶底脫落時自然蓮開夢覺。

聖嚴法師所謂的默照不但是指境界,同時也是指達到開悟的方法,法師云:

> 照是知道自己在做什麼、在想什麼,也清楚地知道,心裡所產生的種種反應是怎樣,但是無法控制自己的心。有時候,希望想的事想不到、不要想的事,卻一直在想。默的工夫,就是發現了這心裡的狀況時,馬上切斷它。❸

就法師而言「默」不是宏智正覺所說的那靜默忘言的世界,而是一種果決堅毅的意志力。當吾人發現自己無法遵行禪修方法時,立即切斷那個影響修行的妄念,不論那是身痛或是心癢都要立即停止,讓心重回修行的法門上,這就是法師所謂的「默」。而所謂的「照」則是清楚的認知到自己現在的身心狀況,不論是身體的痠麻或是心理的不耐。

默和照的工夫必須貫徹在默照禪的每個階段中,徹底的使用後修行者就可以到達「默照」的境界。所謂「默照」境界是指修行者已到達「放捨諸相,休息萬事」身心一如的狀態。所謂的身心一如便是清楚的照見「心是無常,而身是無我」。也就是說修行者自此已放下自我的執著,不再攀緣外物,而能確入實相,證知身心的真實狀態。法師說:

---

❸ 同註❶,頁24。

　　知有身心和動靜，是照的工夫，一如與無間是默的工
夫。放捨和休息是默的工夫，知有諸相和萬事是照的工夫
──此即默照同時的用功狀況。**❺**

　　依此可知實相的展現必須到了默照同時的階段方可能實
現。在證知實相之後，默照的工夫並非停止，而是更清楚的呈
現。此時工夫所證顯的是境界，境界所呈現的即工夫。

（二）聖嚴法師默照禪教學法

　　「默」「照」二字對法師而言是一種修行的方法，這種
方法貫串在默照禪的每個階段當中。從最基礎的調身調息，到
最後放捨諸相，休息萬事，每一個階段都需要「默」也需要
「照」。以下分別從調身、調息、調心三方面來說明。

1. 調身

　　默照禪採用的是靜坐法。法師從調身、調息等基礎工夫
開始教導，在調身的層面中，他主張要有一個正確姿勢，坐的
直，坐的穩，可以使身體穩定，心念集中，氣脈循環更為通
暢。這一個階段由於著重身體姿勢的調整，尚未進入意念的層
面，所以是他唯一沒有用上默照工夫的階段。

2. 調息

　　其次是調息。坐好之後，法師再進行調息的教導。這個
階段主要的重心在呼吸上，他強調不可以意志控制呼吸的長
短，及小腹的起伏，只要自然的呼吸即可。法師的調息法有

---

❺ 同註**❶**，頁208。

兩類：一為數息，二為隨息，前者可以順數，也可以逆數或隔數❺❺，後者則可以分為隨鼻息和隨息想兩種❺❻。此時：

> 不去特別注意局部或局部的狀況，不被身體的狀況、環境的狀況以及心裡的狀況困擾，還是保持清明的心，知道自己的身體是在打坐，這是「默」；曉得身體在打坐，清楚地知道身體及周遭環境的狀況，也覺察到心裡所產生的雜念妄想，則是「照」。很清楚的知道身體在打坐，也知道身體上的狀況，但是不去管它，這便是「默照同時」。❺❼

這個說法很清楚的說明了法師將「默」與「照」運用在調息方面，此時的「默」是保持清明，知道自己正在打坐，而「照」則是察覺當下所有的身心狀況，明白身體的麻痛痠癢，也明白心裡的妄想雜念。在調息部分的「默照同時」的運用是一方面明白自己在打坐，也明白身體此時的狀況，但卻不因任何雜念而改變打坐的修行。此時除了身心兩面的觀照外，意志力的堅持也是十分重要的。

3. 調心

法師將默照禪的調心階段分為四個，這四個階段分別是收心、攝心、安心與無心，可以說是法師默照禪法的重心所在，以下分別說明。

---

❺❺ 同註❶，頁38-39。
❺❻ 同註❶，頁39-40。
❺❼ 同註❶，頁29。

（1）收心

法師在收心階段中強調要把心從過去和未來收攝到現在
這一點上，也就是將散亂的心集中在現在這一點上，如果利用
的是數息法，那就是收心於數字上；如果是打坐者就收心於坐
姿上。法師認為凡是想要學習管理心念就必須先學會收心。心
不收，任其馳騁於八極，飄泊於四方是無法管理的。所以必須
運用默照的工夫將心收攝回當下，所謂：

　　捨下過去境及未來境是「默」，緣現在境是「照」。❺⓼

在這個階段中的「默照」，顯然是借助一種具體的方
法，幫助吾人將心緒收回到眼前來，不讓意念隨著妄想東奔西
突的。

（2）攝心——集中心

收心這個階段雖然讓個人已將心收攝到現在這個點上，
但尚未完全平靜，它仍然會被諸多雜念妄想所干擾，所以法師
進而主張「攝心」。攝心主要是將心志集中在「方法」上，不
論是數息或是打坐，都要專心一致的「數」或「坐」，全神貫
注盯在修行方法上，避免心念落入妄想。

這個階段所謂的默照，消極意義上是不直接面對妄想與
雜念，不主動採取任何方法來殲滅它們。積極的方面是將心念
轉向修行方法上，奮力的執行這個法門，聖嚴法師云：「不跟

---

❺⓼ 同註❶，頁28。

雜念、妄想、瞌睡纏鬥是默，把心用在方法上是照」。❺⁹

　　換言之，在這個階段當中，修行者必須練習觀察自己的意念，清楚的知道意念中的狀況，不論是偷懶還是欲想，是物質的吸引還是精神的紛亂都必須瞭如指掌，這部分是「照」的訓練。

　　其次是在明白意念的狀態後，修行者必須採取對治的方法，聖嚴法師認為當妄念出現後，想要直接消滅這些妄想往往吃力而不討好，但若將注意力轉移到修行方法上，不論是數息或是打坐、甚至參話頭，都可以使我們擺脫妄念雜想的困擾，而不致產生與之纏鬥後的後遺症。這種下定決心離卻妄念的擾攪，並轉向修行方法的自覺即是「默」。

　　在這段攝心的過程中，全程了知意念的狀態是「照」，不論是「默」之前的紛亂或是「默」之中的念念不離方法都能清楚得知。而「默」則是在「照」之後，自覺到生命不當如此渙漫，不能如此沉淪，從而決定轉向修行。倘若沒有這份自覺，只有觀照，就算「照」的再清楚，也沒有辦法改變生命的流向。只有在觀照之後，自覺到生命必須改變，從而努力去改變，才能力挽狂瀾。「默」的工作在攝心階段只需要「把心輕鬆而又綿密地用在方法上」❻⁰，就算到達集中心的階段了。

　　（3）安心──統一心

　　所謂的安心，就是心念能確實的安止於方法上。此時修行者已能不受身心環境的影響，平穩而持續的使用修行方法，

❺⁹ 同註❶，頁28。
❻⁰ 同註❶，頁28。

雜念與妄想愈來愈少。並且清楚地知道自己正在打坐。

打坐到一定程度後，修行者會突然發現不是我在打坐，打坐的人已經和打坐的行為合而為一，無法再區分彼此了。法師曾形容這個階段的修行者會發現：「打坐和我，身體和我是同一個東西，『我』的這個念頭已經不存在，這時就是統一心的出現。」❻

統一心的出現說明修行者已經到達物我合一的階段，這個階段最明顯的特色是人我對立的消解。法師云：

> 統一時，不再把環境裡的狀況當成對象，雖然也聽得到或看得到，但不以對立的態度來聽、來看，環境裡的任何東西都是與自己合而為一。❻

所謂對立的消解，是說修行者因為修行得力的關係，在此經驗中體會到方法與人之間的融合，進而知道天地萬物與自己也是合一的，因此取消了彼我對立的觀點，事事都能從對方的角度考量。

不僅如此，在這個階段裡修行者還會體驗到前念與後念的統一，也就是發現內心的念頭是一個接一個，綿綿密密的形成一群統一的念頭繫念於一處，不再有任何雜念或馳逐的現象，這時修行者就已進入一個完全安定的「定」境了，進入定境之後的修行者依然必須保持默而能照的精神：

---

❻ 同註❶，頁136。
❻ 同註❶，頁136。

不要只有默而沒有照，只有止而沒有觀，這樣很可能
進入未到地定，只有身心統一，卻失去了對外境觀照的功
能，這就不是默照。默照的方法是清清楚楚有身體、有環
境，知道身體在打坐；漸漸地，身體在打坐的念頭也沒有
了，雖然曉得是在打坐，但此時身體與心沒有負擔，環境
裡的聲音還聽得到，但是自己已和環境結合為一體，這便
是內外統一。㊌

到了「統一心」的階段，能緣與所緣已經完全合而為
一，自我與環境的合而為一時，身心也就完全靜默下來。法師
認為這個階段最重要的是保持「照」的作用，否則便容易走入
神通，或者進入通靈的狀態。

（4）無心

進入統一心之後，由於「身體與心沒有負擔」，所以也
就沒有煩惱與自我，在這無限的空間與時間中，修行者是自由
自在的，聖嚴法師說，這種情形很容易讓人誤以為自己已經開
悟了，但這只是進入「定」境，尚不是開悟。真正的開悟是在
「照」的般若智慧下，放下統一的寂靜，捨下與萬物的合一，
進入一個「既不執妄境，也不求真境」的境界。換句話說，想
進入「無心」的階段必須做到真妄皆捨，不執有，也不執無，
連「統一心」的階段那與天地合一、萬物同遊的經驗也必須一
起捨下。

在「無心」的階段中，默照的運用大抵如下：「默」的

㊌ 同註❶，頁136-137。

作用表現在知道真妄都不能取,因此毅然決然的放下真妄,明白物我合一也不能執,從而棄之如敝屣的捨去合一。聖嚴法師說:

> 在心尚未統一之前,雜念、妄想隨時都要捨,但是方法不能捨;有了統一心之後,必定得捨。❻

由此可知到了無心階段,修行者要連賴以修行的方法也要捨去,這種徹底的捨,捨到一無依傍才是本階段「默」的作用。

正由於徹底的「默」,所以修行者方才能進入真正的無所限礙。這個階段的「默」聖嚴法師稱之為「放捨諸相,休息萬事」❻。而知有諸相與萬事卻是「照」的工夫。

默照禪在宏智正覺的手中,尚未有明顯的次第,他只是指出想要開悟必先認清吾人內在的佛性,後而藉揩磨與休歇除去心上的蔽障,在徹首徹尾的休歇中徹見本性。但法師卻將默照修行的過程清楚的區分為收心、攝心、安心、無心四個階段,又將「默照」二字從宏智的偏重境界義轉為實踐義。他所謂「默」已兼含休歇和揩磨的作用,「照」則具般若智慧意義。法師將默照運用在調心的每一個階段,使得「默」「照」禪通體都在默與照當中完成,成了名副其實的「默照禪」。

---

❻ 同註❶,頁138。
❻ 同註❶,頁208。

五、聖嚴法師的話頭禪

聖嚴法師和話頭禪的關係十分密切，早在他學習默照禪之前他就跟著他的師父學習話頭禪了。其次在民國四十七年法師因靈源老和尚而開悟時，用的也是話頭禪。在1980年代之前法師教導禪法時，所用的也是話頭禪。正因為他對話頭禪的熟稔與得力，所以當他教授話頭禪時便呈現初次地清晰、步驟分明的特色。

（一）法師提倡話頭禪的原因

1. 話頭是無堅不摧的金剛王寶劍

話頭禪在法師看來是不折不扣的「金剛王寶劍」，能破一切卻不為任何東西所破。話頭禪不但能在修行初期袪除心中的雜念、妄想，更能在修行的當中摧破四魔，最後還能衝出生死牢關，帶領修行者出離三界，因此是一項非常優良的修行法門。

2. 話頭是乾淨俐落的修行法門

由於話頭禪本身無法以常理來解釋，所以也無法以邏輯來推理。這個特色使得使用話頭的人無法運用理性來求得答案，因此也不會因為話頭而產生想像，因想像而誤入歧途，所以話頭是個安全的方法。

其次，法師認為數息觀、不淨觀、因緣觀，界分別觀等，雖然可以減少妄念，使心安定但卻無法徹底的消除煩惱，當遇到重大的變故、大瞋、大貪、大癡興起時，心底的煩惱又會陡然而現，但話頭禪就不會有這個問題，它是能從根本解決

問題，徹底粉碎自我，因此不會有剩餘或殘存的問題需要再次解決。

由於話頭禪具有上述兩種特質，所以法師認為這是最好的禪法之一，或許也因為這緣故，法師終其一生不斷的推展這個禪法。

（二）修行話頭禪應有的心態

1. 每次都是第一次

法師認為話頭禪要修得好，必須抱持著每一次都新的開始，都是第一次。將自己放在當下，不執著過去，也不妄想未來，不斷提醒自己，每個念頭、每炷香都是新的開始。

2. 身心都在話頭上

禪修的基本原則就是從當下一念著手用功，也就是從現在使用的這個話頭下手用功，讓自己念念都守住這個話頭，不可轉移至上一刻或下一刻，或任何一個身心狀況與環境變化。

（三）聖嚴法師的話頭禪教學法

在法師心中，用話頭來破除煩惱是最快速、最徹底、也最安全的，因為話頭的本身是超越語言、凌駕概念之上的，所以使用它不會使修行者去除了A、卻黏上了B；且用它來消解煩惱，不但能破除五蘊之屬的虛妄，連意識本身也可一掃而空。但聖嚴法師在運用話頭來破除煩惱時，卻不像以往的禪師一樣不講次第，相反的，他有嚴謹的進路，也有清楚的說明。法師說他的禪法：「以『有』為入手方便，以『無』為禪修方

向。」❻說的即是這個。

1. 先行法門

有的人可以直接進入話頭禪的訓練，有的人則不可。如果無法直接進入話頭禪，那麼即可從數息、念佛等法門進入，等到雜念減少時即可進入話頭禪。

2. 念話頭

進入話頭禪的第一個階段是「念話頭」。此一階段是藉著持續不斷唸著話頭，來收回為名利而奔逐、為權勢而算計的心，使心能集中在話頭之上。這個做法，和默照禪的「收心」階段，有著相同的功效。但默照禪的「收心」只能將心念集中在靜坐這一點上，而念話頭卻會在妄想愈來愈少後，對話頭產生疑問，想解開話頭中的問題。

3. 問話頭

當心較能集中於靜坐之後，妄念仍會不斷出現、不斷地打斷話頭，使得心念無法完全集中，法師認為此時必須持續的「念」話頭、不斷的「問」話頭，用意志來集中精神，使自己能全神貫注的「問」，問到妄念無法再打斷話頭為止。

問話頭的方法首先必須考量人類語言的習慣。由於我們聽到一個句子時，常將注意力放在句子的最後面，因此在參話頭時若問的是「什麼是無」時，注意的目標是「無」，若將此句倒過來問「無是什麼」時，則重心變成了「什麼」，「無」就無法發揮它應有的作用，我們變成去猜測、解釋「無」的內容，而無法因「無」字生起疑情。又例如參問的是「念佛者

誰」時，問題的重點在「誰」，問的是吾人的法身理體與佛相應的是什麼，但若換成「誰在念佛」，重心變成在尋找念佛的那個人。也就是重心放在研究那個念佛的自我，而不是去探究父母未生時的「我」。❻❼

其次問話頭還必須小心不可以思辨的方式來參問，因為任何思辨都建立在一個穩定的「自我」之上，如果沒有恆定的界面，個人是無法以概念來推理的，然而參話頭的本身要尋找的是「實相」，實相是幻生幻滅的，是無自性的，概念思維與實相處在完全不同的層面上，因此使用邏輯思維永遠無法到達實相層面。

正確的問話頭是擺脫理性思維，而直接向話頭支取答案，不急於得到答案，但持續而誠懇的尋找答案，即使問話頭的整個過程呈現食之無味的感覺，仍必須堅持下去，使話頭一個接一個如環扣般毫不間斷。

4. 參話頭

問話頭如果只是一直不斷重複的念「什麼是無」、「什麼是無」，則不僅是食之無味，甚至連唸時也會產生妄念，所以問話頭時必須繞著這個話頭發問，問題的設計是要使自己對話頭產生興趣，而不是對話頭感到厭煩。法師曾以參「什麼是無」舉過一個例子：

假如「無」本來就是一個沒有的東西，為什麼還要問？這個字裡有什麼東西呢？為什麼有這麼多的禪師都在用

❻❼ 聖嚴法師《聖嚴法師教話頭禪》，臺北：法鼓文化，初版，2009年，頁71。

這個話頭？他們不是傻瓜，所以一定有它的道理，那麼
「無」裡面究竟會有什麼呢？告訴自己：我不服氣，一定
要問出個名堂來，這究竟是什麼東西？⑱

　　這種問話頭的方式，其實是在製造疑情，反反覆覆的參
問一直到疑情出現。疑情出現後，修行人不再認為話頭是個乾
屎橛，而是被它深深吸引，無法自拔，一心一意的想知道問題
的答案，至此再也不必替自己製造疑情，疑情會一次比一次濃
厚，參話頭的時間也會一次比一次拉長，想求得答案的心也會
一次比一次強烈，直至茶不思飯不想時，修行者已鑽入了濃厚
的疑團中了。
　　在疑團中的修行者通常視之而不見，聽之而不聞，外界
的干擾已不復存在，他已與疑團合而為一，心中只有話頭。
身體或環境所發生的事對他而言，已無法造成任何困擾，就
算泰山崩於前，他依然如此。這時修行者已到達內外統一的
階段。⑲這個階段中修行人與話頭完全合一，話頭對他而言即
是他整個的生命，不再是個外在事物，不必特別的去提撕它，
特別去想起它，它即是修行者，修行者即是它。
　　等到話頭給了答案的那一剎那，也就是話頭這隻悶葫蘆
打開時，修行者立刻證入了「空性」，放下了自我，明白所謂
的自我不過是前念、後念、念念相續的瀑流；同時也放下了色
身，明白形軀不過是五蘊所集，其性本空。吾人的身心徹徹底

⑱ 同註⑰，頁114-115。
⑲ 同註⑰，頁160。

底的是「空」，此時即是所謂的「明心見性」。

「明心見性」之後，聖嚴法師說「這個時候是剛剛懷了聖胎，已經進入聖胎的狀態，但還沒有成為聖人。」[70]雖然還不是個聖人，但是因證空之後，自我中心不見了，因此不再有自我情緒、分別的干擾，從而能夠認清事實，做出合理與正確的判斷，能以智慧處理事務，同時因為自我中心的消降，使得自私自利的心態從根拔起，悲心自然湧現，因此也能以慈悲對待他人。

5. 看話頭

禪宗所謂的「明心見性」並不是成佛，而只是證入空性，明白實相而已。這個階段，雖然自我中心消除了，但因為自我習氣和煩惱的根尚未根除，所以只能夠調伏煩惱，而尚未能斷除煩惱，因此仍要需要使用話頭修行。但此時參話頭的目的不是利用話頭來斬刈那些煩惱與習氣，而是運用它來保持明心見性時的狀態，使它不要退轉，不要失喪。

這個階段繼續維持參話頭的習慣，法師特稱之為「看話頭」。通常看話頭所用的話頭與本參所用的是同一個。但使用時心態卻是不同的，聖嚴法師云：

> 但是心態轉變了，什麼是轉變後的心態？就是知道煩惱是什麼，但是因為仍有煩惱，所以要繼續參。「如果完全沒有煩惱的時候是什麼情況？」「如果達到和佛一樣的境界時，又是如何？」疑團今一個個出現，所以要繼續用這

---

[70] 同註[67]，頁190。

　・228・聖嚴研究

句話頭，達到最終目的。❼

　由此可知，話頭的功能除了能令人開悟外，還能在開悟
之後帶領人走向成佛之道，這個功能聖嚴法師稱之為「保任」
之功。

　法師的話頭禪與宗杲話頭禪最大的不同，仍是在次第有
無的方面，宗杲的話頭禪沒有次第可言，他強調時時提撕，也
強調懸崖撒手，但如何有效的從基礎修行到最後的開悟，則無
詳細的說明。

　法師的禪法卻十分強調次第，從收心攝念的念話頭，到
全神貫注的問話頭，乃至忘卻環境的融入話頭、栽入疑團，到
明心見性後如何保任，步驟清晰，方法明顯。

　其次是宗杲僅提了「疑情」一詞，尚未提出「疑團」來
說明深濃的疑情，「疑團」一詞的出現大概要到明代博山元來
時。在法師的禪法中清楚的區分出疑雲與疑團，這也是他不同
於宗杲之處。

六、結論——法師對話頭禪及默照禪的綰合

　如果我們把法師的默照禪和話頭禪對照來看，可以發
現，法師將默照禪的調心分為了四個階段，而話頭禪的參話頭
也是四個階段。默照禪從處理吾人向外爭競馳逐於名利聲色等
心開始，而話頭禪也從處理散亂心開始。其次默照禪進入攝心

---

❼ 同註❻，頁35。

的階段，妄念漸少，心漸漸可以安住於所緣境。而話頭禪的第二個階段則為「問話頭」，在這個階段中，妄念同樣也是漸次減少，只是偶爾出現打斷話頭的機率變小了。

第三階段法師的默照禪則進入了統一心的階段，這時會突然發現身心合而為一，「我」已與打坐連為一氣，進而發現自己已與環境融合在一起，不會再將環境中的狀況當成對象，雖然聽到了、看到了，但不是以對立的態度來聽來看。這個階段中，最特殊的經驗是與萬物冥合的感覺。法師的話頭禪到了第三個階段，則是參話頭。這個階段是由問話頭產生的疑情，再深入鑽進疑團的階段。當疑團罩頂的時候，修行者可謂進入一個悶葫蘆當中，朝思暮想的無一不是話頭，修行者完全忽略了身旁的事物，可以茶不思飯不想的抱住話頭。這個情境初初看來完全不像默照禪的「統一心」，但仔細想來，默照禪的統一心是一個破我執、無我的階段，而話頭禪的「參話頭」中，當人全神貫注於話頭時，也同樣的到達一種無我的階段，二者都是以融入所緣來破除「自我」，達到無我的境界。

第四個階段對法師的默照禪而言，這是「無心」的階段，是「放捨諸相，休息萬事」後的澄明與寂靜，前面三個階段，吾人必須捨的是妄念雜想，而不能捨的是方法。捉住方法「打坐」，集中心力在方法上，自然可以捨下妄念；但到了最後這個階段，則連方法也要捨棄，連無我的內外冥合也要拋下，縱身空無中，方可達到「無心」的階段。

看話頭的階段則是等待機緣成熟，悶葫蘆破碎之後的明心見性，這其實也是「無心」的階段。

如果我們將法師的默照禪與話頭禪加以比較，可以發現

兩者都有相同的機制，經過相同的過程。都必須先將心從外攝
收回內，待心集中於一處，再破除自我，融於所緣成為統一
心，最後再超越無我而成無心。明心見性之後需要繼續保任與
長養，這個過程是聖嚴法師禪法的基本架構，放在默照禪上形
成收心攝心，集中心，統一心與無心四個階段。若放在話頭禪
上則構成念話頭、問話頭、參話頭與看話頭等階段。由此可知
這不但是法師對禪法的基本主張，也是他多年來實踐與教學中
所得的成果。不論法師用的是默照的只管打坐，還是話頭禪的
參問法，最重要的是他從不悖離自己的禪法。法師自己也說他
的禪不是古人的殘渣遺骸，也不是日本人的禪法，而是他自己
的禪法。所謂：

> 我只是透過自己的經驗將釋迦世尊以來的精神、鍛鍊
> 身心的方法，加以序次化及合理化，使得有心學習的人，
> 不論性別、年齡、教育程度以及資秉的厚薄，均能獲得利
> 益。❼

　　法師的禪法雖說是繼承自宏智正覺的默照禪與大慧宗杲
的話頭禪，但不可諱言的，這兩種禪法到了法師手中都經過大
量的修正，次第變得清楚了，概念也變得明晰了。同時也不再
只限於上層方法的說明，連最基礎的方法都建立起來了。因此
我們可以說：聖嚴法師對默照禪與話頭禪的繼承，不是一成不

---

❼ 聖嚴法師〈自序〉，《禪的體驗‧禪的開示》，臺北：法鼓文化，三
版，1999年，頁3。

變的照單全收，他吸收了前人的精神與方法，卻結合上自己實修的經驗，同時考慮到當代人身心的狀況，從而修正了默照禪與話頭禪的實施方法，並賦予他們清晰的概念和步驟。

Venerable Master Sheng-yen's Integrated Teaching of Hua-tou and Silent Illumination Chan Practices

Yen-chiu Tu

Professor

Department of Chinese Literature, National Chengchi University

▌ Abstract

Venerable Master Sheng-yen's teaching of Chan (Zen) can be seen as one of the most influential dharma practices in contemporary Taiwan. His teachings and practices combine both the hua-tou meditation practice of the Linji lineage and the Silent Illumination meditation (Soto) practice of the Caodong lineage. While Dahui Zonggao (大慧宗杲1089~1163) of Linji sect criticized the chan practice of the Silent Illumination sect as "a silent illumination chan practice that goes astray," Tiantong Zhengjue (Hongzhi Zhengjue 天童正覺1091~1157) considered that chan practice "should not play with reasoning and speeches, nor should it resort to random beating with the rod or yelling." Although Zonggao and Zhengjue were two masters that knew each other extremely well, they seemed to insist on their respective practices of chan. Since Venerable Master Sheng-yen claimed that he inherited chan lineage form both sects, we could not but wonder about the following questions: how did he inherit both lineages and their conflicting ways of practices? Did he inherit them respectively, or did he integrate both ways and come up with a new way of chan practice?

Tiantong Zhengjue of the Caodong sect usually uses the following methods to guide his disciples to contemplate on the implications of ancient teachings: "to select ancient teachings and praise ancient teachings, "to circulate and reinforce practices," to constantly engage oneself in "the Five Levels of Primary and Auxiliary Practices," etc. His major teaching focuses on "silent illumination," and he asks his followers to completely "stop, and rest." He thinks that only when one is able to "completely stop and rest, and keep constant and steady practice" can one really attain enlightenment. However, what he means by "stop, and rest" is not to ask the practitioners to abandon everything and do nothing. On the contrary, he compares the practice to such delicate needlework as weaving the jade threads through a gold needle, and suggests the practitioners to keep such constant and ever refining practices that they "become aware of all the subtle details of the practices, and all these practices become so densely and continuously connected" throughout whole process. Through such steady, constant, non-stop, and ever refining practices, one may be able to completely clear out the dirt and dust that cover the mind, to attain the subtle wisdom of prajna and enlightenment, and to realize/experience in person the true Buddha nature within.

By contrast, Dahui Zonggao thinks that "the Four Liaojian," "the Five Levels of Primary and Auxiliary Practices," and "the Five Levels of Achievement" are all flexible measures during the practice stages while the most important objective of chan practice is to lead the practitioners directly to enlightenment. For him, the most effective way is to "contemplate the hua-tou." This method completely avoids analyses or rationalization, and guides its practitioners directly through to a state where "the conscious mind work stops working, the thinking and thoughts stop entering, the discriminating jobs of the mind come to an absolute end, where there is no room for logical reasoning, when all of a sudden enlightenment explodes, and spontaneously the mind becomes clear, and the true Buddha nature is seen."

Venerable Master Sheng-yen does not inherit the Silent Illumination Chan by copying the format of its practices; rather, his inheritance lies in his application of its methods. He does not use its traditional methods "to select ancient teachings and praise ancient teachings, "to circulate and reinforce practices," or to go through "the Five Levels of Primary and Auxiliary Practices." He does not take in the whole set of Silent Illumination practices without any change or adjustment. Instead, he divides Zhengjue's teachings about "stop, and rest" into four more detailed processes to "bring the scattered mind together and remain mindful, to concentrate the mind, to proceed until the mind is unified into one-mind, and then to break apart one mind and realize no-mind." As for Zonggao's teaching about the contemplation of hua-tou, which includes three parts—to intently stick to a hua-tou, to create a doubt sensation, and then to penetrate and break through the doubt sensation—Master Sheng-yen divides it into four stages: "to repeat the hua-tou, to query about the hua-tou, to contemplate the hua-tou until one truly desires to penetrate the hua-tou, and then proceed to be deeply engaged in the investigation of the hua-tou." Such a division further differentiates Zonggao's stage about "doubt sensation" into a more surface stage of doubt sensation that just arises, and a deeper and more intensive stage where the mind is filled with a mass of profound doubts. Besides, after the stage where one penetrates and breaks through the hua-tou, he adds a stage to keep the practitioner constantly engaged in the practice —the stage to "can hua-toua" (to investigate the hua-tou). This enables the practitioners to stay within the state where the mind is enlightened and the Buddha nature is seen.

If we compare the four stages of Silent Illumination chan practice refined by the Master with the four stages of Hua-tou chan practice he taught, we can find that at the stage of "repeating the hua-tou," the doubt sensation has not arisen within the practitioners yet. They just use the hua-tou to bring the wandering thoughts of the scattered mind together, so it is similar to the stage in the Silent Illumination practice where one tries to "bring the scattered mind together and remain mindful." When one starts to "query about the hua-tou," since the doubt sensations have arisen, the practitioner's mind can stay concentrated despite occasional occurrences of wandering thoughts. Therefore, it is equivalent to the stage of the Silent Illumination practice "to concentrate the mind." As the practitioners enter the stage "to contemplate the hua-tou," by means of the uninterrupted series of questioning and contemplation that come one after another, like the spring water which pours out so spontaneously, their whole being will become so wrapped up in the big mass of doubts that they will forget about the existence of the body or the environment. This stage is similar to the stage in Silent Illumination practice where the practitioners "proceed until the mind is unified into one-mind." Finally, the stage to "investigate the hua-tou" includes penetrating and breaking through the big mass of doubts, breaking open the suffocating state that overshadows the mind, and staying engaged in constant practices after the breakthrough. Although the practitioners may attain enlightenment and see the Buddha nature, as their accumulated habits have not been disconnected, they still need to constantly remind themselves to keep practicing so that they can remain in the state where the mind is clear and enlightened. This stage can be equivalent to the stage of "no-mind" in the Silent Illumination practice.

Therefore, we can understand that the Master's integrated teaching of the Silent Illumination and Hua-tou chan practices does not just combine Tiantong Zhengjue's and Dahui Zonggao's teachings of chan. Instead, through his own solid practices, he found out the basic principles of chan practices, modified the teachings of the two early masters, and then provided his integrated teaching of chan for modern practitioners.

Key words：Venerable Master Sheng-yen, Dahui Zonggao, Tiantong Zhengjue, chan

從「明心見性」論聖嚴禪法與天台止觀

陳英善
中華佛學研究所研究員

▌摘要

「明心見性」，是禪宗的核心觀念。舉凡有關禪宗的所有修證，無非為了達到明心見性。但由於禪宗重視頓悟，並不特別強調修證的階位，因而導致對明心見性呈現撲朔迷離的狀態。對於此問題，聖嚴法師是相當關注的，認為可藉由天台或唯識輔助做說明。然在聖嚴法師的諸論著中，對這方面的著墨仍然很少。

所以，本論文試著從天台教觀的角度來切入，以便釐清「明心見性」所蘊藏的義涵，以及呈顯「明心見性」與止觀修證的關係。

若就天台而言，「明心見性」是指見中道佛性。但於天台的藏、通、別、圓教等四教中，只有別教、圓教二教觸及了中道佛性的議題。因此，若要探討明心見性，宜從別教、圓教二教入手。進而配合別教的修證階位（十信、十住、十行、十迴向、十地、等覺、妙覺），以及圓教的六即位（理即、名字即、觀行即、相似即、分證即、究竟即佛）來論述明心見性，以便對明心見性有一整體性充分地了解。

因此，本論文主要從兩方面來探討，首先，就聖嚴法師的

禪法來釐清「明心見性」的觀念。其次,從天台的教觀來探討
「明心見性」,以及論述「明心見性」與止觀修證的關係。

關鍵詞:明心見性、聖嚴法師、禪法、天台、止觀、別教、
　　　　圓教

一、前言

有關禪宗的「明心見性」，向來難以說清楚。此可能與禪宗的不立文字、教外別傳有關，很難以一理論系統來概括之。另外，「明心見性」乃修行體證之境界，故難以用語言文字表達。也因為如此，使得禪宗的公案語錄，呈現撲朔迷離的狀況。

「明心見性」，乃禪宗之宗旨，參禪之目標。而「明心見性」究竟何所指？其實並不容易說得清楚。歷代禪宗諸多典籍無不在談「明心見性」，但對「明心見性」之界說，諸禪師彼此有所不同。若以《壇經》所記載慧能與神秀是否開悟的偈頌來看，弘忍大師判定慧能已開悟，而神秀則未達明心見性。為何神秀未達明心見性？為何慧能已達明心見性？其判準何在？此問題到了後代更形複雜，有以頓悟頓修、頓悟漸修等，或解悟、證悟等來加以做說明。甚至愈到後代，愈是以強烈的方式來遮除對「明心見性」之執取。❶此顯示了「明心見性」

---

❶ 如《鎮州臨濟慧照禪師語錄》卷一：「上堂云。赤肉團上有一無位真人。常從汝等諸人面門出入。未證據者看看。時有僧出問。如何是無位真人。師下禪床把住云。道道。其僧擬議。師托開云。無位真人是什麼乾屎橛。便歸方丈。」（CBETA, T47, no. 1985, p. 496, c10-14）又如《永覺元賢禪師廣錄》卷四：「所以成佛作祖。是頭上安頭。明心見性。是眼中著屑。」（CBETA, X72, no. 1437, p. 410, a9-10 // Z 2:30, p. 226, b2-3 // R125, p. 451, b2-3）《無異元來禪師廣錄》卷一：「何謂世法。明心見性是世法。戒定慧品是世法。……乃至成佛極果是世法。……何謂佛法。山河大地是佛法。日月森羅是佛法。鵲噪鴉鳴是佛法。乃至與諸昆仲。要笑謳歌是佛法。」（CBETA, X72, no. 1435, p. 242, c12-18 // Z 2:30, p. 60, d8-14 // R125, p. 120, b8-14）

看似簡單易懂，而實際上並非如此。

　　若就「明心見性」的字面意思，是指明吾人之本心、見吾人之佛性。而此本心佛性，本來清淨，一切具足。此從達摩、慧能一路下來，無不在開顯此本心佛性。而至五家七宗所使用的公案、語錄、話頭禪、默照禪、念佛禪等，無不與此有密切關係。乃至近代的虛雲禪師及創立中華禪法鼓宗的聖嚴法師，無不以明心見性做為禪宗的宗旨。

　　有關聖嚴法師的禪法（話頭禪、默照禪、念佛禪等），包羅萬象，有漸次的，有頓悟的，可說集歷來禪法於一身。❷聖嚴法師施設種種方便，引領現代人邁向覺悟解脫成佛之道。而「明心見性」，乃是禪宗的修行目標，聖嚴法師是如何來詮釋明心見性？依本論文初步之研究，基本上，聖嚴法師較常以空性來解釋明心見性。若依天台的看法，空性具有共、不共涵義，如所說的共般若、不共般若，或共實相、不共實相，而此也形成於菩薩道上有共十地與不共十地之差別。❸此之「不

---

❷ 此從聖嚴法師等身的相關著作可得知，目前筆者也在進行「聖嚴禪法與天台止觀」的研究專題。而學術界有關聖嚴法師禪法的研究亦不少，如辜琮瑜《聖嚴法師的禪學思想》一書中，以「一、起點與歸趣——緣起性空思想」、「二、主體信念——佛性真如思想」、「三、觀念之融通與法門之匯整」來論聖嚴法師的禪學思想。（辜琮瑜《聖嚴法師的禪學思想》，臺北：法鼓文化，2002年7月，頁135-145）、俞永峰〈聖嚴法師與禪宗之現代化建構〉，對聖嚴法師禪法做了分期，以四期來劃分聖嚴法師的禪法，即教授禪法初期、實驗時期、改良兩種禪法時期、以禪法為教育時期。（《傳燈續慧》，中華佛學研究所，2010年4月，頁144-153）

❸ 《大智度論》卷四十九〈發趣品第二十〉：「地有二種：一者、但菩薩地，二者、共地。共地者，所謂乾慧地乃至佛地。但菩薩地者，歡喜地、離垢地、有光地、增曜地、難勝地、現在地、深入地、不動地、善根地、

共」，指的是佛性。但吾人從禪宗的諸論著中，很難看出對空性作如此區分。

研究禪宗，首當其衝面對的問題——何謂「明心見性」？若欲探討明心見性，自然地會涉及慧能與神秀之開悟與否的偈頌，為何慧能所呈現的偈頌已達明心見性？為何神秀未達明心見性？此明心見性，是指開悟之意。而所謂的「開悟」，究竟悟得什麼？是空性？或是佛性？空性與佛性的關係又是如何？且為何後代以解悟與證悟來說明開悟？為何諸禪師對於解悟與證悟的界說有所不同？而禪宗向來不強調階位，為何要從賢位、聖位來說明開悟？此解悟與證悟是何指？其賢位、聖位代表何涵意？此等有待進一步之釐清。

基於上述諸問題，本論文擬從慧能與神秀的偈頌來展開序幕，以及論述後代對明心見性所做的詮釋，進而探討聖嚴法師如何看待明心見性。最後，試從天台教觀的角度，輔助以釐清「明心見性」的義涵。

二、中華禪的明心見性

（一）開悟之判準——明心見性

有關禪宗的「明心見性」，可從慧能與神秀的開悟偈頌來切入，為何弘忍大師認為神秀所寫的偈頌未入門？而認為慧

法雲地。」（CBETA, T25, no. 1509, p. 411, a26-29）。《妙法蓮華經玄義》卷十：「若言不明佛性法身常住者，共般若，可非佛性法身常等。不共般若云何非佛性耶？」（CBETA, T33, no. 1716, p. 801, c27-29）

能的偈頌已達開悟？而神秀與慧能之差別，是方法上頓漸之差別或是根本上之差別？若是方法上之差別，於「明心見性」只是頓漸的問題而已。若是根本上之差別，此可能會涉及到別圓教之差別問題。❹

　　神秀的偈頌如下：

　　身是菩提樹　　心如明鏡臺

---

❹ 若從宗密的角度，是屬於漸頓的問題，如《禪源諸詮集都序》卷一：「初息妄修心宗者，說眾生雖本有佛性，而無始無明覆之不見故輪迴生死，諸佛已斷妄想故見性了了，出離生死神通自在。當知凡聖功用不同，外境內心各有分限，故須依師言教背境觀心息滅妄念，念盡即覺悟無所不知。如鏡昏塵，須勤勤拂拭，塵盡明現即無所不照。又須明解趣入禪境方便，遠離憒鬧住閑靜處，調身調息跏趺宴默，舌拄上齶心注一境。南侁、北秀、保唐、宣什等門下，皆此類也。」（CBETA, T48, no. 2015, p. 402, b21-c1）。又《禪源諸詮集都序》卷一：「三將識破境教……上生滅等法不關真如，但各是眾生無始已來法爾有八種識，於中第八藏識是其根本，頓變根身器界種子，轉生七識，各能變現自分所緣（眼緣色，乃至七緣八見，八緣根種器界），此八識外都無實法。……此上三類都為第一密意依性說相教。然唯第三將識破境教，與禪門息妄修心宗而相扶會，以知外境皆空故不修外境事相，唯息妄修心也。息妄者，息我法之妄；修心者，修唯識之心，故同唯識之教。既與佛同，如何毀他漸門息妄看淨時時拂拭、凝心住心專注一境及跏趺調身調息等也。此等種種方便，悉是佛所勸讚。淨名云：不必坐不必不坐，坐與不坐任逐機宜。凝心運心各量習性。當高宗大帝乃至玄宗朝時，圓頓本宗未行北地，唯神秀禪師大揚漸教，為二京法主三帝門師，全稱達摩之宗，又不顯即佛之旨。曹溪荷澤，恐圓宗滅絕，遂呵毀住心伏心等事。但是除病，非除法也。」（CBETA, T48, no. 2015, p. 403, b24-c26）若從宗密將禪門的息妄修心宗會通於密意依性說相教的將識破境教來看，那麼神秀與慧能的差別，類似於天台的別圓二教之差別。

時時勤佛拭　　莫使有塵埃❺

慧能的偈頌，有三種說法，如下：

1. 菩提本無樹　　明鏡亦無臺
　　佛性常清淨　　何處有塵埃❻

2. 心是菩提樹　　身爲明鏡臺
　　明鏡本清淨　　何處染塵埃❼

3. 菩提本無樹　　明鏡亦非臺
　　本來無一物　　何處惹塵埃❽

　　在神秀的偈頌中，是肯定有菩提樹、有明鏡臺，此在慧能的第一、第二種偈頌中，亦皆有之。所不同者，神秀認為須「時時勤佛拭，莫使有塵埃」，而慧能則認為「明鏡本清淨，何處染塵埃」或「佛性常清淨，何處有塵埃」。換言之，是同樣肯定有如明鏡般的清淨佛性，所差別者，神秀認為會惹塵埃，為無明所染；而慧能認為明鏡佛性本來清淨，何來惹塵埃。此呈現了慧能與神秀之差別，一為本清淨，一為惹塵埃。但在元代的宗寶所搜集的版本《六祖大師法寶壇經》中，則更

❺ CBETA, T48, no. 2007, p. 337, c1-2.

❻ CBETA, T48, no. 2007, p. 338, a7-8.

❼ CBETA, T48, no. 2007, p. 338, a10-11.

❽ 《六祖大師法寶壇經》卷一。（CBETA, T48, no. 2008, p. 349, a7-8）

以「菩提本無樹，明鏡亦非臺；本來無一物，何處惹塵埃？」
來表達之，此與法海版本的《南宗頓教最上大乘摩訶般若波羅
蜜經六祖惠能大師於韶州大梵寺施法壇經》（簡稱《壇經》）
說法不同，是從「本來無一物」來強調連明鏡佛性之不可得，
此更明顯地說明了慧能與神秀之間是根本上的差別，而非頓、
漸之不同而已。由此可看出慧能以後的禪宗發展，由肯定佛性
而走向對佛性的遮除。

在《壇經》中，並未使用「明心見性」一詞，而是以
「識心見性」表之，於自心頓現真如本性，自識本心，自見本
性。如《壇經》云：

> 故知不悟即是佛是眾生，一念若悟即眾生不是〔案：
> 是〕佛。故知一切萬法盡在自身心中，何不從於自心頓現
> 真如本姓。菩薩戒經云：我本願自姓清淨。識心見性，自
> 成佛道。即時豁然，還得本心。❾

又云：

> 若識本心，即是解脫。既得解脫，即是般若三昧。悟般
> 若三昧，即是無念。何名無念？無念法者，見一切法不著
> 一切法，遍一切處不著一切處。常淨自性。使六賊從六門
> 走出，於六塵中不離不染。來去自由，即是般若三昧自在
> 解脫，名無念行。❿

---

❾ CBETA, T48, no. 2007, p. 340, b28-c3.
❿ CBETA, T48, no. 2007, p. 340, b28-c3.

此說明若能識本心,即是解脫,即是般若三昧,亦是無念。能於一切法不著一切法,遍一切處不著一切處。此「菩提般若之知,世人本自有之。」⓫強調於日常生活中心行,而非口說,如《壇經》云:

> 一行三昧者,於一切時中行住座臥常真,真心是。淨
> 名經云:真心是道場,真心是淨土。莫心行諂曲〔曲〕,
> 口說法直,口說一行三昧,不行真心,非佛弟子。但行真
> 心,於一切法上無有執著,名一行三昧。迷人著法相,執
> 一行三昧,真心座不動,除妄不起心,即是一行三昧。若
> 如是此法同無清,却是障道因緣,道順通流。⓬

此顯示「明心見性」著眼於實踐,而非口頭禪。若能於一切法上無有執著,則是一行三昧。

《壇經》中對於「明心見性」之表達,可說不少,藉用聖嚴法師所引《壇經》之文,如下:

> 〈疑問品〉云:「念念無滯,常見本性」,此即是明心
> 見性。……
> 〈定慧品〉云:「迷人漸修,悟人頓契。自識本心,自
> 見本性。」此也即是對於明心見性的敘述。⓭

⓫ CBETA, T48, no. 2007, p. 338, b4-5.

⓬ CBETA, T48, no. 2007, p. 338, b15-22.

⓭ 《禪鑰》,《法鼓全集光碟版》,頁111。

　　因此，可知慧能的「識心見性」，是指當下頓現本心佛性，是頓悟法門。歷來有關「明心見性」的相關文獻，可說相當多，本文不多列舉。❹

　　至於後代，將「明心見性」分為解悟與證悟，宗密以悟而修為解悟、以修而悟為證悟。❺永明延壽以頓悟漸修為解

---

❹ 此處引用聖嚴法師對歷代禪師的明心見性之文，其所做之解釋，如《禪鑰》云：「有關明心見性的文獻記載：（一）菩提達摩的〈二入四行〉云：『此心生時，與理相應。』即是明心。『心無增減』、『安心無為』，均指明心。又云：『深信含生，同一真性。』即指佛性。達摩祖師講到，當心生起時，能夠與理相應，此時即為明心，其理就是佛性。（二）傅大士〈心王銘〉的『了本識心，識心見佛』、『心明識佛』，即是明心見性。（三）僧璨〈信心銘〉的『一心不生』、『任性合道』，亦是明心見性。如能心不受任何環境的影響而產生情緒變化、不產生妄想執著，任其自然，不需要任何的幫助，自然而然，就能跟無上的菩提道相即相合。（四）道信的〈入道安心〉所云：『念佛即是念心』、『即是安心』。『常憶念佛，攀緣不起，則泯然無相，平等不二。』此即是明心，『亦名佛性』，『亦名涅槃界、般若等。』亦即是見性。念佛是念心、安心。如果經常想到念佛，便能使得向外攀緣的心自然不起；這時候的心，是無相的、平等不二的。沒有分別心，不起執著心，實際上即為明心。心明的境界是佛性、是般若，又叫它為涅槃界。（五）牛頭法融的〈心銘〉云：『心性不生』、『心生本齊』，即是說的明心見性。（六）五祖弘忍的〈修心要論〉所云：『自心本來清淨』，即是指的明心。又云：『一切眾生清淨之性』，也是指的佛性。《十地經》所說『眾生身中有金剛佛性』、『眾生佛性本來清淨』、『守本真心，妄念雲蓋，慧日即現』，以及『三世諸佛，皆從心性中生』，也都是在說明心見性之意。（七）永嘉〈證道歌〉所云：『不除妄想不求真，無明實性即佛性』，亦是說的明心見性的境界。（八）光宅寺的慧忠云：『善惡不思，自見佛性』，以不二之心，即可明心，能得明心，即見佛性。」（同註❸，頁106-107）

❺ 有關解悟與證悟，禪師們的看法不盡相同，如《禪源諸詮集都序》卷二：「若因悟而修，即是解悟。若因修而悟，即是證悟。」（CBETA, T48, no. 2015, p. 408, a2-3）

悟、以頓悟頓修為證悟。❶而憨山則以依佛祖言教明心為解悟，從自己心中樸實做為證悟，如《憨山老人夢遊集》卷二：

> 凡修行人，有先悟後修者，有先修後悟者。然悟有解證之不同。若依佛祖言教明心者，解悟也。多落知見，於一切境緣，多不得力，以心境角立，不得混融，觸途成滯，多作障礙。此名相似般若，非真參也。❶
>
> 若證悟者，從自己心中樸實做將去，逼拶到山窮水盡處，忽然一念頓歇，徹了自心。如十字街頭見親爺一般，更無可疑；如人飲水，冷暖自知，亦不能吐露向人，此乃真參實悟。然後即以悟處融會心境，淨除現業、流識、妄想、情慮，皆鎔成一味真心。此證悟也。

依憨山之看法，所謂解悟，是指依經教而明心，多落於知見，非真正的開悟。所謂證悟，是藉由實際的修行之歷練，而達到「一念頓歇，徹了自心」。但此證悟亦有深淺之差別，

---

❶ 《宗鏡錄》卷三十六：「若即文之頓成，讀有前後。或頓悟頓修，正當宗鏡。如華嚴宗，取悟如日照。即解悟證悟，皆悉頓也。……有云：『先因頓修，而後漸悟，如人學射。頓者，箭箭直注意在的。漸者，久始漸親漸中。此說運心頓修，不言功行頓畢。』有云：『漸修漸悟，如登九層之臺，足履漸高，所見漸遠。已上皆證悟也。』有云：『先須頓悟，方可漸修。此約解悟。若約斷障說者，如日頓出，霜露漸消。若約成德說者，如孩初生，即具四支六根，長即漸成志氣功用。』如《華嚴經》云：『初發心時，即成正覺。三賢十聖，次第修證。若未悟而修，非真修也。』」（CBETA, T48, no. 2016, p. 626, c23-p. 627, b1）

❶ CBETA, X73, no. 1456, p. 469, b8-16 // Z 2:32, p. 112, d16-p. 113, a6 // R127, p. 224, b16-p. 225, a6.

如憨山接著說：

> 　此之證悟，亦有深淺不同。若從根本上做工夫，打破八
> 識窠臼，頓翻無明窟穴，一超直入，更無剩法，此乃上上
> 利根，所證者深。其餘漸修，所證者淺。最怕得少為足，
> 切忌墮在光影門頭。何者？以八識根本未破，縱有作為，
> 皆是識神邊事。若以此為真，大似認賊為子。古人云：學
> 道之人不識真，只為從前認識神，無量劫來生死本，癡人
> 認作本來人。於此一關最要透過。所言頓悟漸修者，乃先
> 悟已徹，但有習氣，未能頓淨。就於一切境緣上，以所
> 悟之理，起觀照之力，歷境驗心，融得一分境界，證得一
> 分法身，消得一分妄想，顯得一分本智。是又全在綿密工
> 夫，於境界上做出，更為得力。❶⑧

　此明證悟，歸納有二：頓悟頓修、頓悟漸修。頓悟頓修
屬徹悟，所證深，屬上上利根。頓悟漸修，則所證淺。如下圖
所示：

	解悟	證悟	
宗密	悟後修	修而悟	
延壽	頓悟漸修	頓悟頓修	
憨山	依如來教	頓悟漸修	淺
		頓悟頓修	深

---

❶⑧ CBETA, X73, no. 1456, p. 469, b16-c3 // Z 2:32, p. 113, a6-17 // R127, p. 225, a6-17.

（二）聖嚴法師之看法

聖嚴法師對於「明心見性」的看法，基本上，是較從空性來解釋，[19]而此空性，也就是佛性、真如、實相、本妙覺心，如其云：

> 「明心見性」，所明的心是無漏的智慧，所見的性，也即是空性－在有情眾生稱為佛性，在非情的諸法稱為法性，也可總名為真如實相。能夠見到空性的，即是大智慧心，即是楞嚴的「本妙覺心」，即是《心經》的「般若」。[20]

又云：

---

[19] 此看法與聖嚴法師於〈六祖壇經的思想〉一文說法，略有不同，如其云：「壇經的思想系統，雖用般若經，實則是沿襲如來藏的觀點，用般若的空慧，實證真如佛性，即是明心見性。」（《中華佛學學報》第三期，臺北：中華佛學研究所，1990年，頁149）。又說：「其實《六祖壇經》是以般若為方法，以如來藏為目標，用般若的空觀來破除煩惱的執著，以期達到『明心見性』的目的。所謂『明心』就是無煩惱的清淨心，『見性』就是見到與佛無二無別的佛性。佛性是如來藏的另一個名字，清淨心是般若智慧的別名，它是用般若智慧以達見性成佛的目的。……從中觀的立場看般若，若得般若即見諸法自性是空，那就是目的，不再另有如來藏、佛性、法性等目的可求。可是從如來藏系統來看，般若只是功能，不是其本體；功能必定有其所屬，所以產生了如來藏和佛性等思想。於是《六祖壇經》雖讓人見到般若的思想，實際上是以如來藏為根本，這是非常明顯的事。」（《中華佛學學報》第三期，頁150-151）

[20] 《聖嚴法師教觀音法門》，《法鼓全集光碟版》，頁43。

　　禪宗始終迴避神通，也不用神通，禪以心為主，以心得
自由、心得清淨、心除煩惱為主，明心見性，見性即是見
空性。❷

　　如引文所述，所謂的見性，是指見佛性，也就是見空
性。而此空性，是指最上乘所悟之空性，此從聖嚴法師對悟所
做的劃分可得知，如其云：

　　佛教的悟分成信悟、解悟和證悟。而悟也有大悟、小
悟、凡夫的悟、外道的悟、小乘的悟、大乘的悟，以及最
上乘悟等的差別。……。真正的悟是見到佛性，也就是證
得諸法空性；悟後的人不追求自我的永恆價值。❷

　　此中，聖嚴法師將悟分成：信悟、解悟和證悟，而強調
真正的悟在於見到佛性，也就是證得諸法空性。而此之證悟，
與小乘是不同的，如其云：

　　佛經裡說解悟如數寶，是數別人的寶，……。
　　至於證悟，指親自體驗到佛法根本的原理，而如法修
持，修戒、修定、修慧，一一破除貪、瞋、無明，乃至大
徹大悟。證悟分大小乘兩種悟。小乘的悟是悟到自己不存
在，因為我們的生命是無常的，身體也是無常的，那就了

---

❷《漢藏佛學同異答問》，《法鼓全集光碟版》，頁23。
❷《悼念·遊化》，《法鼓全集光碟版》，頁430。

解到自己原來是無我的，也就不會有任何的執著，即沒有所謂的貪瞋癡。小乘的悟只是悟到自己生命的無常，未能悟到諸法的本身也是不存在的。因此小乘的悟把生死看作很可怕的事，所以要離開生死，進入涅槃。大乘的悟則更深一層悟到生死這椿事的景象也是空的，所以他不執著生死，或離開生死這個問題，而還以大悲心在生死之中自由地來往。㉓

㉓ 《禪與悟》，《法鼓全集光碟版》，頁57-58。又云：「根據佛經所載，禪的悟是『覺』的意思。覺有三個層次：1. 小乘的自覺。破除了貪、瞋、癡、慢、疑等自我中心的煩惱之後，再也不會因各種煩惱而在生死流轉之中接受苦報；這必須修四聖諦、八正道、十二因緣等法門，才能達到破我執、住涅槃的阿羅漢程度。在小乘的修行過程中，能夠到達初果的位置就已算是開悟，到了四果則是徹悟。2. 大乘的菩薩稱為覺他。菩薩是梵文『菩提薩埵』的簡譯，而菩提薩埵就是『覺有情』的意思。菩薩不僅自斷煩惱，尤其發願廣度眾生，地藏菩薩甚至說『眾生度盡，方證菩提』。菩薩希望一切眾生都能成佛，至於自己能否成佛，不是問題；事實上如果眾生都因他而成佛，他必定也會成佛。通常把菩薩道的層次分成五十二個位次，若能進入第十一個位次也算開悟，直到成佛則叫徹悟、圓悟。3. 佛是自覺、覺他、覺滿。他的煩惱已經斷盡，已為一切眾生種下了得度的因緣；他是自利利他、福慧雙運而圓滿究竟的人，所以稱為大圓滿覺。4. 禪宗的悟另有勝義。有一種是不假階梯，在明師指導下一觸即悟；也有在苦參實究時，悟境突然自發。當悟境現前之時，心胸坦蕩，豁達無礙，晴空萬里，不著點塵，與佛的心地一般無二，平等一如。不過，佛是一悟永悟，而且是徹悟；一般的禪修者可能要悟了又悟。悟境出現的時間也有長短，力量強的比較持久，否則相當短暫。唯其已經開悟，畢竟和從未有過悟境的人大不相同，因為他們已經見到本來面目，所以信心堅固，而且會繼續努力。因此有位禪師曾說『大悟三十多回，小悟不計其數』，可見禪宗的悟並不等於一悟就是解脫，或者一悟就成佛。」（《禪與悟》，《法鼓全集光碟版》，頁22-24）

　　小乘的悟，在於悟到生命是無常的、無我的，而未能悟到諸法的本身也是不存在的。因此，小乘的悟把生死看作很可怕的事，所以要離開生死，進入涅槃。而大乘的悟則是更深一層，悟到生死這樁事的景象也是空的，所以不執著生死，而以大悲心於生死之中化度眾生。雖化度眾生，亦不執取所化之眾生，如其云：

　　　　然而，發了這麼多的大願，幫助了這麼多的眾生，自己都很清楚這些願行，都像空中的花、水底的月、夢中的情景一樣，不會沾沾自喜地認為自己真的做了多少好事，積了多少功德。菩薩進入眾生的夢中，與眾生一同做夢，所不同的是，菩薩在夢中知是夢，眾生做夢時尚不知是夢。一旦明心見性，大夢醒時，便知什麼也沒發生。不過，菩薩明知是夢，菩薩一定要進入眾生的夢境才能把眾生喚醒。❷❹

　　此說明了真正的明心見性者，了達生死本空，而起大悲心於三界生死中度化眾生，且不執著所度眾生。由此可知，聖嚴法師對「明心見性」的看法，而是更深一層的悟。❷❺

　　若要細分悟的層次，有解悟與證悟之別，也就是賢位與

---

❷❹ 《智慧一〇〇》，《法鼓全集光碟版》，頁266-267。
❷❺ 「禪的工夫，主要是由戒定慧的基礎上發生的。最初是有，接著是空，最後則連空有的對立觀念也要空掉，禪宗稱它為『無』。」（《禪的體驗‧禪的開示》，《法鼓全集光碟版》，頁122）

聖位之別,如《聖嚴法師教默照禪》所說:

> 通常我們所謂徹悟的人,大致上是進入賢位的階段,信
> 心已經成就,能夠調伏煩惱,但是還沒有斷煩惱,因此要
> 長養聖胎,就像是胎兒一樣。

明心見性之解悟,即是賢位,只能伏惑,而未能斷惑,
因此須長養聖胎。至證悟時,即是聖位,能斷惑。又如《禪與
悟》云:

> 我們分三點來說:第一是親自見到自性與佛性是無分
> 別的,這是見性,禪宗叫破參。也就是問狗為何沒佛性,
> 突然間明白了為什麼老師會如此說法!可是見到自己的
> 本性就是佛性,並不等於就是佛。如同我們看到山,還未
> 爬山。第二是悟後起修,就如見到了山,而向山上爬,因
> 為見性後就離開常見與斷見兩種邪見,一定能夠對佛法正
> 信不退,努力修行。他的煩惱必定還存在,他必須繼續修
> 行。第三是聖位的悟,是體驗到實相就是無相。禪宗有三
> 關之說,第一叫初關,就是破疑團見佛性。第二關叫重
> 關,即前面所說大悟小悟不斷。第三關叫牢關,直到最後
> 破牢關,才是真正出三界,能夠證道得無生法忍,而能生
> 死自在。㉖

㉖ 同註㉓,頁60。

此明心見性，有三種層次，如下表：

見性	親自見到自性與佛性是無分別的。	初關	破疑團見佛性。
悟後起修	就如見到了山，而向山上爬，因為見性後就離開常見與斷見兩種邪見，一定能夠對佛法正信不退，努力修行。	重關	大悟小悟不斷。
聖位的悟	是體驗到實相就是無相。	牢關	出三界，證無生法忍。

從上述之探討，聖嚴法師對「明心見性」的看法，以解悟和證悟來做說明，其觀點與憨山的看法是相同的。認為解悟，是賢位，只能伏惑，而未能斷惑。至證悟時，是聖位，能斷惑。而有關對證悟的解釋，分成頓悟漸修及頓悟頓修，而較傾向頓悟漸修來做說明。雖悟可分為小、大乘悟等多種，但採以見到佛性為真正的悟，也就是證得諸法空性。

另外，聖嚴法師為了便利現代人之修禪，將禪的方法分為漸法、頓法與念佛三種。於漸次上，分成四個階次，如其云：

> 這個從收心、攝心到放心的修行過程，也就是從散心、專心、統一心到無心的過程，可以用人騎馬來作譬喻：……。❷❼

---

❷❼《動靜皆自在》，《法鼓全集光碟版》，頁49。

又如《禪與悟》云：

　　……悟的方法，這有三種：第一種是漸法，是慢慢修行的方法；第二種是頓法，是一下子就開悟的方法。漸法又分三個階段，就是由散心到專心，由專心至定心，由定心至慧心，也就是開悟。不一定要透過打坐或參禪，只要念佛拜佛時能專修，也可以通過這三階段達到開悟之境。頓法就是不用任何方法，只是一直坐或者一直參問一句話頭。第三種方法是念佛。其實念佛是最好的方法，人人都會念佛，只要稱念南無阿彌陀佛，就可以從散心念佛直到一心念佛，最終獲得念佛三昧，必定開悟。如果念佛而不開悟，我們求阿彌陀佛接引，發願往生西方極樂世界；因此念佛是最容易、最可靠的。如果我們念佛能開悟最好，不能開悟的話，阿彌陀佛也會在我們臨終時來接引我們，到西方後再精進修行而開悟。❷❽

綜合上述，如下圖表所示：

悟的方法	漸法	由散心到專心，由專心至定心，由定心至慧心，也就是開悟。
	頓法	不用任何方法，只是一直坐或者一直參問一句話頭。
	念佛	可以從散心念佛直到一心念佛，最終獲得念佛三昧，必定開悟。

---

❷❽ 同註❷❸，頁62-63。

　　有關「明心見性」之修法，除了上述方法的運用外，也可從觀念上、生活上入手。㉙另對於「明心見性」的體悟，也可以四句略作說明：

　　　　一切都是現成的，
　　　　一切都是完整的，
　　　　一切都是新鮮的，
　　　　一切都是美好的。㉚

三、從天台看「明心見性」

　　有關天台與禪宗，向來有密切地關係。而聖嚴法師與天台關係亦極密切，㉛且對天台教觀給予相當高的肯定，㉜甚至

㉙《動靜皆自在》論及「如何明心見性」，則從三方面入手：「（一）從觀念上來認識、認同、理解而達成明心見性……。（二）從生活上來達到明心見性……。（三）從方法上來達成明心見性。方法必須是經常的、不斷的在使用，方法包括在打坐的時候，所教的數息、念佛、只管打坐、參話頭等不同的方法。」（同註㉗，頁110-111）

㉚「三、如何體驗明心見性？不論是否已經明心見性，都可以體驗以下的四句話：一切都是現成的，一切都是完整的，一切都是新鮮的，一切都是美好的。」（同註㉗，頁111）

㉛如聖嚴法師於《天台心鑰》〈自序〉所說：「我不是天台學專家，但以我的碩士論文是研究大乘止觀法門，其著者是天台智者大師的師父慧思禪師。我的博士論文是寫明末蕅益大師智旭，他雖自稱不是天台宗的徒裔，卻被後世佛教學者們認為是中國天台學的最後一位專家。因此，我當然必須研讀天台學的重要著述。尤其是從一九七六年以來，我在東西方，多以中國的禪法接引並指導廣大的信眾們自利利人，淨化人心、淨化社會，也使我需要假重天台的止觀。」（《天台心鑰》，《法鼓全集光碟版》，頁5）

認為天台的一心三觀將止觀落實於日常生活上，此乃是禪宗「道在平常日用中」的先驅思想。❸

　　至於宜否以天台教觀來詮釋禪宗的明心見性？這是見仁見智的問題。既然禪宗已涉及悟、不悟之問題，且從解悟、證悟來說明開悟，甚至以賢位、聖位來明之。顯然地，可適當輔以教觀來論述之。在唐代時，圭峰宗密以三宗、三教來解決禪教的問題，❸甚至在更早之時，梁陳及隋代之際，天台智者已對頓悟問題提出探討。

（一）天台對頓悟的看法

　　頓悟是否能依階位之施設來做說明？有關此問題，在天台智者大師時，已加以提出探討，如《妙法蓮華經玄義》卷五：

---

❸ 如《天台心鑰》：「漢傳佛教的智慧，若以實修的廣大影響而言，當推禪宗為其巨擘；若以教觀義理的深入影響來說，則捨天台學便不能作第二家想。」（同註❸，頁9）

❸ 「所謂四種三昧：1. 常坐三昧，亦名一行三昧。2. 常行三昧，亦名般舟三昧。3. 半行半坐三昧，即是七日為一期的方等三昧，三七日為一期的法華三昧。4. 非行非坐三昧，即是隨自意三昧，……智者大師是將傳自印度的兩種，加上慧思禪師所提出的兩種，整理後合稱四種三昧。特別是其中的隨自意的非行非坐三昧，是將禪修的一心三觀之法，用於日常生活，此於中國的大乘禪觀，是一大突破性的新發展，對於此後禪宗所說『道在平常日用中』，乃是先驅思想。」（同註❸，頁33）

❸ 《禪源諸詮集都序》卷一：「禪三宗者。一息妄修心宗。二泯絕無寄宗。三直顯心性宗。教三種者。一密意依性說相教。二密意破相顯性教。三顯示真心即性教。右此三教如次同前三宗相對一一證之。然後總會為一味。」（CBETA, T48, no. 2015, p. 402, b17-21）

人解不同。有言：頓悟即佛無復位次之殊。引思益云：
如此學者，不從一地至一地。又有師言：頓悟初心即究竟
圓極，而有四十二位者，是化鈍根方便，立淺深之名耳。
引楞伽云：初地即二地，二地即三地，寂滅真如有何次
位。又有師言：初頓悟至十住即是十地，而說有十行、十
迴向、十地者，此是重說耳。❸

在南北朝時，一般是主張頓悟不施設階位，且各有經典
做為依據，天台將其列舉三家做說明，如下圖表所示：

諸師之說	所引經典
1. 頓悟即佛無復位次之殊。	引思益云，如此學者，不從一地至一地。
2. 頓悟初心即究竟圓極。	引楞伽云，初地即二地，二地即三地，寂滅真如有何次位。
3. 初頓悟至十住即是十地，而說有十行十迴向十地者，此是重說耳。	

對於諸師主張頓悟不施設階位，天台認為是種偏取，而
加以批判之，認為若就平等法界而言，其實連所謂的「悟」，
亦是不可說，何來淺深？然既認為有悟與不悟，則可以論淺
深，如《妙法蓮華經玄義》卷五：

---

❸ CBETA, T33, no. 1716, p. 732, c19-26.

今謂諸解悉是偏取，然平等法界，尚不論悟與不悟，孰辨淺深。既得論悟與不悟，何妨論於淺深。究竟大乘，無過華嚴、大集、大品、法華、涅槃。雖明法界平等無說無示，而菩薩行位終自炳然。**㊱**

又云：

又有人言：平等法界定無次位。今例難此語。真諦有分別耶？真諦無分別耶？見真之者，判七賢七聖二十七賢聖等。今實相平等，雖無次位，見實相者，判次位何咎。大論云：譬如入海有始入者、到中者、至彼岸者。若見真判位，如江河深淺；若實相判位，如入海深淺。故普賢觀云：大乘因者，諸法實相；大乘果者，亦諸法實相。論諸次位，非徒臆說，隨順契經。以四悉檀明位無妨。還約七種以明階位，謂十信、十住、十行、十迴向、十地、等覺、妙覺。今於十信之前，更明五品之位（云云）。**㊲**

依天台之看法，平等法界雖無次位，但不妨隨順因緣而施設之，而此施設仍有其經典之依據，並非憑空想像的。而依實相之理所做的判位，其深廣度是超過依真空之理所判位，此猶如大海與江河之別。

㊱ CBETA, T33, no. 1716, p. 732, c26-p. 733, a2.
㊲ CBETA, T33, no. 1716, p. 733, a2-13.

（二）從圓教看「明心見性」

開悟，是指與理相應，亦即心行與理相應。此理為何種理？若是藏通二教之理，未能顯中道佛性。別教之理，中道佛性未與諸法相即，故亦不屬之。圓教之理，三諦圓融，即空即假即中，若就空、假、中來說，皆具足一切法。如此可用來說明聖嚴所說的空性即是佛性，佛性即空性。對圓教而言，空、假、中三者彼此是相即的。換言之，空即假、中，中即空、假，假即空、中。因此，可說空性即佛性，佛性即空性。佛性與空性彼此相即，並非絕然對立的。

禪宗的「明心見性」，一般往往以「空性」來明之，亦有從佛性來表達之。換言之，「空性」即是佛性，亦可說「空性」蘊含著佛性。對於所謂的空性、佛性，禪宗較少做明顯的區分。然對天台來說，若不加以做細分，皆可稱之為空；若細分之，則空性與佛性（中道）二者仍是有別的，以「空」說明界內法之無自性，而以「中」（中道佛性）說明界內、界外法之無自性。若就中道佛性而言，所遮破的，不僅遮除人我、法我之執取，且連「空」也要遮除，連所行的菩薩道之「假」也要遮除，呈現雙遮雙照的中道觀，甚至連中道佛性也要遮除，而呈現「即空即假即中」。因此，若從遮除來看，中道佛性所遮除的，是遍破一切的執著，此包括了遮除我法的「空」、遮除菩薩道之「假」，乃至遮除象徵佛性的「中」。若從所立來說，不僅「假」、「中」是立，「空」亦是立。而禪宗的「明心見性」，以空性或佛性來表達，不外乎是破、立的問題。

若就天台而言，「明心見性」是指見中道佛性。但於天

台的藏、通、別、圓教等四教中,只有別教、圓教二教觸及了中道佛性的議題。因此,若要探討明心見性,宜從別教、圓教二教入手。然若嚴謹而論之,唯圓教有之,此乃因別教之中道佛性,於教道上未能與諸法相即,須至登地時,才能證中道、見佛性。換言之,證道時才能會通諸法,而此時的證道即已匯入圓教。因此,嚴格而論,所謂的「明心見性」,是指圓教的中道佛性,於斷破無明時見佛性。

若就別教的修證階位(十信、十住、十行、十迴向、十地、等覺、妙覺)來看,十住、十行、十迴向為賢位,已能斷破三界見思煩惱;而十地為聖位,則斷破無明,證中道。所以,禪宗的解悟,類似於十信位,調伏煩惱而未能斷;而禪宗的證悟,類似三賢位(十住、十行、十迴向)及十聖位(十地)、等覺、妙覺。但若以證中道而言,證悟是指十聖位(十地)、等覺、妙覺。如下圖表所示:

階位	修觀	悟境		斷惑
十信		信悟		伏惑
十住	修從假入空觀	解悟	賢位	斷破三界見思惑
十行	修從空入假觀			
十迴向	修中道觀			
十地	證中道	證悟	聖位	斷破界外無明惑
等覺、妙覺				

若就圓教的修證階位來說,所謂的「明心見性」,是建

立在三諦圓融的理論基礎上。以此圓融三諦為起點，而展開了六即佛（理即、名字即、觀行即、相似即、分證即、究竟即佛）的修行階位。以此六即位來論述修證，不僅能對圓教之教理有一充分的了解，且於修證上亦有一如實可行之道，避免「以凡濫聖」之譏嫌。因此，藉由圓教來論述明心見性，以輔助吾人對明心見性有一整體性充分地了解。❸❽

　　以「理即佛」，說明中道佛性乃是諸佛眾生平等之性，不論迷悟與否，此理此性平等無二。以「名字即佛」，說明知與不知之差別，眾生雖與佛平等不二，若不能聞知此道理，則仍只是眾生而已。雖已聞知中道佛性之理，則須進一步修行，才能轉凡成聖，此為「觀行即佛」。❸❾「相似即佛」，是指與

---

❸❽ 有關天台圓教六即，在聖嚴法師著作中，有諸多論述，如《正信的佛教》：「其實，開悟並不即是成佛，乃至也並不即是見道，比如宋朝的高峰原妙禪師，自稱他一生用功，大悟十八次，小悟不知其數。可見，開悟並非成佛，如說開悟即是成佛，乃是成的『理佛』乃至『相似佛』，而絕不是『究竟佛』。充其量，禪宗的開悟，相近於『得法眼淨』──見道──小乘的初果、大乘的初地而已，所以禪宗破了三關──本參、重關、牢關之後，才是走出生死之流的邊沿。如果以天台圓教的『六種即佛』來衡量，禪宗破了第三的牢關，也僅同於第四「相似即佛」位。正因如此，禪宗的祖師，當他們參到一個『入處』──黑漆桶兜底打穿之後，往往倒要隱於水邊林下去『長養聖胎』了，因為他們尚未進入聖階，充其量，是走完了成佛之道的三分之一的路程而已──三大阿僧祇劫的第一阿僧祇屆滿。」（《正信的佛教》，《法鼓全集光碟版》，頁92-93）

❸❾ 五品觀行弟子位，隨喜、讀誦、講說、兼行六度、正行六度。前四位之修行，仍以理觀為主，至第五位「正行六度」，則進入理事圓融觀。如《摩訶止觀》卷七：「若能勤行五悔方便助開觀門，一心三諦豁爾開明，如臨淨鏡遍了諸色。於一念中圓解成就，不加功力任運分明，正信

中道佛性有類似之相應，但非真正之相應，此時已能斷破三界之見思惑，出離三界之生死。「分證即佛」，是指與中道佛性相應，斷一品無明，證一分中道，共有四十一位。若斷破最後一品無明惑，則是「究竟即佛」。如下圖所示：❹

堅固無能移動，此名深信隨喜心即初品弟子位也。……又以圓解觀心修行五悔更加讀誦，善言妙義與心相會，如膏助火，是時心觀益明名第二品也。……又以增品勝心修行五悔，更加說法轉其內解導利前人，以曠濟故化功歸己，心更一轉倍勝於前，名第三品也。……又以增進心修行五悔兼修六度，福德力故倍助觀心更一重深進，名第四品也。……又以此心修行五悔正修六度，自行化他事理具足，心觀無礙轉勝於前不可比喻，名第五品也。」（CBETA, T46, no. 1911, p. 98, c17-p. 99, a10）

❹ 《妙法蓮華經玄義》卷五：「若人宿殖深厚，或值善知識，或從經卷圓聞妙理，謂一法一切法，一切法一法，非一非一切，不可思議。如前所說。起圓信解，信一心中具十法界，如一微塵有大千經卷，欲開此心而修圓行。圓行者，一行一切行。……舉要言之，其心念念悉與諸波羅蜜相應，是名圓教初隨喜品位。行者圓信始生善須將養，若涉事紛動令道芽破敗，唯得內修理觀，外則受持讀誦大乘經典，聞有助觀之力，內外相藉圓信轉明，十心堅固。金剛般若云：『一日三時以恆河沙身布施，不如受持一句功德。初品觀智如目，次品讀誦如日，日有光故目見種種色。』論云：『於實名了因，於餘名生因。福不趣菩提，二能趣菩提。聞有巨益，意在於此。是名第二品位。……行人圓觀稍熟，理事欲融，涉事不妨理，在理不隔事，故具行六度。若布施時，無二邊取著，十法界依正，一捨一切捨，財身及命無畏等施。若持戒時，性重譏嫌等無差別，五部重輕無所觸犯。若行忍時，生法寂滅荷負安耐。若行精進，身心俱淨，無間無退。若行禪時，遊入諸禪，靜散無妨。若修慧時權實二智究了通達，乃至世智，治生產業皆與實相不相違背，具足解釋佛之知見，而於正觀如火益薪，此是第五品位。如此五品圓信功德，東西八方不可為喻。雖是初心，而勝聲聞無學功德，具如經說。若欲比決取解，類如三藏家別總四念處位，義推如通教乾慧地位，亦如伏忍位，義推亦得是別教十信位（云云）。』」（CBETA, T33, no. 1716, p. 733, a13-c4）

六即佛	階位			悟境		斷惑
理即						
名字即	圓信：聞法生信			信悟		
觀行即	1.隨喜	理觀	資糧位	解悟		伏惑
	2.讀誦					
	3.講說					
	4.兼行六度	理觀兼事				
	5.正行六度	理事圓融				
相似即	十信	賢位			相似證	斷破三界見思惑
分證即	十住 十行 十迴向 十地 等覺	聖位		證悟	分真證	斷破界外無明惑
究竟即	妙覺				究竟證	斷破最後一品無明惑

　　若就觀行五品位的「解悟」來看，呈現出五種不同層次的觀智之解悟不同，初隨喜品之觀智如目，而第二讀誦品其觀智如日，於第三品則又勝過前二品。由此顯示觀智，是層層轉深的，智慧轉益增明，至第五品時，其智慧已五倍增明。若就圓教來說，禪宗所說的解悟，類比於觀行五品位。因此，可一悟再悟，有許多次的悟，但此解悟只能伏惑而未能斷惑。

　　若是所悟已進入了相似中道佛性之悟，即是十信之賢

位，此時已能斷破三界見思惑，出離三界生死。因此，可得知聖嚴法師所說的解悟是賢位，並非指圓教之賢位，亦非別教之賢位，可能類似藏、通二教的賢位。❹因為不論圓教十信之賢位，或別教十住、十行、十迴向之三賢位，皆能斷破三界生死。

四、結語

「明心見性」，實乃是極不容易表達的觀念。正因為其不容易表達，以及為了避免可能的種種混淆之情形，歷來諸禪師試著以頓悟頓修、頓悟漸修等來加以釐清說明，甚至以解

❹ 三藏教有七賢位，指三資糧、四加行。如《妙法蓮華經玄義》卷四：「七賢者，一五停心、二別相念處、三總相念處、四煖法、五頂法、六忍法、七世第一法。通稱賢者，隣聖曰賢，能以似解伏見，因似發真故言隣聖。」（CBETA, T33, no. 1716, p. 727, c13-16）。通教之賢位，是指乾慧地、性地。如《妙法蓮華經玄義》卷四：「先明三乘共十地位，次簡名別義通（云云）。一乾慧地者，三乘之初，同名乾慧，即是體法。五停心、別相、總相四念處，觀事相不異三藏。此三階法門。體陰入界如幻如化，總破見愛八倒，名身念處。受、心、法亦如是。住是觀中修正勤如意根力覺道，雖未得煖法相似理水，而總相智慧深利，故稱乾慧位也。二性地位者，得過乾慧得煖已，能增進初中後心入頂法，乃至世第一法，皆名性地。性地中無生方便解慧善巧，轉勝於前，得相似無漏性水，故言性地也。」（CBETA, T33, no. 1716, p. 729, c18-28）。《四教義》卷八：「通教三乘位者。……一乾慧地、二性地、三八人地、四見地、五薄地、六離欲地、七已辨地、八辟支佛地、九菩薩地、十佛地。……乾慧地即是三賢之位也，一五停心、二別想念處、三總想念處。……。二明性地者，若因總想念處成三十七品，初發善有漏五陰名煖法。煖法義如前說。增進初中後心入頂法忍法，乃至世第一法義，名為性地內凡。」（CBETA, T46, no. 1929, p. 748, b8-p. 750, a17）

悟、證悟等來加以鑑別。諸如此類，皆可看出「明心見性」，實乃難以表達。至於「明心見性」為佛性或空性的問題，在禪宗以佛性或空性來表達，乃是常有之事，難以將其定於一尊。此正顯示了禪宗的靈活性，遮表、破立是無礙的。

　　「明心見性」，既可從頓悟頓修、頓悟漸修，或解悟、證悟等來加以做區別。因此，本論文嘗試著藉由天台圓教的六即修證階位，來加以輔助做說明。若就圓教的十乘觀法❷來說，禪宗慧能的「明心見性」類似於第一觀「觀不思議境」，屬上上根者之觀法，於第一觀法即能成就，若中下根性者，則須輔以其餘方法。而本論文做如此的嘗試，做如此的類比，以便輔助吾人對解悟、證悟等之理解。另外，藉由天台「空」、「假」、「中」的觀念，乃至「即空即假即中」三諦圓融的觀念，可以輔助吾人對「明心見性」之佛性或空性的了解，得知佛性或空性彼此是相即的，並非絕然的對立，況且就中道佛性本身而言，即顯示「空」「有」不二之道理。禪與教雖可類通，但畢竟仍是有別的。也因為如此，禪宗才能於中國這塊土地大放異彩。

---

❷ 《摩訶止觀》卷五：「觀心具十法門：一觀不可思議境、二起慈悲心、三巧安止觀、四破法遍、五識通塞、六修道品、七對治助開、八知次位、九能安忍、十無法愛也。」（CBETA, T46, no. 1911, p. 52, b1-4）

◆ 附表：聖嚴法師與天台六即對「明心見性」之看法

聖嚴法師				天台 ── 別教			天台 ── 圓教（六即）				
見性	初關		解悟	發菩提心行菩薩道		十信		理即		信悟	
								名字即			
悟後起修	重關							觀行即			
聖位的悟	牢關	小乘初果大乘初地	證悟	空		十住	相似即十信	初信		解悟	賢位
								二～七信			
		菩薩入眾生夢中		假		十行		八信			
				中	修中	十迴向		九～十信			
		不執夢境			證中	十地	分證即	十住		證悟	聖位
						等覺		十行	初行		
						妙覺			二行		
									三～十行		
								十迴向			
								十地			
								等覺			
							究竟即	佛			

"Enlightening the Mind and Seeing the Buddha Nature" ： On Ven. Master Shengyen's Chan Teaching and Samatha-vipasyana in Tien-tai

Ying-shan Chen
Researcher
Chung-Hwa Institute of Buddhist Studies

▌ Abstract

"Illuminating the mind and seeing the [buddha-] nature" (or self-nature) is the axiom of the Chan (Zen) School. All of Chan methods of practices supposedly lead one to the illumination of the mind and perception of one's Buddha-nature, in other words, enlightenment. However, since Chan focuses on the attainment of sudden enlightenment, it does not emphasize a systematic and gradualistic path for practice. Thus, it can be argued that this lack of stages leads to a kind of confusion of what exactly this "illuminating the mind and seeing the [buddha-] nature" actually entails. Venerable Sheng Yen was concerned about this need for clarification and he thought it could be clarified by appropriating the teachings from Tiantai and Consciousness-only schools. However, among the master's various writings, little is explicitly said about his ideas regarding this issue.

This paper attempts to approach the problem from the perspectives of Tiantai teaching and practices so as to clarify the implications of "illuminating the mind and seeing the [buddha-] nature " in the Chan School; it highlights the relationship between this Chan axiom with the practice of *śamatha-vipaśyanā* (止觀修

證Calming and Contemplation practices) of Tiantai.

Within the context of Tiantai discourses, "illuminating the mind and seeing the [buddha-] nature" means perceiving the middle way and buddha-nature. However, among the fourfold doctrine of Tiantai—Tripitaka Teachings, Shared Teachings, Distinct Teachings, and the Perfect Teachings (*zanjiao* 藏教、 *tongjiao* 通教、*biejiao* 別教、*yuanjiao* 圓教)—only the Distinct Teachings and Perfect Teachings touch upon the issues related to the middle way and buddha-nature. Therefore, it will be more fruitful to explore the implications of illuminating the mind and seeing the [buddha-] nature with the insight of the two teachings. Furthermore, we can explicate its significance by examining it along with the systematic progressive stages of practices specified in the Distinct Teachings, and the Six Identities (*liuji wei*六即位) specified in the Perfect Teachings.

This paper focuses on two areas of discussions. First, it will clarify the concept about "illuminating the mind and seeing the [buddha-] nature" primarily from Venerable Sheng Yen's understanding of Chan. Secondly, it explicates the implications of this concept through the lens of Tiantai doctrine and the practices of *śamatha-vipaśyanā*.

Key words：illuminating the mind and seeing the [buddha-] nature, Venerable Sheng Yen, Chan teaching, Tiantai, *śamatha-vipaśyanā*, Distinct Teachings, Perfect Teachings

聖嚴法師「心五四」精神於生命教育之應用探討
——以生命教育教學工作者之內在省思為核心

辜琮瑜

法鼓大學籌備處助理教授

▌摘要

　　本研究緣起於對臺灣生命教育推動之檢視，關於生命的教育，本身即為一弔詭的命題，因其所涵攝之面向，如生命的開發、成長、關懷與省思，非但範疇難以界定，且涵蓋之領域既深且廣，既具哲學層面的思辨與論證，也關切從個己到整體關係網絡的脈絡與發展，更蘊含文化與社會關懷的意識，此一豐厚的跨領域整合課題，如何透過教育場域開展、建構，確有其值得深究之處。

　　畢竟相對於一般教學學科，生命教育雖列為學科、學門之一，然其底蘊卻較諸一般學科深厚、複雜，其觸及心靈意識與生活、生命課題者，更無所謂的標準教材與標準答案可資參酌。

　　因此除從教育方法（如各種多元創意教學之開發）、原則（將生命課題置於其中）、領域的開展（涵括從哲學、宗教、生死課題、倫理思維、美學經驗、心理輔導諮商等）之外，內在生命能量的啟動與生命價值、意義的深掘，更是從

事生命教育工作者所不可或缺之涵養。

因此本論文從現象面開啟此一問題意識：教學者個人生命經驗是否當進行自我內在反思與建構，方不致流於外在形式的演繹。從此一問題意識中，研究者試圖找出對應之可能途徑。

聖嚴法師之心五四精神，涵蓋觀念與方法，內在精神雖從佛法、禪法開展而出，然其動機與理念，卻是直視當代人心之困頓而起。且以現代化之思維與語言推展而出，如以此涵納內省與外展意義之精神，建構生命教育之基礎，落實於教育場域，是否能對應上述問題意識之反思，為本論文之核心關懷。

為回應問題意識，本論文結構包括：其一，探討當前生命教育發展之重要議題與問題，及於教學者所當開發、面對之個己內在課題。其次論述心五四之緣起、核心精神、擴展與應用。第三個面向，則試圖從心五四中的內在結構，即以聖嚴法師四層自我觀為核心，找出生命教育與心五四串接之對應，尋究發展內在連結之可能性。

關鍵詞：心五四、生命教育、禪法、四層自我觀、教育學科

一、問題省思：臺灣生命教育推動之檢視

在臺灣當前之教育體制下，生命教育的概念似乎從未在政策面缺席，不僅從傳統到現代，即不斷透過諸如生活與倫理、公民與道德，乃至不斷被提及的全人教育、品德教育等概念所宣導，教育部甚且推出「生命教育年」，其重要性已不言自明。

且自2010年9月，第99學年度開始，普通高級中學之課程綱要中，特將「生命教育類」課程列入選修課之必選課程，該類課程之整體規畫為「 按照『生命教育類』選修課程共八科之整體規畫，『生命教育』科為基礎課程，其他七科則為進階課程。」此七科涵括「哲學與人生」、「宗教與人生」、「生死關懷」、「道德思考與抉擇」、「性愛與婚姻倫理」、「生命與科技倫理」及「人格與靈性發展」等。足見生命教育已不僅是眾所關懷之課題，甚且已納入高中正式教學體制內。❶

然吾人亦知，「生命」這一課題，原本即為一既深且廣的領域，既具哲學層面的思辨與論證，也關切從個己到整體關係網絡的脈絡與發展，更蘊含文化與社會關懷的意識，此一豐厚的跨領域整合課題，如何透過教育場域開展、建構，確有其值得深究之處，方能兼顧理論與實踐面向。

畢竟相對於一般教學學科，生命教育雖已被列為學科、學門之一，然其底蘊卻較諸一般學科深厚、複雜，其觸及心靈

---

❶ 相關資料參見教育部中等教育司於2010年5月公布之「普通高級中學課程綱要總綱」。

意識與生活、生命課題者，更無所謂的標準教材與標準答案可
資參酌。

　　因此無論是在教育體制下之任一階段，從事生命教育
工作者，除教育方法（如各種多元創意教學方法與教材之開
發）、原則（將生命課題置於其中）、領域的開展（從哲學、
宗教、生死課題、倫理思維、美學經驗、心理學輔導諮商等）
之外，內在生命能量的啟動與生命價值、意義的深掘，更是不
可或缺之涵養。

　　故而本論文從現象面開啟此一問題意識：教學者個人生
命經驗是否當進行自我內在反思與建構，方不致流於外在形式
的演繹。從此一問題意識中，研究者試圖找出可能之對應途
徑，以回應上述反思。

　　本論文擬就法鼓山創辦人聖嚴法師所提出之「心五四精
神」，探索其所涵蓋之觀念、方法，是否與生命教育之內涵得
以相應，如欲以此精神為生命教育提供不同的進路，是否得以
找到契入之處。

　　心五四內在精神乃從佛法、禪法開展而出，而其動機與
理念，則是直視當代人心之困頓而起，且以現代化之思維與語
言推展而出。❷如以此涵納內省與外展意義之精神，建構生命
教育之基礎，落實於教育場域，是否能對應上述問題意識之反

---

❷ 參見聖嚴法師《抱疾遊高峰》中所引：「所以我說『心』五四運動，是
　為了淡化宗教色彩，而能入世化俗；充實佛化精神，又可普及於人間。
　運用心五四的方法及觀念，落實於日常生活，從每一個個人，推廣到每
　一個家庭、校園、社區，至於全世界。」（《抱疾遊高峰》，《法鼓全
　集網路版》，頁118-119）

思，為本論文之核心關懷。

為回應問題意識，本論文結構包括：其一，探討當前生命教育發展之重要議題與問題，及於教學者所當開發、面對之個己內在課題。其次則論述心五四之緣起、核心精神、擴展與應用。第三，以聖嚴法師所提出之四層自我觀為心五四之核心精神，並試圖從中串接兩者之對應，尋究發展內在連結之可能性。

二、臺灣當前生命教育發展與內涵形塑歷程之回顧與提問

臺灣的生命教育所以得發展出以特定學科劃入普通高中之課程，並如雨後春筍般形成一股風潮，並非一朝一夕所形成，實已經歷過一長時間之發展過程。

（一）發展過程與內涵形塑歷程之回顧

臺灣生命教育學會第三屆理事長陳立言，於其〈生命教育在臺灣之發展概況〉❸一文中，即對此做了完整的回顧與陳述。

此中涵蓋了幾個不同的面向，包括：

1. 機構組織的倡議與發展

（1）由教育體制政策面推動：臺灣省教育廳於1997年開始推動，2000年教育部宣布設立「生命教育委員會」，由專案發展到教學系統內。並於2010正式進入高中選修課程的一

---

❸《哲學與文化》，第三十一卷，第九期，2004年，頁21-46。

部分。

（2）高等教育的推廣：多所大專院校將生命教育納入通識教育中，亦有大學設立生命教育學程或研究所。

（3）民間團體參與：將生命教育由校園推展到社會教育中。

2. 理念及內涵的形塑過程

陳文將此發展過程以三個階段分述之，此三階段之內涵可以其各別推展之主題理解生命教育發展之關懷面向與脈絡：

（1）萌芽期（1996～1999）

以前省教育廳出版之十二個生命教育教材單元主題為主軸，陳文整理之內容如下表：

單元名稱	單元目標	單元名稱	單元目標
欣賞生命	學習如何珍惜生命與尊重生命	良心的培養	良心及自省的方法
做我真好	明白自己的獨特性，建立自尊與自信	人活在關係中	與人群和環境維持良好的關係
生於憂患	生命是偶然，死亡是必然	能思會辨	倫理中的推理與求證
生存教育	環境變遷與環境保護	生死尊嚴	活得充實、死得尊嚴
敬業樂業	工作神聖，專業倫理	社會關懷與社會正義	發揮人道精神、關心弱勢族群
信仰與人生	信仰與迷信，終極關懷	全球倫理與宗教	認識全球倫理宣言，釐清相關之宗教亂象

（2）百花齊放期（1999～2002）

於此時期，文獻中出現諸多對生命教育內涵之詮釋，多半依論述者各自之生命立場、價值觀或宗教立場而詮釋。陳文並指出，此一現象使得生命教育之內涵呈現不確定之情況，亦對生命教育之推動有很大之影響，其中有相當大的差異，可謂皆指出一部分內涵，但需更多交流與溝通，以整合出一致的共識。

此時期對生命教育內涵的主要觀點，可以黃德祥所整理之下表參照之：

◆ 各種生命教育內涵整理一覽表（本表2000年前資料取自黃德祥，2000）❹

作者	年代	生命教育內涵的主要看法
文軒	1998	滿足學生「安全的需求」、認識生命的意義、尊重生命。
孔建國	1998	尊重自己、尊重他人、增加挫折容忍力、情緒教育、學習面對生命中的常與無常。
黃雅鳳	1998	認識自己、尊重別人、善待別人、情意教育、生命的終極關懷。
黃德祥	1998	瞭解人生的意義、目的、價值、功能與限制，進而珍惜生命與人生，並能尊重自己、他人、環境及自然。
楊仲鏞	1998	教導學生熱愛、尊重自己和別人的生命、求生應變技能的獲取、情緒教育。

❹ 同註❸。

楊瑞珠	1998	失落與悲傷的輔導。
李遠哲等	1999	認識自己、肯定自己、尊重生命、欣賞生命、愛惜自己、勇於面對挫折、應變與生存、敬業樂業、信仰與人生、社會關懷與正義等。
曾志朗	1999	強調情意教育、人際關係的建立、瞭解生命意義、對人的尊重、對死亡的正確認知。
錢永鎮	2000	培養學生具有生命的智慧，包含自尊的教育、良心的教育、意志自由教育、人我關係的教育。
孫效智	2001	生命教育應幫助學生探索與認識生命的意義、尊重與珍惜生命的價值、熱愛並發展個人獨特的生命、實踐並活出天地人我共融共在的和諧關係。生命教育的內涵在學理上應涵蓋：（一）人生與宗教哲學（二）基本與應用倫理學以及（三）人格統整與情緒教育三個領域。
陳福濱	2000	生命教育的探討，一方面追求生命的意義，以建立完整的價值體系；一方面期能落實於具體的生活環境中，提昇生活品質，以尋求安身立命之道。
陳德光	2000	生命教育是以生命關懷為中心的教育，生命無所不貫通，很能代表知識與生活互相整合的教育，又包含人的一生的教育的意思。大學生命教育的內容就是六個生命層面：終極信仰、認知、規範、表現、社會、自然。
黎建球	2000	生命教育是全人教育的核心。
游惠瑜	2002	在教育的過程中，啟發生命的智慧與反省生命的價值，藉此增強學生在專業的能力之外，擁有整合生命、生活與人生的能力，也就是對生命、對存在意義、價值與目的探索的能力。
周惠賢、楊國強	2002	生命教育是以培養學生：（一）保持個人理智、情感、意志和身體平衡發展及（二）建立與自己、他人和環境建立互相尊重、能溝通和負責任關係，最後達致成熟和快樂人生為目標的訓練。

（3）整合建立共識期（2003～2004）

　　陳文指出，此一時期由2003年孫效智❺等二十餘位學者，共同推動「生命教育教學資源建構計畫」開始，包含三大領域八組主題，逐漸形成對生命教育的共識。並進而於2003年參與教育部高中課程綱要修訂，共同訂定生命教育類選修課程八科十六學分的課程綱要，此八科課程及課程規畫負責人如下表所歸納整理。

◆ 生命教育類科選修課程規畫負責人

課程名稱	學分數	說明	負責人
生命教育概論	2	一學期	孫效智／連監堯
哲學與人生	2	一學期	黎建球／曾煥棠
宗教與人生	2	一學期	釋慧開／陳德光
生死關懷	2	一學期	趙可式／紀潔芳／張淑美
道德思考與抉擇	2	一學期	孫效智／連監堯
性愛與婚姻倫理	2	一學期	陳秀蓉／連監堯
生命與科技倫理	2	一學期	蔡甫昌／孫效智
人格與靈性發展	2	一學期	吳庶深／陳德光／張利中

　　前文所整理之資料為至2004年止所提出，之後有關生命教育之課程綱要復經孫效智等人之修訂，並由教育部公布，普

---

❺ 臺灣大學哲學系主任孫效智，目前為財團法人臺灣生命教育學會理事長，亦為臺灣大學生命教育研發育成中心主任，負責研發、規畫與執行高中生命教育師資培育課程。

通高級中學將自2010年99學年度開始實施修訂後之課綱，如前述為一科基礎課程（生命教育概論），七科進階課程，且皆已設定完整之課程綱要，包括主題、課程目標（所欲培養之核心能力）、課程綱要等。基本資料如下表所述：

課程名稱	主題	核心能力
生命教育概論	生命教育的內涵	瞭解生命教育的意義、目的與內涵。
哲學與人生	哲學的意涵與功能、人生的根本議題	認識哲學與人生的根本議題。
宗教與人生	宗教的緣起、宗教的人文關懷與哲學向度、宗教信仰在個人生命中的價值與意義、正信與迷信的宗教態度	探究宗教的緣起並反省宗教與人生的內在關聯性。
生死關懷	生與死的關係、生死關懷的理念與實踐	思考生死課題，進而省思生死關懷的理念與實踐。
道德思考與抉擇	道德判斷的意涵與種類、判斷意志與行為的道德善惡時應考慮的因素、道德規範與道德判斷的關係	掌握道德的本質，並初步發展道德判斷的能力。
性愛與婚姻倫理	人性與性的意義、性與愛的基本倫理原則、婚姻的目的及其倫理意涵	瞭解與反省有關性與婚姻的基本倫理議題。
生命與科技倫理	生命倫理及科技倫理的意涵及其重要性、生命與科技倫理的基本原則、探討人的生命尊嚴與道德地位	探討生命倫理與科技倫理的基本議題。
人格與靈性發展	人格統整的內涵、靈性發展的內涵、邁向知行合一與靈性發展的途徑	瞭解人格統整與靈性發展的內涵，學習知行合一與靈性發展的途徑。

（二）問題探討

　　誠如前文所述，生命教育涵蓋之層面極寬、極廣，且具有一定之深度，為一跨領域且不斷發展中之學科，在臺灣教育領域之推展上，亦不僅止於上述經統整後之內涵。然因本論文所欲探討者，不僅在於其所涵蓋之面向，更關切者，為從事生命教育教學工作者，在依各自教學所面對之課題進行吸納與消化之過程，得與自我之生命進行內在對話與省思，並從中轉化為教學之養分。

　　亦即，在此諸多探討單元中，如何落實其中「核心能力」所提點的：在認識、理解諸多課題之外，得以從省思、發展中，將諸多知識、理論，內化到個己之生命、生活中，成為真正與自己的生命相遇，並從中體現生命價值與意義之過程。

　　因此在回顧前述課題與內涵之餘，本文所採取之進路，不在於省思其是否當以統整性之範疇定義，亦非探討上述課題之充足性，而在於以上述範疇為基礎，提出下列提問與觀點：

　　1. 生命教育內涵為一由「關係」發展而出之脈絡：上述課題之關聯性，可看出其為一整合關係之發展脈絡，包括個體與自我之關係，如「人格與靈性發展」、「哲學與人生」、「宗教與人生」、「生死關懷」，皆涵蓋個體與自我、與形上範疇之關係，包括哲學思辨、宗教、生死與靈性等皆屬形上範疇；「道德思考與抉擇」、「性愛與婚姻倫理」、「生命與科技倫理」等，皆可統攝於倫理學之範疇，關切的是個體與他者、與社會、與環境等之關係。

　　2. 關係脈絡下的個體，如何與對應之關係產生互動、連結？

3. 做為生命教育之教學工作者,如何在教學工作中,經由自我之反思、觀照,與課題生發既融攝又超越之關係?

4. 課題與自我,如非主客體之對應,而是如上述之融攝又超越之關係,則教學者對上述課題,除教材之研發外,尚需從事什麼樣的身心準備?

5. 歸結上述之提問,實亦僅提出一個對從事生命教育工作者之省思:在從事此一學科之教育歷程中,如何對自我的生命進行內化、轉化之教育。

此亦為本論文何以試圖由聖嚴法師之「心五四」精神,應用於生命教育之思維。此應用不在於僅將心五四精神導入生命教育相關課題之教材規畫,而在於以內化、轉化之超越性思考,將其與生命教育之內涵,進行內蘊之連結。

三、心五四精神之內在義涵

如前所述,本論文試圖提出者,為心五四之精神如何成為內化、轉化生命教育相關課題之底蘊,故需先就此精神之內在義涵予以解析。

(一)緣起與意義

「心五四」為法鼓山創辦人聖嚴法師歷經不同階段之整合,於1999年正式推展而出之「二十一世紀生活主張」,並透過講詞〈心五四運動的時代意義〉❻,闡釋下述幾項重要精神與意義:

---

❻ 該講詞刊載於《法鼓》雜誌119、120期,1999年11、12月。

1. 意義為精神啟蒙之生活教育：「心五四」運動是全球人類所需要的社會運動，是精神啟蒙運動的生活教育。

2. 對應四環之精神：與法鼓山提倡的「四種環保」相呼應，以「四環」落實「心五四運動」的生活主張，以「心五四運動」來完成「四環」所推動的任務。

3. 精神源自佛陀本懷：此些名詞雖為新創，然其精神與內涵，依舊是佛陀的本懷。無論有無學問、知識，任何人都可以用來開發自己的心智，轉化自己的觀念，改善自己的行為，以適應當下的生活環境。

4. 轉化之意義與目的：「心五四」運動是將佛法深奧難懂的名相和學理，轉化為一般人都能理解、接受，並在生活中運用的觀念及方法。

5. 相應之生活主張：此一運動所對應者，皆為生命價值與意義所體現出的生活主張，包括：

（1）提昇人品的主張：以「四安」之「安心、安身、安家、安業」四個面向，提昇從自我到他者的人品。

（2）解決困境的主張：以「四它」之「面對它、接受它、處理它、放下它」等路徑與過程以解決困境。

（3）安定人心的主張：以「四要」之「需要、想要、該要、能要」等面向的省思，以安定人心。

（4）與人相處的主張：以「四感」之「感恩、感謝、感動、感化」等精神與態度與人相處。

（5）增進福祉的主張：從而以「四福」的「知福、惜福、培福、造福」的體解與開展，增進自身乃至全人類、整體世間的福祉。

（二）內涵與關聯

1. 四安的精神與意義

　　四安包含四個面向：「安心、安身、安家、安業」，從精神與心靈安頓的安心，到身體與物質環境對應的安身，進而及於自我的小社群安家，再擴及更大的社群安業。皆以自我的安頓為基礎，因此為提昇人品的主張，且回應法鼓山的理念：「提昇人的品質，建設人間淨土」，從自我提昇到整體人間淨土之建立。

　　至於四安所對應之精神、運用之方法，與彼此之內在連結，則如下所整理之概念：

　　（1）安心的核心精神：立基於佛法的無我、平等、因緣與無常觀。

　　（2）安心的方法：透過禪修以鍊心，從散亂心、專注心、統一心到無心。其目的與作用則為放鬆——從散亂心到專注心；安頓——專注心；自在——統一心，以及開發平等不二、無分別之體悟——無心。

　　（3）安心的其他方法：禪修之鍊心外，尚可透過念佛、拜佛、拜懺、持咒、法會以調整、練習。目的則在於安定，專注，與法相應。

　　（4）安心及於身：心自在、平等，得到淨化，則自足、豐富，對外境、物質的逐求便得以放下，自然會以簡樸安身、安家。

　　（5）安心及於家、業：心清淨、不執著自我，便得以清淨，亦即我人眾生皆平等的內在體會（意），進而口說、身行，對自己、他人，乃至於外境，依平等、尊重之心，從而起

珍惜、包容、體諒之態度，於與他者對應的過程中，達到安家、安業的作用。

2. 安心與四它之精神與內在連結

心五四是一整體概念與方法，而安心又為其中之核心要義，因此安心可視為四它開展的內在精神，四它即「面對它、接受它、處理它、放下它」，為解決困境的主張，此四者與安心之內在關係與討論分述如下：

（1）基礎：心安定，則身口意業清淨，此安定涵蓋前述鍊心後之體會無心。

（2）精神與內涵：如實體解佛法要義，包括平等心、因緣法、苦空無常等。

（3）及於困境之面對：對問題與困境之生發，得以無懼、無求、坦然之心對應之，自能面對問題。此中乃反思並回應下述問題：

a.「人為何無法面對問題？」之提問：無法面對者非問題或現象本身，而是狀況失控、失落、違逆、不順自己的心意與所求，亦即執著於「我」及「我所有」的掌控需求。

b.「人為何無法接受問題與困境？」之提問：無法接受者亦不僅是問題與困境本身，而是個體自我無法接受「無常變動」此一真實樣貌，執著於我與我所有皆是固著不變，且習以為常之狀態。

c.「人為何無法處理問題？」之提問：人於困頓情境中，常因情緒之無法處理，進而失去處理問題之智慧。如悲傷情緒，可能源自遭逢生死、失落、變動，因心中對無常概念無法坦然接受，進而便無法處理。或於兩難情境中，因理性、感

性之糾結，或陷於二元對立，無法以無我之本質與超越精神、視角，來看待屬於現象境的兩難，而陷於兩邊。亦即情感的執著使理性無法發揮作用，理性分析無法兼顧情感反應，因此唯有如實體認生命實相，體會平等無二之因緣法，體解真空妙有的精神，方能以慈悲、智慧之方式處理問題。

d.「人為何無法放下問題、困境？」之提問：此根源來自心的不安，包括仍罣礙於事相上，陷落於現象中，無法回應本質。心仍置於所求未遂上，無法體解因緣、無常等待奇蹟或妄念實現，無法如實面對生命的真實樣貌。此外尚來自心的不甘，即對我、我所有之執著，無法坦然放下已發生之現實狀態。

3. 安心、安身與四要之精神與內在連結

四要包括「需要、想要、該要、能要」，可概分為兩組相關聯之概念，其中「需要」與「想要」從個體自我的反思開端，討論個體在精神與物質上的滿足與否，亦可從下述問題省思之：

（1）思惟需要與想要之動機：為什麼我不能如他人般擁有這些或那些？

（2）缺乏感之由來：缺乏是從比較而來？或從內在本質的不足而衍生？

（3）心靈匱乏轉向外需索安全感。

（4）以安心所體解之因緣與空性，對治想要之貪念欲求。

（5）體解空性，則不受對「我所擁有」的妄執所牽制。

而「該要」與「能要」這一組對照觀念，則關係個體與他者、環境、社群之倫理思維，亦與價值之抉擇有關，與心的

主觀價值認知及心、境對應有關，因此亦與安心之概念相繫，因心的立足點不同，待境、對境之觀點與態度亦會不同。

4. 安心與四感、四它之精神與內在連結

四感包括「感恩、感謝、感化、感動」，源於安心中對空性之體會，且為四它中解決困境的內在認知。亦即透過體解四感之精神，從而得以面對、接受、處理、放下困境。其論述之概念可涵蓋：

（1）以四感做為認知問題的立足點與思考角度。

（2）心如何認知，則看問題的角度便不同。

（3）心如何認知，與心的根本狀態有關。

（4）能正向思維、看待事物，便是一種認知模式。

（5）認知模式建構，除影響待事、待物、待境之觀點，亦影響行為模式。

而四感強調與人相處之主張，此亦為最直接關涉關係脈絡之概念，而關係脈絡之建構，與心如何看待世間種種的認知模式相連結，因此源自安心，而又關涉內在認知理念。

此一認知理念，方法上自禪修而來，觀念與體解則可從達摩祖師所提點之「二入四行」對照之❼。此中先述理，是理念、觀念之闡釋，亦即認知系統之建構；認知系統確認，則得以行入，履踐於所對應之關係網絡。二入四行之概念簡述如下：

（1）理入之方法：藉教悟宗。

---

❼ 參見《菩提達摩大師略辨大乘入道四行觀》。（CBETA, X63, no. 1217, p. 1, a20-b24 // Z 2:15, p. 404, a14-c6 // R110, p. 807, a14-p. 808, a6）

（2）所入之理：即所認知之概念，為無分別、平等之
概念。

（3）行入依於四行：報冤行、隨緣行、無所求行及稱
法行。

a. 報冤行——如何受苦而不以為苦：受苦之際的思維，
知雖非現世所做，然為宿殃果現，因此逢苦不憂，體解所有苦
境皆只在受夙昔之報。

b. 隨緣行——如何於苦樂境不動不擾：於苦境、樂境之
思維，體知苦樂境皆從緣生，因此無論順逆，皆得不動心。

c. 無所求行——體解欲求之本質：論述世間迷妄追逐、
欲求對象的本質，進而解析有求皆苦，無求即樂的清淨法義。

d. 稱法行——體解空性無相法以自利利他：論述法之本質
為清淨空性，無染無著，亦無彼此之分別，以無相法自行利
他、度化眾生。因體解空性，故修行六度而無所行，任何修持
皆得無厭倦、疲累。

由此理、行之體解，當發現人如何與他者對應之際，得
不受苦樂境、順逆境所惑之理據，此即遭逢困境與帶來逆境之
人事物，仍得以感恩、感謝之心待之；並由此感化自己，改變
自我之餘，進而感動他人。此亦牽涉及改變關係的法則：修己
度己，從而度眾、化眾，亦為菩薩行者自利利他之基礎。

5. 安心與四福之精神與內在連結

當體會到自他關係的深層意涵與內在連結，則慈悲、自
利利他的價值系統方能由內啟動。理解一切都在因緣共生狀態
下開展，任何人不能自外於他者的反應、社會的關係、與環境
的關係等。

其中亦有兩種層次之思考：

（1）照顧好自己即是照顧他人：不給他人帶來煩惱。

（2）照顧他人也即是照顧自己：唯有他者都能安定，彼此所共同生活的處境，方為相應的淨土。

其理據仍回應自法義中有關我、人、眾生一體、平等之概念，如聖嚴法師闡釋消融自我中所論述之概念，即源自《金剛經》中「無我、人、眾生、壽者相」之概念，得以不著相、不著形式、不著分別相，不以關係中的主客對待視之，則能生發四福之連結。

如此能體解福的本質不僅在於自我個體之福，而是相對待而生之福，因此從知福、惜福中，珍惜所有相應因緣中的彼此；從而生培福、種福之願，因彼此皆為共榮共生狀態。

此福又必然與慧共同思維，福慧雙修的金剛經，以「應無所住而生其心」之概念體解，則福德非物質、有限之擁有，乃無量、無限、無相之空性福德。體解此建立於空性上之福德，便能以真空妙有之精神，建福慧雙修的共生系統。

四、心五四精神如何與生命教育
進行內在底蘊之連結

如前文所論述，在目前生命教育發展之相關範疇中，主要為關係脈絡結構中個體生命之開展過程，從個體與自我之關係，到與他者、社會、環境、形上等之關係建構。而在此些關係脈絡中，最基礎且需先予穩立者，當屬個體與自我關係之省思、觀照，乃至於重塑。

而有關個體與自我的關係建構，其內蘊當為自我形上思

維部分之建立，如以哲學概念分析，此即形上思維所指涉者，為個體自我認知系統之源頭，涵蓋宇宙觀或天人關係、信念系統等，進而由此一形上思維，產生個體之人生觀、知識論、倫理觀，而此些認知模式，便會體現於上述關係對待中的認知與行為模式。

心五四的整體概念，便是一處理關係的內在思維與行動原則，如無內在思想基礎或認知模式的觀照與省思，則由內至外的關係對應上，則無法形塑出整全的架構。

（一）聖嚴法師的四層自我觀

一般論述個體自我之建構，多關注於自我之認識、肯定與成長，因此當擴及自我與其他關係之建構與發展時，個體與其他生發關係之對象，不免形成一主客對待之關係。

而聖嚴法師所闡釋之心五四精神，則建基於禪修精神而開展，因此其於自我之開發，除前述對自我之認識、肯定與成長外，尚涵蓋自我的消融，此一由禪修而生發之自我發展狀態，可以聖嚴法師所提出之四層自我觀理解之，亦即認識自我、肯定自我、成長自我與消融自我，此四層自我的基礎建立於禪修的觀念：

禪修觀念是：認識自我、肯定自我、成長自我、消融自我。以「有」為入手方便，以「無」為禪修方向，以努力修行的過程為永久的目標。❽

而其入手的方法則是：

> 禪修方法是：放鬆身心，集中、統一、放下身心世界、
> 超越於有無的兩邊。能夠徹底超越，便是大悟徹底。❾
>
> 禪的方法是教人：首先練習認識自我、肯定自我，然後
> 粉碎自我，才是悟境的現前。❿

此外，由於消融自我亦為聖嚴法師之心五四精神得以超
越關係中二元對立狀態之關鍵，因之對此一自我的消融，法師
乃透過其整體禪修之思想觀念與方法技巧予以分疏，提點出何
以安心得為心五四之核心基礎。

以下為法師對此闡釋之整理⓫：

1. 面向

「我」的消融涵蓋觀念思想與方法技巧。

2. 觀念思想與開展歷程

（1）從個我的發展到群體我的開展，再進而放下層層的
「我」⓬。聖嚴法師將此歷程以發展性的概念，闡釋為三層：
首先為體驗到個人的自我，包括認識自我、肯定自我到成長自
我。在此階段，發展的是個人獨特性的確認，也是成長開發的

---

❽ 見聖嚴法師《禪鑰》，《法鼓全集網路版》，頁4。
❾ 同註❽，頁4-5。
❿ 見聖嚴法師《禪與悟》，《法鼓全集網路版》，頁3。
⓫ 見聖嚴法師《禪的世界》，《法鼓全集網路版》，頁96-105。
⓬ 見聖嚴法《學術論考II》，《法鼓全集網路版》，頁58-59。

歷程。其次為個人角色與關係層次的自我，包括從個人的自我，到家屬的自我、財產的自我、事業工作的自我、群體社會的自我，乃至整體宇宙時空的自我。此一階段將個體的人，與他者、群體，至於時空環境所全面形塑的我，做出連結性的思維，讓人體認出自己無法與外在情境、人事物相隔絕，亦即從因緣法的重重無盡中，見出個體自我所處的時空位置。第三階段，則是將層層的我逐一放下，最後連宇宙全體的大我也放下，法師並以禪宗的悟境現前來詮釋。生命的歷程從個體、到經由關係延展而出的各種「我所有」，以及發展到無所盡的大我也消融。

（2）由我貪、瞋、癡、慢、疑、見等煩惱之分析，理解人之執著在於對「我」及「我所有」之執取。進而體解「無我」，消融自我。消融之重點，在於形塑煩惱之我執。❸

3. 方法技巧

「無我」之開展，無法僅從聽聞與知解達致，更需透過方法之實修，方能真正體證「無我」。因而在方法上，我們亦可從法師的教說指出下列兩個禪修的歷程：

（1）鍊心：即前述之散亂心，到集中心、專一心、統一心。但至此仍有我，仍有分別、執持。

（2）破心：將「有我」之心粉碎，方法則為默照禪之「沉澱法」，以及話頭禪之「爆炸法」。

其中默照禪法的歷程，乃從前述的四種心一路練習而來，即：

---

❸ 同註❶。

　　默照禪的鍊心過程是：放鬆身心、收心攝心、集中心、統一心，放下統一心，即是無心。……是打破自我情執的煩惱心之後的智慧心及慈悲心。

　　若要實證無心，必須先以柔軟心，修習默照禪法，當在實證無心之後，那就是柔軟忍辱心的完成。❹

　　至於話頭禪的部分，亦從前述的四個鍊心階段而至無心，其歷程如法師所言，「話頭修行即調心四層次」，內容如下所述：

　　話頭的修行，有四個層次：念話頭、問話頭、參話頭和看話頭，事實上，調心也有四個層次，即是從散亂心、集中心、統一心到無心，我們的目標是無心，也就是話頭四個層次中的看話頭。

　　剛開始是念話頭的階段，這時一定是散亂心，一邊念一邊打妄想，有時候還會忘了念話頭，有時候則是念話頭和妄想同時並行，或是交錯著並行。……

　　到了問話頭的時候，是你對話頭產生了興趣，散亂心也漸漸的減少了，你的心念大多集中在話頭上。……這即是集中心。

　　進一步，自然而然會進入參話頭，這時身心一定是統一的。所謂「統一」，是指你不再注意自己的身心。身心統

---

❹ 見聖嚴法師《聖嚴法師教默照禪》，《法鼓全集網路版》，頁67。

一之後，你跟環境也會漸漸地統一，進入「看山不是山，看水不是水」的情況，也就進入疑團了。

進入疑團時，你整體的生命、整體的宇宙，無論是時間或空間，就只是一個話頭，這是「統一心」。等到疑團爆炸了、粉碎了，即是雨過天晴，一片光明，這是「無心」，亦即放下自我執著的心，見到空性——實證空性。❺

4. 心量開發

由於中國的禪法不僅在於禪堂的鍊心，亦強調在日用修行中鍛鍊，因此法師也指出，達致消融自我的過程，亦可從心量的開發，對應現實情境中的狀態而予以發展。

此鍛鍊過程，法師指出三種心量的對應與學習，包括❻：

（1）包容心：以廣大無邊的心量包容眾生，為靜態的不拒絕任何眾生，在自我心中包容一切眾生。

（2）關懷心：以平等的慈悲，關懷一切眾生。為動態的不捨棄任何眾生，主動照顧。

（3）無相心：以無私的智慧，消融自我。超越能度的自我與被度的眾生，廣度眾生而不以為有眾生已度、正度、當度。

由此三個心量觀之，消融自我乃為回應自我發展歷程的

❺ 見聖嚴法師《聖嚴法師教話頭禪》，《法鼓全集網路版》，頁189-190。
❻ 見聖嚴法師《聖嚴法師教禪坐》，《法鼓全集網路版》，頁85。

最終也最重要階段，一旦開發出這樣的心量，便得以靜態的不拒絕、動態的不捨，而與眾生達致度而不度的自在心境。

如得以此三個心量行諸教育場域，則從事生命教育工作者，亦當得於其間安頓、安住。

此一建立於禪修超越有無兩邊的概念，而發展出的自我觀，乃以空性的思維架構而出❼，亦即前述認知系統的內在底蘊。因此個體在與其他關係產生對應時，便能從主客體對應中發展出超越主客對立的涵容關係。

如此，則所開展之「四安」，方能由自我的身心安頓，及於他者；放下自我執著、粉碎自我後的自我身心，能生發如「心包太虛」❽的廣大心量，而非僅關注於自我的建構與安立。

進而由此開展而出的「四感」、「四要」、「四福」、「四它」等概念，亦才有其著力點，如四感中的感化，非指感化他人，而是以禪修的無我感化自我，才能進而感動他者。四它中的放下，亦由此一基礎建構而出。

亦即，在心五四的五個面向上，無論是四安、四它、四

---

❼ 見聖嚴法《禪門》：「這是從有修有證，有施有受的層次，更進一步，做到完全沒有『自我中心』的存在。從佛法的立場說，稱為『空、無相、無願』的三解脫門。」（《禪門》，《法鼓全集網路版》，頁67-68）
❽ 見聖嚴法師《動靜皆自在》：「當我們走出狹隘的自我中心時，會發現這個世界很小，而心量卻很大，大到可以包容宇宙間所有的人、事、物，所謂：『心包太虛』即是。」（《動靜皆自在》，《法鼓全集網路版》，頁67）

要、四感,或是四福,皆可見出從認識自我、肯定自我、成長
自我到消融自我的歷程,亦惟有將四層自我觀涵攝於心五四之
中,其所提點的生活主張與生命教育理念,方能徹底將生命的
內外在系統全面開發而出。

(二)生命教育與心五四的內在連結

由心五四原理之建立,以理解此一模式產生之理論基
礎;並探討此一由內而外之模式,對從事生命教育工作者可以
達致何種教學之內在作用。

歸整上述之相關闡釋,本段之小結為:透過聖嚴法師的四
層自我觀,得以建立心五四與生命教育之連結架構,而此一連
結架構,並非在於回應生命教育以學科建構模式進入教育場域
之課題規畫,而在於試圖透過內在精神底蘊之串接,既成為建
立生命教育教學工作者內在自我開展之參照,未來似應得從中
發展出跳脫課題思維之教材,從理論到實踐,如所有規畫、從
事生命教育工作者所共同之概念,建立知行合一之教育模組。

此關係對應如下表之說明:

以四層自我 為內在核心	發展內容 與目的	生命教育 之對應	心五四精神
以認識自我、肯定自我為開端，進而成長、提昇自我，最終以消融自我的進境，將生命教育的內在精神，開展至任何的學科綱領中。	1.觀照、認識、體解自己的核心價值與意義。 2.透過自我反思、覺照、探索。	建立個體與自我的關係，透過看見、觀照自己的狀態而開展。	四要：需要、想要，認知省思自我價值觀之狀態。 四福：知福、惜福，體解自我所擁有之價值與意義。
	確認與肯定自己的狀態。	建立穩定的自我內在結構。	四它：面對、接受，肯定接受順逆因緣與自我本身的狀態。
	自我的成長與培養。	處理自我觀照後的問題，無法肯定認同的部分，予以調整、修正、改善。	四安：安心、安身、安家、安業，提昇自我，從而建立自我的內在穩定基礎。 四它：面對、接受、處理、放下，不僅是能力的培養，也是心量、態度、情操的培養。
	解構原有從自我為中心所開展之關係模式與思維，重新創造關係。	及於他者、環境、社會、世界的共榮共生。	四安：由安己而安人。 四要：該要、能要，置自我於整體關係與倫理脈絡中。 四感：感恩、感謝、感化、感動。 四福：培福、造福。

五、結論

如前述之四層自我觀，心五四的生命教育乃從無我的基礎上，建構出個體自我，而非以自我為中心發展自我，因此個體自我與他者、社會、環境的關係，便能產生無障礙、無限制、平等而涵容周遍的連結。

因為體會無我的涵融周遍，因此能感恩、感謝所有順逆因緣，因為本無順逆分別；且因體解人、我、眾生皆平等共生，故而能發展造福、培福、種福的精神。

本文探討心五四之精神於生命教育之應用，並非在於生命教育課題之對應，而是就其內在精神、意涵、價值系統與核心理念予以省思，試圖提供從事生命教育工作者以自我之認識、觀照為發端，體解自我肯定、自我成長、提昇到自我消融的發展歷程。惟其透過從自身的內在理解與觀照，並肯定、提昇到消融，方能產生真正的尊嚴，並透過同理與慈悲之概念，以及智慧的抉擇與判斷，建構一立足於平等無分別之人、我、境（社會、環境、所有有情眾生）的新關係。

而建立於此一自我覺察與觀照的思維與行為模式，行諸於教育場域之際，於己，能產生自我照顧的力量，面對學生的生命狀態得以不擾心，自我開解；於課程之發展與教材之運用，能出入自如，無論課綱如何規畫設計，重點將不再只是授課的歷程，更是彼此生命的連結；進而於學生，能產生支持與平等賞悅的對待，讓學生也得以體解、發展完整的自我歷程。

最後以下表對上述兩者做一歸整，省思生命教育教學者與生命教育所欲實現之標的，如何回應本論文所欲呈現之觀點。

教學者自我生命之探索與觀照	透過生命教育所欲實現之標的
提昇自我的品質。	提昇所有人的品質。
建設自身的淨土。	建設人間的淨土。
從「四安」之身心安頓體會安己、安業（含括對教育職志的深刻安住）。	由安己（學生的身心安頓）到安眾：安家、安業。
「四感」之感化：以「四安」、「四它」、「四要」修正、感化、消解自我的煩惱。	「四感」之感動：得以感動他人之自我，其內在精神在於自我感化、自我消融。
「四要」之抉擇：以「需要」、「想要」之概念，發展「該要」、「能要」之倫理觀，開發心六倫⓱中之整體倫理觀照與對應。	「四要」之推動：將此抉擇、判斷之價值系統，內化、統整於現有課程中有關倫理觀之理論與實踐系統。
體解福德之內在精神，從而內化「四福」中知福、惜福之精神。	以「四福」之培福、種福，擴展整體福報，由一己到其他生命與環境。

⓱ 為聖嚴法師對當代倫理情境的思維，從內而發，對照六個倫理場域提出的新倫理觀，此六場域包括生活倫理、家庭倫理、校園倫理、職場倫理、族群倫理，乃至於自然倫理。此六個面向，亦肇端乎自我的生活，從而擴及人所處之情境，到萬物眾生的整體關懷。

Understanding the Application of the Fivefold Spiritual Renaissance Campaign of Master Sheng-Yen in Life Education
An Analysis Cored on the Introspection of a Life Educator

Chung-Yu Ku
Assistant Professor
Preparatory Office of Dharma Drum University

▌ Abstract

The study started as an observation of the methods by which life education is implemented in Taiwan. Life education itself is a paradoxical proposition. It encompasses the study of the development, growth, concern and introspection of life; hence, not only is it difficult to determine the categories involved, but also difficult to assess expanse and depth of the scope of study. The life education promotes philosophical thinking and evaluation; at the same time, it delves into every aspect of development from the individual to the entire network of relationships between individuals. Moreover, life education teaches awareness for cultural and social concern. Hence, we found that the means by which such a highly versatile cross-disciplinary integrated course may be developed and constructed through the halls of academe are worthy of further exploration.

Unlike other courses in education, despite that life education is a field of study or a course in education, it is constructed on a more solid and complicated foundation. Moreover, the course also tackles spiritual consciousness, lifestyle, and life issues; hence, there is no specific standard text or standard answer that a student may use as reference standard.

Therefore, in addition to teaching methods (development of a variety of multifaceted and innovative teaching methods), principles (incorporating life issues into teaching principles), and expansion of field (including philosophy, religion, issues about life and death, ethical thinking, aesthetic experiences, psychological counseling, etc.), it is essential for a life educator to promote the stimulation of the inner vital energy and value of life and delve deeper into significance of existence.

Therefore, this paper shall delve into this particular problem consciousness through its phenomenal aspect. Should the personal life experiences of an educator be introspected and constructed to avoid the deduction of external form? In this paper, we attempted to discover a probable contingency approach to this particular problem consciousness.

The Fivefold Spiritual Renaissance of Master Sheng-Yen also delves into concepts and methods. Although the inner spirit is developed through Buddhist doctrines and through meditation, motives and ideas arise in direct response to the dilemmas that beset the people nowadays and are manifested through modern thinking and language. The central concern of this paper is to determine whether life education constructed on a foundation consisting of the spirit of introspection and outward significance and realized in the halls of academe is capable of responding to the retrospection of the aforementioned problem consciousness.

In coping with problem consciousness, framework of this paper shall include the following: First, an exploration into the important issues and problems in the current developments of life education and into individual inner-self issues being developed and faced by educators; next, an elaboration of the background, core spirit, promotion, and application of the Fivefold Spiritual Renaissance; thirdly, an attempt to employ the four levels of self-concept propounded by Master Sheng-Yen under the inner framework of the Fivefold Spiritual Renaissance to find the contingency measures for linking the Fivefold Spiritual Renaissance to life education, and thereafter determine the probability of developing internal connections.

Key words：Fivefold Spiritual Renaissance, life education, meditation method, four levels of self-concept, educational courses

Buddhist Confession: A Foucauldian Approach

Malcolm Voyce

Associate Professor

School of Law, Macquarie University

▌Abstract

While some scholarship has considered the significance of confession as a disciplinary measure in the Christian context, there is no appropriate analysis of the disciplinary aspects of confession as regards the rules of Buddhist monks. This article offers a critique of "Buddhist confession" in the light of Foucault's writings on confession.

While Foucault did not consider the Vinaya, or for that matter Buddhism in general, his writings may be used to infer how monastics may have been molded by institutional practices and to infer how monastics shaped their own inner life to form their own mode of institutionalized self-discipline.

Key words： Confession, Buddhism, Vinaya, Foucault, Monasteries

1. Foucault, Religion and Monasteries

Foucault made only a few references to Eastern religions in his work.❶ However, Foucault's writings were influential on Edward Said and his work on *Orientalism*,❷ and on those who have followed Said.❸ Furthermore Carrette and Bernauer in several of their books have also made a noteworthy contribution to the connection between Foucault and religion.❹

---

❶ See "Michel Foucault and Zen: A Stay in a Zen Temple," in *Religion and Culture* edited Carrette, Jeremy New York: Routledge Press, 1999, 113. For scholars who have used a Foucauldian approach to Buddhism see: Zhang, Liang *The Cultivation of Self: Critique of Technical Practice within and without Chan Buddhism*, Unpublished Doctorate Emory University, Atlanta, 2005; Konik, Adrian *Buddhism and Transgression: The Appropriation of Buddhism in the Contemporary West* Leiden: Brill, 2009.

❷ Said, Edward *Orientalism* New York: Pantheon, 1978.

❸ Karlis, Racevskis "Said and Foucault: Affinities and Dissionances" *Research in Africa Literatures* 36, 3 (2005) 83-97; Schaub, Uta "Foucault's Oriental Subject" *PMLA* 104, (1989) 306-316; King, Richard *Orientalism and Religion: India Postcolonial Theory and the "Mystic" East* London: Routledge, 1999; Collett, Alice "Buddhism and Gender: Reframing and Refocusing the Debate" *Journal of the Feminist Studies in Religion* 22, 2 (2006) 55-84; Stoler, Anne *Race and the Education of Desire: Foucault's History of Sexuality and the Colonial Order of Things* Durham: Duke University Press, 1995; Bendle, Mervyn "Foucault, Religion and Governmentality" *Australian Religion Studies Review* 15, 1 (2002) 11-26; Foucault, Michael *Religion and Culture by Michael Foucault* edited Carrette, Jeremy, London: Routledge, 1999. Carrette, Jeremy and Bernauer, James *Michel Foucault and Theology: The Politics of Religious Experience*, op. cit. These works have on the whole dealt with theology. See also McSweeney, John "State of the Disciplines: Foucault and Theology" *Foucault Studies* 2 (2005) 117-144.

❹ Carrette *Foucault and Religion: Spiritual Corporality and Political Spiritual* London: Routledge, 2000. *Religion and Culture* by Foucault, Michel op. cit.;

Foucault was interested in religion, although he made no systematic treatment of religion in his work. However, as part of his larger project, Foucault sought to identify the structures which controlled and shaped the religious "subject" as an exercise to uncover the silenced and subjugated discourses on religion.❺

The scattered elements of Foucault's writings with a connection to religion are primarily concerned❻ with the role of Christianity in shaping an individual through confession and the role of monastic discipline in forming individuals.

These interests were reflected in Foucault's various "case studies" on the complex workings of the relationship between religious structures, military establishments, educational institutions, and their role in shaping subjects. The implication from *Discipline and Punish* ❼ was that a new type of punishment was the model for the control for an entire society within factories, and schools and hospitals, modeled on the modern prison.

Foucault showed that "disciplinary society" had three primary techniques of control: hierarchical observation, normalizing judgment, and the "examination". An illustration of these forms of control may be seen in hospitals or schools where patients and students are subject to objective truth contained in medical analysis and pedagogy. The third form of control, which is the "examination" elicits truth about those examined, and initiates procedures to supervise the individual's behavior by forcing him or her to study by directing his or her course of education or treatment.

Carrette, Jeremy and Bernauer, James *Michel Foucault and Theology: The Politics of Religious Experience* London: Ashgate, 2002. These works have on the whole dealt with theology.

❺ Carrette, Jeremy *Foucault and Religion* London: Routledge 2000, 25.

❻ Note his work on the Iranian revolution as described in Afary, Janet and Anderson, Kevin *Foucault and the Iranian Revolution* Chicago: University of Chicago Press, 2005.

❼ *Discipline and Punish: The Birth of the Prison* London: Penguin, 1991.

Foucault linked examples from these domains together and showed that there was a distinctive overlapping and borrowing between disciplinary regimes. He notes how the "decury" (an ancient military unit) was taken from the Roman army and transferred to the Benedictine monasteries, and later to some Jesuit schools.❽ Monasticism was thus seen by Foucault as one of the earlier paradigm structures, of disciplinary concepts.❾

These various institutions had similarities in that they contained disciplinary practices that shaped the individuals body.❿ One of the developments from Foucault's work⓫ was the interest by a group of scholars⓬ who recognized that belief is a form of practice which is "inscribed" or reflected in the physical body. This approach shows that religious beliefs are not free floating but that they regulate the subject: the individual within the disciplinary regime concerned.⓭ In the monastic environment bodily desires are clearly visible, and their physical manifestations subject to correction.⓮ While some Buddhist texts offer meditative practices

---

❽ Ibid.

❾ Ibid.

❿ Ibid 109-141.

⓫ See *Discipline and Punish* op. cit.

⓬ See review in entry "body" by Roberts, Richard in *Blackwell Companion to the Study of Religions* edited Segal, Robert Wiley-Blackwell: Oxford, 2008. See also Coakley, Sarah edited *Religion and the Body* Cambridge: Cambridge University Press, 1997; Brown, Peter *The Body and Society: Men, Women and the Sexual Revolution in Early Christianity* New York: Columbia University Press, 1988; Turner, Bryan *The Body and Society: Explorations Social Theory* London: Sage, 1996. For Buddhist material on the "body" see Collins, Steven "The Body in Theravāda Buddhism" in Coakley, Sarah op. cit. 185-204; and Williams, Peter "Some Mahayana Buddhist Perspectives on the Body" in Coakley, Sarah op. cit. 205-230.

⓭ Carrette *Religion and Culture* op. cit. 150.

⓮ Stoler, Anne *Race and the Education of Desire: Foucault's History of Sexuality and the Colonial Order of Things* Durham: Duke University Press, 1995, 165-187.

built on the rejection of the bodily desires, they need to be balanced by a study of other texts which emphasize the virtues of the body as a vehicle for Enlightenment.[15]

Foucault was concerned how educative and therapeutic training procedures created particular kinds of subjectivity in monastic, educational or military establishments. Foucault's work has illustrated how power operates through discipline [16] at a "micro-capillary level and how power may inscribe the body as part of a religious practice". [17]

In his studies on the effects of power,[18] he noted that "one

---

[15] Mrozik has shown in her work on Bodhisattva precepts enshrined in the *Compendium of Training* (the Siksasamuccaya–a seventh or eighth century text by Santideva) envisaged that appropriate ethical and disciplinary practices transform human bodies in physical as well as moral ways. See Mrozik, Susanne "Cooking Human Beings: The Transformative effects of Encounters with Bodhisattva Bodies" *Journal of Religious Ethics* 32, 1, (2004) 175-194; and *Virtuous Bodies: The Physical Dimensions of Morality in Buddhist Ethics* Oxford: Oxford University Press, 2007. This of course was at a much later time and it is important to mote that the context of Santideva may have been very different from earlier times. On earlier Buddhism see Collins "The Body in Theravāda Buddhism" op. cit; Hamilton, Susan *Identity and Experience: The Constitution of the Human Being According to Early Buddhism* London: Luzac Oriental, 1996.

[16] To Foucault discipline is a form of miniature social organization which can be implemented as corrective training through comprehensive and detailed prescription through the "penetration of regulation into even the smallest details of every day life through mediation of the complete hierarchy that assured the capillary functioning of power." See *Discipline and Punish* op. cit. 198.

[17] Carrette, Jeremy *Foucault and Religion: Spiritual Corporality and Political Spirituality* London: Routledge, 2000, 150.

[18] Foucault had his own particular perspective on "power." To give the reader a direction in which my argument will take, I follow Foucault that "power" represents a multiplicity of force relations in any particular context, which are involved in a "ceaseless struggle and confrontations": Foucault, Michel *The History of Sexuality Volume One* London: Penguin, 1976, 92. Since religions

of the prime effects of power was that certain bodies, certain gestures; certain desires come to be identified and constituted as subjects".❶❾ To develop this approach in the Buddhist context, I argue that monastic discipline created a process where monastic subjects were confined, shaped and molded by disciplinary forces.❷⓿ This thesis that power creates subjects (the process of

---

are part of a wider set of cultural relations, religion may be seen as a set of force relations. Furseth, Ingel and Repsted, Pal *An Introduction to the Sociology of Religion* Aldershot: Ashgate, 2006, 65. This approach does not deny that agency or resistance may operate.

❶❾ Foucault, Michel *Power/Knowledge: Selected Interviews and Other Writings* edited Colin Gordon, Brighton: Harvester, 1980, 98. The concept of a "subject" has many resonances, as it can mean "subject" in the grammatical sense; it can mean "subject" in the psychological sense (producing a unified and distinguishable identity) and it can mean "subject" as used here in the political sense as a person (ie. the "subject") which is created through power and knowledge. As I expand on later, such processes, also involved the subject in forming his own "self". Castelli, Elizabeth "Interpretations of Power in 1 Corinthians" in *Michel Foucault and Theology: The Politics of Religious Experience* edited Bernauer, James and Carrette, Jeremy, Ashgate: Boston, 2002, 22.

❷⓿ While many commentators had read Foucault as a theorist of "confinement" some scholars have discovered a "post-Foucauldian sensibility" and have explored links between his ethics, religion and mystical experience. These commentators have read Foucault's notions on the care of the self as a spiritual practice for transcending the self. For instance Arnold Davidson demonstrates the affinity between Pierre Hadot's notion of spiritual exercises in arguing that the care of the self is aimed at attaining a spiritual state in which one places oneself in the perspective of the cosmic whole. See Davidson, Arnold "Ethics as Ascetics: Foucault, the History of Ethics and Ancient Thought" in *Cambridge Companion to Foucault* edited Gary Gutting, Cambridge: Cambridge University, 1994, 121. See also Bernauer, James *Michael Foucault's Force of Flight* London: Humanities Press, 1990.

subjectificaton ㉑) has two strands.㉒

The first strand consists in the way in which particular educative, therapeutic or training procedures are applied to individuals to make them into certain kinds of subjects.

The second strand, embodying the idea that power creates subjects, has another dimension in Foucault's final writings.㉓ He wrote: "it seemed to me to be appropriate to look for the forms and modalities of relation to the self by which the individual constitutes and recognizes himself qua subject". ㉔

In the Buddhist context I take the above indication by Foucault to mean we should, firstly, study the way a monk or nun

---

㉑ It is clear Foucault shifted his focus as regards the process of *subjectification (assujetissement)* from the 1980s, from regarding this term as a indication of the control by others (such as experts), to the process where an individual worked on themselves and recognized themselves as products of their own self-constitution, recognition and reflection. See O' Farrell, Clare *Michael Foucault* London: Sage, 2005, 110; McGushin, Edward *Foucault's Askesis* Evanston: North Western University Press, 2007, 304 f.n. 6. This distinction in this word according to Frederic Gros was first made clear in Foucault's essays on "chastity" and "self-writing". See *Hermeneutique du Sujet: Cours au College de France, 1981-1982* edited by Fredrick Gros, Paris Editions de Seuil, 2001, 493.

㉒ Here I follow Paul Patton "Foucault" in *Companion to Continental Philosophy* edited Critchley, Simon and Schroeder, William, Oxford: Blackwell, 1998, 545.

㉓ See *The Use of Pleasure: The History of Sexuality Volume 2* London: Penguin, 1984 and *The Care of the Self: History of Sexuality Volume 3*, London: Penguin, 1986; *The Hermeneutics of the Subject: Lectures at the College De France, 1981-82* Houndsmill: Palgrave, 2004. Foucault, Michel "Technologies of the Self" edited Martin, Luther, Gutman, Huck and Hutton, Patrick *Technologies of the Self: A Seminar with Michel Foucault* Amherst: University of Massachusetts Press, 1988.

㉔ Foucault *Care of the Self* op. cit. 6.

was shaped and formed by discipline and secondly, the way a monastic investigated their inner life for hidden motivations (often unconscious) and recognized themselves as being products of their own self-constitution, recognition and reflection.❷ Both of these processes had disciplinary implications.

Finally, Foucault's writings on "examinations" in their different forms together with the process of subjectification" was concerned with the role of confession. Foucault defined confession as "to declare aloud and intelligibly the truth about oneself."❷ Such a declaration is always made in the presence of another. Elsewhere he defines confession:

> as a ritual of discourse where the subject who speaks corresponds with the subject of the statement; it is also a ritual which unfolds in a relationship of power, since one doesn't confess without the presence, at least the virtual presence, of a partner who is not simply an interlocutor but the agency that requires the confession, imposes it, weighs it, and intervenes to punish, pardon, console or reconcile.❷

I suggest Foucault's approach to confession, is sufficiently broad to apply to other societies other than those in which he based his "case studies". Foucault's approach, I take to be concerned, with the mapping of the techniques and procedures which mold a monastic subject.

---

❷ Boyarin, Daniel and Castelli, Elizabeth "Introduction: Foucault's History of Sexuality: The Fourth Volume, or A Field Left for Others to Till" *Journal of the History of Sexuality* 10, 3-4 (2001) 361.

❷ Foucault, Michel "Subjectivity and Truth" *The Politics of Truth* Los Angeles: Semitext(e) 1997, 173.

❷ *The History of Sexuality Volume One* op. cit. 61-62.

2. The Rules of Buddhist Monks

After obtaining his Enlightenment the Buddha collected a group of monks around him and established the basis of a religious order (Sangha). As part of the process of establishing a new institution he made many determinations about appropriate behaviour (Vinaya) for those monks and nuns who wished to follow him.㉘

There are in existence six recensions of this disciplinary code which have survived in Pāli, Tibetan and Chinese and these are occasionally referred to as the Vinayas.㉙ In this study I concentrate will concentrate on the Pāli Vinaya.

By way of introduction I describe the fundamental texts of the Vinaya Piṭaka. The Vinaya is composed of several sections. The Pātimokkha in the Pāli version consists of an inventory of 227 offences which had to be recited every fortnight. This recitation served the purpose of keeping the rules fresh in the minds of the monks and nuns and gave each monk or nun an opportunity to confess an offence he or she may have committed. The Pātimokkha rules are enunciated and explained in the Suttavibhaṅga.㉚

㉘ The issue of the degree that the extant versions of the Vinaya reflect the actual word of the Buddha and the period over which the Vinaya was compiled is a complex question which I will not deal with here.

㉙ See the description of some specific recensions in Yuyama, Arika *A Systematic Survey of Sanskrit Literature* Wiesbaden: Steiner 1979; Von Hinüber, Oskar *A Handbook of Pāli Literature* Berlin: Gruyter, 1996, 8-23; Dutt, Sukumar *Buddhist Monks and Monasteries of India* London: Allen and Unwin, 1962, 74-79; Prebish, Charles *A Survey of Vinaya Literature* London: Routledge Curzon Press, 1996.

㉚ The third section of the Vinaya consists of the Khandhaka which was constituted by the Mahāvagga and Cullavaga. This consists of a further elaboration of rules which are a later development. Finally there are the commentaries on the Vinaya, the most important of which is Buddhaghosa's Samantapāsādikā.

The Pāli version of the Vinaya was first edited by Oldenberg, between 1879 and 1883. The most recent complete translation of the Pāli Vinaya was by the late Miss I.B. Horner who translated the rules of the monks as *The Book of Discipline* was completed between 1938 and 1966. Recently the rules of the nuns were translated by Ann Heirman.㉛

Since the founding of Buddhist scholarship there has been a controversy over the dating of Buddhist texts.㉜ The most creditable approach is to argue that the Vinaya comprises both earlier and later materials.㉝ This approach argues that the majority of rules found in the Vinaya originated from a later stage in the evolution of the Sangha, namely the monastic stage. This approach has some credibility in that there is little reference made in the recensions to the austere practices pertaining to a life depending on the four sources of maintenance (*nissaya*).㉞ The minute

---

㉛ See the Discipline in Four Parts, *Rules for Nuns According to the Dharmaguptakavinaya* Delhi: Motilal Banarasidass, 2002.

㉜ Richard Gombrich has argued that the bulk of the canonical Suttas are essentially authentic, in the sense that they go back to the Buddha himself. Gombrich, Richard *Theravāda Buddhism* London: Routledge, 2006, 20. Recently Schopen has challenged this theory by arguing that the Pāli Vinaya as well as other Vinayas undertook a "final redaction, if not the composition" in the fourth or fifth century. Schopen, Gregory "The Suppression of Nuns and the Ritual Murder of Their Special Dead in Two Monastic Codes" in *Buddhist Monks and Business Matters* Honolulu: University of Hawaii, 2004, 328. Several scholars therefore reject the later date for the composition of the Pāli Vinaya in favor of the 5th century CE, when Buddaghosa composed the Samantapāsādikā commentary. Von Hinüber (op. cit. 119), however questions that the work of Buddhagosha was the work a single person.

㉝ Dutt, Sukumar *Early Buddhist Monarchism* London: George Allen and Unwin 1960, 13; Basham, Arthur "The Rise of Buddhism, in its Historical Context" *Asian Studies* 4 (1966) 395, 396 f.n. 3.

㉞ V.P. 1.58, B.D. 4.75.

regulations of every aspect of monastic life, and the intricate classification of faults and lapses of discipline, suggests a well-developed order, and not a religious movement in its infancy.㉟

Established opinion is that the Vinaya should be seen as a system of law.㊱ In fact the prohibitions in the Vinaya㊲ have been variously constructed. The first translators regarded them

---

㉟ Basham, op. cit.

㊱ Dhirasekhera, Jotiya *Buddhist Monastic Discipline, A Study of its Origins and Development in Relation to the Sutta and Vinaya Piṭaka* Colombo: Gunasena, 1982; Holt, John *Discipline: The Canonical Discipline of the Vinayapiṭaka* Delhi: Motilal Banarsidass, 1995; Wijayaratna, Mohan *Buddhist Monastic life according to the Texts of the Theravāda Tradition* Cambridge: Cambridge University Press, 1990; Voyce, Malcolm "The Communal Discipline of the Order of Monks: The Sanction of the Vinaya Piṭaka" *The American Journal of Jurisprudence* 29 (1984) 123-150.

㊲ Hara has surveyed all the uses of this word in Pāli and Sanskrit literature, argues the word is originally a verbal action noun (*nomina actionis*) formulated by the verbal route vi-nī -which means "drive out" or "remove". See Hara, Minoru "A Note on the Vinaya" in *Festschrift in Honour of the 80th Birthday of K.R. Norman* edited Von Hinüber, Oskar, Gethin, Rupert and Allon, Mark Bristol: Pāli Text Society, 2007, 285-311. See also Schopen, Gregory entry "Vinaya" *The Encyclopaedia of Buddhism* edited Buswell, Robert Macmillan: New York, 2003, 885. Hara in his discussion of the word says that *Vinaya* means the removal of a garment (as in an erotic context). Another set of meanings are: the removal of physical difficulties, the removal of mental difficulties, (grief, fear, affliction, distress, a knot in the heart, jealousy, or arrogance). Yet another meaning is 'training' which includes the idea that 'training' is also to be applied to animals. Yet another connotation is the removal of vices (restraint or self control). Here the word Vinaya is imbued with the tinge of a moral or disciplinary meaning. Apparently says Hara the application to the context of disciplinary context is a later development and is associated with the idea of the removal of immoral thoughts or actions.

as codes.❸ Sukumar Dutt❸ for instance saw the Buddha as a judge, while Dhirasekera❹ saw the Buddha as a legislator. This kind of legal terminology was unfortunate as gave an undue emphasis to European legal understandings of law based on ideas of a centralized control that rules had to be obeyed in a consistent manner.❹ At the same time it gave little credit to the idea that some Vinaya rules were compiled to comply with Hindu notions of pollution.❷

More recent scholarship with perhaps with the benefit of time has appreciated other functions of the Vinaya.❸ Jan Nattier for instance has given a cautionary warning against the error of reading

---

❸ Oldenberg, Hermann *Buddha: His Life, His Doctrine, His Order* Delhi: Indological Book House, 1971, 331; Horner, Isaline *The Early Buddhist Theory of Man Perfected* Amsterdam: Philo Press, 1936, 111.

❸ Dutt, Sukumar *Early Buddhist Monachism* London: Allen and Unwin, 1960, 23, 65.

❹ Dhirasekera, Jotiya *Buddhist Monastic Discipline, A Study of its Origins and Development in Relation to the Sutta and Vinaya Piṭaka* Colombo: Gunasena, 1982, 11.

❹ For a further critique of how some European valves constructed the "Vinaya as law" as implied by some scholarship see Voyce, Malcolm "Ideas of Transgression and Buddhist Monks" *Law and Critique* 21, (2010) 183-198.

❷ Voyce, Malcolm "The Vinaya and the Dharmasastra: Monastic Law and Legal Pluralism in Ancient India" *Journal of Legal Pluralism* 56, (2008) 33-65.

❸ Several scholars now argue that the Vinaya is more than a document extolling rule based adherence. Following this direction of scholarship context we might also consider what J.L Austin calls 'speech acts' and the argument that acts bring into existence something that was not there before (see Austin, John *How to do Things with Words* Oxford: Oxford University, 1976.) For scholars who have used this approach see Finnegan, Damcho (2009) *For the Sake of Women, Too: Ethics and Gender in the Narratives of the Mulasarvastivada Vinaya* Doctoral Thesis University of Wisconsin- Madison; Hansen, Anne (2007) *How to Behave: Buddhism and Modernity in Colonial Cambodia 1860-1930* Honolulu: University of Hawaii Press.

normative statements as if they were prescriptive a trend she rightly notes has plagued Vinaya studies in particular.㊹ LaCapra argues in a similar way that scholarship has tended to engage in the 'documentary' aspect of texts while ignoring what may be called the 'worklike' aspect of the texts and their capacity to produce effects on their readers in different historical moments. He argues texts bring in the world something that did not exist before through alteration and transformation of their readers or by their recitation.㊺ Thus through recitation a monastic may transverse a particular itinerary in the course of spiritual progress. ㊻

For instance Andrew Huxley considered that one of the functions of the Vinaya was to create a leader like the Buddha who could act like a physician in recommending medicine.㊼ Another approach by Bernard Faure has considered that the Vinaya as a 'literary document and not as a legal document'. ㊽ Faure argues we should examine the Vinaya "performative function." Implicit in this approach is the idea that texts have the ability through recitation to transform people.㊾

The "confession ceremony" (see later) as I shall therefore argue

---

㊹ Nattier, Jan *A Few Good Men: The Bodhisattva Path According to the Inquiry of Ugra (Ugrarparipṛccha): A study of Translation* Honolulu: University of Hawaii Press, 2003, 63.

㊺ LaCapra, Dominick *Rethinking Intellectual History: Texts, Contexts, Languages* Ithaca: Cornell University Press, 1983, 30.

㊻ Hadot Pierre *Philosophy as a Way of Life: Spiritual Exercises from Socrates to Foucault* Oxford: Blackwell, 1995, 64.

㊼ Huxley, Andrew "The Vinaya Legal System or Performance Enhancing Drug?" *The Buddhist Forum* ed. T. Skorupski, London: SOAS, 1996, 141-164. "Buddhist Law as a Religious System" in *Religion, Law and Tradition* ed. Huxley, Andrew London: Routledgecurzon, 2002, 127-147.

㊽ Faure, Bernard *The Red Thread; Buddhist Approaches to Sexuality* Princeton: Princeton University Press 1998, 66.

㊾ LaCapra, Dominick op. cit. 40.

is more than a device to purge impurities and promote a subsequent return to health.(50) The recitation also creates subjectivity through active monastic participation in the meaning of the text.

This approach might be supplemented, with the advent of the work of Foucault,(51) and other post-structural approaches to the study of monasticism.(52) This body of work reveals that a sociological approach to the rules might be rewarding (to supplement the philological), in that such an approach might show how rules operated in actual practice.(53)

---

(50) Gombrich, Richard "Pātimokka Purgative" in *Studies in Buddhism and Culture in Honour of Professor Dr. Egaku Mayeda on his sixty-fifth Birthday*, edited by the Editorial Committee Tokyo: Sankibo Busshorin, 1991, 31-38.

(51) While his pioneering studies such as *Discipline and Punish* and the three volumes on the *History of Sexuality* have been available for some time only recently have some of his lectures become available.

(52) Asad, Talad *Genealogies of Religion* Baltimore: John Hopkins University Press, 1993; Schroeder, Caroline *Monastic Bodies: Discipline and Salvation in Shenoute of Atripe* Philadelphia: University of Pennsylvania Press, 2007; Dunn, Marilyn *The Emergence of Monasticism: From Desert Fathers to the Middle Ages* Oxford: Blackwell, 2000; For a similar approach on recent monasticism in Sri Lanka see Abeysekara, Ananda *Colours of the Robe: Religion, Identity, and Difference* Columbia, C.A. :University of South Carolina Press, 2002. For an insightful Foucault approach to the "body" in Theravāda Buddhism, see Collins, Steven "The Body in Theravāda Buddhism" in *Religion and the Body* edited Sarah, Coakley, Cambridge: Cambridge University Press, 1997, 185-204.

(53) For an expanded account of the use of Foucault's methods in new testamentary studies see Castelli, op. cit. 20. In a similar way Coward writes that we should search to ascertain the relationship between a religious community and its particular form of scriptures. He argues that the postmodern approach no longer sees scriptures as "museum pieces for historical critical analysis, but (we should) recognize them to be products of human perception and interaction". See Coward, Harold "The Role of Scriptures in the Self-Definition of Hinduism and Buddhism in India" *Studies in Religion* 21, 2 (1992) 129 and 143.

An examination of Foucault's work shows how discourses ⑤④ operating at all levels in a religious community constructed a particular monastic subject and how an individual monk or nun could become complicit in a form of collective discipline and self discipline. Such an approach might show how, within the Sangha, there was a "versatile equilibrium" between institutional power and the ability of monks and monks to construct their own subjectivity in relation to that power.⑤⑤

Foucault in his *Use of Pleasure* elaborated how an understanding of sexuality in society might proceed.⑤⑥ His understandings are useful to reveal the processes of the shaping of the monastic subject. Foucault indicates that such an inquiry might proceed along three axes.⑤⑦ First, we might analysis how certain power relations regulate institutional behavior. Second, we might discern how certain discursive practices articulate sexuality. Third, we might examine how subjects may be led to practice on themselves to deal with the "hermeneutics of desire". I take these three lines of investigation to be illustrated in the confession ritual.

Foucault shows that this type of inquiry might proceed further should we examine the process of subjectification by studying both what may be called "institutional arrangements", *and* through "techniques of the self"".⑤⑧

---

⑤④ By the expression "discourse" I mean ways of speaking about a subject. Such discourse contains elements of expectation, and reflects institutional power and authority that a certain course of action is appropriate.

⑤⑤ Foucault, Michel "About the Beginnings of the Hermeneutics of the Self: Two Lectures at Dartmouth" *Political Theory* 2, 2 (1993) 203-4.

⑤⑥ *The History of Sexuality Volume Two* op. cit. 4.

⑤⑦ ibid. 4. I change the order of these three ways of proceeding for explanatory purposes.

⑤⑧ Foucault was interested in the interaction of these two factors individual as he instructs they "hardly ever function separately." Foucault "Technologies of the Self" op. cit. 18.

I see these "institutional arrangements" as the internal corporative arrangements of Buddhist monasticism. The Sangha had a dispute procedure and a formal mode of operating, so as to minimize internal resentments and to maintain discipline.(59) Elsewhere it has been explained how the Sangha ideals of communal harmony and shared ideals, combined with values and practices fostered a spiritual community Another attribute of 'community' was that monastics could correct each other when infractions from the Vinaya appeared.(60) Finally, while I note how confession is a process which encouraged and assisted personal growth and transformation towards Enlightenment, my stress is on how confession had disciplinary consequences.

The Buddha adopted a system of discipline centered on a series of actual communities which must come together in their respective territories twice a month to confess their faults and recite their common code of conduct. The legal personality of the Sangha was thus qualified by a method of self-discipline which itself defined the legal personality from within.

While the Sangha was based on a system of equality, explicit within Sangha was a system of hierarchy that senior monks should be respected. This was the case even if a younger monk was more learned or spiritual advanced.(61) Each monk had a preceptor,(62) which he met on a regular basis. The preceptor was extolled by the

---

(59) Grievances and schismatic tendencies must be reduced to a minimum within monastic communities. For this reason schism making is listed as one of the offence in the Vinaya. See V.P. 3.172, B.D. 1.296-303. The offence against making schisms is Sanghadesia 10.

(60) See Voyce op. cit; Harvey, Peter *An Introduction to Buddhist Ethics*Cambridge: Cambridge University Press, 2000, 97.

(61) Harvey, Peter *An Introduction to Buddhist Ethics* ibid. 96.

(62) V.P. 1.46-49, B.D. 4.58-67, V.P. 2.222-227. B.D. 5.311-317; M. Wijayaratna, Mohan *Buddhist Monastic Life* op. cit.137-140; (Griffiths, Paul *Religious Reading: The Place of Reading in the Practice of Religion* Oxford: Oxford University Press, 1999) 114.

Vinaya to look upon his disciple as a son and the pupil must look to his preceptor as a father.⑥③ The implication is that a preceptor taught the skills of monastic life and how to behave.

I have suggested that the Vinaya as a form of discipline and training may be also seen as a "technique of the self". Foucault spells out what he means by techniques of the self. They are those means by which:

> individuals to effect, by their own means, a certain number of operations on their own bodies, on their own souls, on their own thoughts, on their own conduct, and this is in a manner so as to transform themselves, modify themselves, and to attain a state of perfection, of happiness, of purity of supernatural power, and so on.⑥④

In the context of the Vinaya these may be variously seen be seen as meditative practices,⑥⑤ the memorization of texts,⑥⑥ and the recitation of the monthly Pātimokkha. Of importance here is the confession.

---

⑥③ V.P 1.45, B.D. 4.59.

⑥④ Foucault, Michel "About the Beginnings of the Hermeneutics of the Self" op. cit. 203.

⑥⑤ Meditation in the various forms within the Theravāda traditions is a contemplative discipline leading to personal transformation. We may say that meditation is a technology that is intended to free the practitioner from their prior cognitive conditioning. See Sharf, Robert "Ritual" in *Critical Terms for the Study of Buddhism* edited Lopez, Donald, Chicago: University of Chicago Press, 2005, 260. For recent monographs which outline this system see Shaw, Sarah *Buddhist Meditation: An Anthology of Texts from the Pāli Canon* London: Routledge, 2008; Wynne, Alexander *The Origin of Buddhist Meditation* London: Routledge, 2007.

⑥⑥ It was expected that each monk (in the case of the Theravāda) would memorize the 227 rules contained in the Pāli Pātimokkha. As evidence of such practice,

3. The Role of Confession in the Sangha

The Pātimokkha was recited at the Uposatha ceremony which took place every month on the full and new moon. On this occasion the senior monk present would recite the Pātimokka after a brief preamble. At the end of each category of offence the senior monk would ask three times if any present were pure. Each monk would then confess if that was appropriate.⑥⑦

The development of the Uposatha ceremony went through several stages. We are told that King Bimbisara of Magadha bought to the attention of the Buddha that other Paribbājakas met regularly on the eight, fourteenth and fifteenth days of the fortnight to preach their dharma. As a result of which they grew in fame and popularity. As the king wished the Sangha would do the same the Buddha ordered accordingly.⑥⑧

The recital of the Pātimokkha (Pratimoksa : skt) with its body of training rules (sikkhapada) invites a discussion on the meaning of the word Pātimokkha to assist us in understanding the role of the Uposatha and the role of confession generally.

Many scholars now agree that the recitation of this code seems to have undergone at least three stages of development.⑥⑨ In the

---

we have the account, at about the beginning of the Christian era, of how monks memorized texts. Evidence of monastic life may be glimpsed from the accounts of early Chinese pilgrims and inferred from the ruins of Nalanda. One account narrates how each candidate had to read the larger Vinaya Piṭaka "day after day and is examined every morning". For an explanation of these matters and citations to original texts see Phillips op. cit. 114 -124. For recent examples and literature on text memorization in the Tibetan tradition see Dreyfus, Georges *The Sound of Two Hands Clapping: The Education of Tibetan Buddhist Monk* Berkeley: University of California, 2003.

⑥⑦ Gombrich op. cit. 109.

⑥⑧ V.P. 1.101.

⑥⑨ Prebish, Charles *Buddhist Monastic Discipline: The Sanskrit Pratimoksa of the Mahasamghikas and the Mulasarvasarvadins* University Park: Pennsylvania State University Press, 1975.

first stage it may be seen confession of faith. The second stage it may be seen as a device to bring home to monks the rules and the third stage as a ritual liturgy. None of these stages prelude the former one.

Etymological examination of this word indicates the term has been interpreted from disburdening or getting free(70) to that which binds, obligatory.(71) Winternitz(72) associated the word with redemption based on his reading of the Jātakas. Pachow(73) from his comparative study of the Chinese and Tibetan translations interpreted the word as 'deliverance, liberation emancipation.

Confession was an individual affair,(74) although willful suppression of a transgression was an offence(75) and it was an offence to help a fellow monk conceal an offence that he has committed.(76)

However, we find what seems to be the development of a new tradition(77) in what can only be later parts of the Mahāvagga(78) and Cullavagga.(79) Here we find verses which appear to be subsequent legislation to the effect that no guilty monk must participate in the Pātimokkha recital. At the same time we will recall that every monk must attend the Uposatha and that the ceremony cannot be performed even in the absence of one member.

---

(70) V.T.1. pp. xxvii-xxviii.

(71) Thomas, Edward *The History of Buddhist Thought* London, Routledge, 1963, 15, n.1.

(72) Winternitz, Moriz *The History of Indian Literature* Calcutta: University of Calcutta Press, 1927, vol. 2, p. 22, n. 2.

(73) Pachow *A Comparative Study of the Pratimoksa* vol. 4, 1. p. 20.

(74) V.P. 1.103, B.D. 4.133.

(75) V.1. 126, B.D. 4.167.

(76) V.P. 4.127, B.D. 3.7. (Pacittiya 64).

(77) Dhirasekera op. cit. p. 100.

(78) V.P. 1.125, B.D. 4.167.

(79) V.P. 2.240, B.D. 5.336.

One way around this conflict is for monks to confess their guilt to a group of monks or to an individual.(80) Upon his confession he will be allowed to participate in the recital. Even if he remembers during the recital an offence he has committed, he only need confess it to a fellow Bhikkhu who sits beside him.(81)

This private confession offered the transgressing monks shelter from public scrutiny of the assembly of monks.(82) This would seem to lessen the effectiveness of confession as we have seen the effect of shaming as a control mechanism when the offenders behaviour is revealed to the participants of a tribe or village.(83) This lack of public scrutiny from other monks in general does not lesson the rich potential of confession for personal growth and development.(84) As regards scrutiny outside the Sangha we must remember that the "offences" are offences only within the limits of the monastic code and are not offences at civil law: confession to the public at large would be irrelevant and unnecessary.

In regard to confession, I should also mention the Pavāranā ritual(85) which comes at the end of the annual rains retreat as part of the observance known as Vassavasa. This is a ritual which is a further safeguard to monastic discipline. Each Bhikkhu makes the Sangha, with whom he has spent the retreat, the judge of his conduct and he requests them to declare if they have seen, heard or suspected whether he is guilty of any transgressions.(86)

This request for public scrutiny of a monk's conduct is made by each member of the Sangha in turn. In the Pātimokkha service

---

(80) V.P. 1.126, B.D. 4.167-8.

(81) ibid.

(82) Dhirasekera op. cit. 100.

(83) Infra.

(84) See Attwood, Jayarava "Did King Ajātasattu Confess to the Buddha, and did the Buddha Forgive Him?" *Journal of Buddhist Ethics* 15, 2008.

(85) V.P. 1.159, B.D. 4.211. See also Upasak, Chandrika *Dictionary of Early Monastic Terms* Varanasi: Bharati Prakashan,1975, 147-49.

(86) V.P. 1.159, B.D. 4.211-212.

each monk individually confessed his own faults. However, in the Pavāranā service each monk transfers this initiative to the collective body of the Sangha. We can conclude that this was a confessional service with a difference, since the onus was placed on the Sangha to point out wrongs of individuals. This may seem strange, but we must remember that as every monk must bear the consequences of the actions of his fellow monks (87) it is appropriate he should utter remonstration of his fellows. We might also contemplate that the intense atmosphere of a long retreat made fellow monks and nuns well aware of even the smallest of infractions and these needed to be confessed to deal effectively with group resentments. At the end of the Pavāranā there was a distribution of robes (Kathina).(88)

4. The Subjective and Objective Role of Confession

What is the role of "confession" in the religious life generally? Confession involves the "making known or acknowledgment of ones faults or wrong doings".(89) However, the word "confession" requires a culturally specific definition.

As regards the public face of confession, confession normally occurs in a ritualized context which transcends the offender in that a confession may have public consequences.(90) In many contexts it

---

(87) As I point out later confession and the public display of some forms of behaviour of monastic life would help or discourage donations on which the Sangha depended.

(88) V.P. 1.253, B.D. 4.351. On the Pavāranā ceremony see Chang, Kun *A Comparative Study of the Kathinavastu* Amsterdam: Mouton, 1957; Bechert Heinz "Some Remarks on the Kathina Rite" *Journal of the Bihar Research Society* 54 (1968) 319-329.

(89) *Shorter Oxford English Dictionary*, Oxford University Press, 1973, 395.

(90) See Bianchi, Ugo entry "Confession of Sins" in *Encyclopaedia of Religion* edited Eliade, Marcia, New York: Macmillian, 1987, 198 ; Hepworth, Mike and Turner, Bryan *Confession: Studies in Deviance and Religion* London: Routledge, 1982, 6-15.

is undertaken not only in the interests of the one confessing, but the whole community.

Confession is often associated with the full admission of personal guilt for misdemeanors.(91) In Christianity confession was originally part of the sacrament of penance which involves contrition, confession, satisfaction and absolution. The institution presupposes a theory of individual guilt, a moral order against which sins are committed and a system of authority which can receive sins and give absolution.(92)

This approach needs adjustment in the context of early Buddhism as there is no equivalent concept of what be called "sin" in Buddhism as understood by Christianity. In Buddhism the root of evil is ignorance and false views.(93) Furthermore in Theravada Buddhism there is no list of transgressions which can be dissolved by mechanistic absolution as Theravada Buddhism does not contain the concept of penances. In other words the consequences of ones actions cannot be escaped as "kamma ripens without fail."(94) At the same time Buddhist monks did not have sacramental powers to absolve misdemeanors.(95)

While there is a body of research on the psychology of confession(96) and the disciplinary implications of confession in

---

(91) Hepworth and Turner op. cit. 66.

(92) Ibid.

(93) Rahula,Walpola *What the Buddha Taught* Woking: Gordon Fraser, 1972.

(94) See A, v 292. See also Attwood, Jayarava "Did King Ajātasatttu Confess to the Buddha, and did the Buddha Forgive Him?" *Journal of Buddhist Ethics* 15 (2008) 279-307; Gombrich, Richard *Theravāda Buddhism* London: Routledge, 2006, 108.

(95) Hepworth and Turner op. cit. 42-43.

(96) See Berggren, Erik *The Psychology of Confession* Leiden: E.J Brill, 1975. The other major figure in the area of confession is Freud; see Hutton, Patrick, "Foucault, Freud and The Technologies of the Self" in edited Martin, Luther Gutman, Huck and Hutton, Patrick *Technologies of the Self: A Seminar with*

Christianity(97) few scholars have considered confession in the Buddhist context and its role in shaping the external and internal discipline of Buddhist monastics.(98) My concern in this article is limited to critique the disciplinary aspects of confession. This does not detract from the obvious therapeutic and spiritual aspects of confession. I wish to concentrate on the disciplinary aspects of confession in the early Buddhist period as revealed by the Pāli texts.

There is evidence of how confession works as the necessary prerequisite to an important ritual or activity. It was seen as necessary for Christians to confess their sins before partaking of Holy Communion,(99) or before "making a gift upon the altar".(100) It may be just as important for small tribes of people to individually confess before they partake of new crops(101) or go fishing.(102) In line

---

M. Foucault" op. cit. 121-144 ; Todd, Elizabeth "The Value of Confession and Forgiveness According to Jung" *Journal of Religion and Health* 24,1 (1985) 39-48; Beasley, Tina "Self-Denial or Self-Mastery? Foucault's Genealogy of the Confessional Self" *British Journal of Guidance & Counselling* 33, 3 (2005) 365-382.

(97) See Hepworth and Turner op. cit; Tambling, Jeremy *Confession: Sexuality, Sin, the Subject* Manchester: Manchester University Press, 1990; Tentler, Thomas *Sin and Confession on the eve of the Reformation* New Jersey: Princeton University Press, 1977; Haliczer,Stephen *Sexuality in the Confessional: A Sacrament Profaned*, Oxford: Oxford University Press, 1996.

(98) The best indication is in Derrett, J.D.M. (Duncan) "Confession in Early Buddhism" in *Bauddhāvidyasudhākaraḥ, Studies in Honour of Heinz Bechert* edited Kieffer-Pulz, Petra and Hartmann, Jens-Uwe, Swisttal-Odendorf: Indica et Tibetica Verlag, 1997, 55-62.

(99) Dix, Gregory *The Shape of the Liturgy* London: Dacre Press, 1945, 753.

(100) Matthew V, 23-24.

(101) Frazer, James *The Golden Bough, Spirits of the Corn and Wild* London: Macmillan, 1912.

(102) Ibid.

with this approach I have noted how monks should confess their faults before each section of the Pātimokkha and before they leave their annual retreat.[103]

What were the mental processes involved in the confession ritual for the confessor and for the confessant? In other words given Foucault's ideas on the "techniques of the self" how did, what we may now call as "the examination", shape the confessors sense of self and the role of this procedure in the disciplinary process?

In Theravada Buddhism the confession ritual might be well called a "truth telling" as this neutral expression is more appropriate, in that it excludes the idea of an admission of guilt as in the Christian sense with the need for absolution. As Jayarava Attwood suggests, finding an appropriate English word for the Pāli word *paṭikaroti*, which has been translated as "confession", is difficult.[104] Some scholarship has unfortunately made an inference of connecting confession in the Buddhist context to ideas of sin and forgiveness.[105] In this work however I keep the expression

---

[103] As Buddhism spread through out Asia, Pettazzoni argued that the forms of ritualised confession began to emerge along with the conception of sin as pollution. Pettazzoni argued that confession served the function of purification or the eradication of the defilement of the offence rather than being aimed at restoring the collective harmony of the community. He argued this emphasis shows a return to the magico-religious conceptions of Brahmanism. (See Pettazzoni, Rafaele *La Confessione Dei Peccati*, Volume Secondo, Bologna: Forni Editore 1929-36.)

[104] Op. cit. 300.

[105] See Childers, Robert *A Dictionary of the Pāli Language* London: Trubner, 1875, as regards the word *accayo* and the reference to the word *sin* in the context of this word. Relevant here is also the word *patikaroti* (discussed later) which is defined by Rhys Davids as "to make amends, repair for a *sin*, expiate", (my stress) see *Pāli Text Society's Pāli English Dictionary* op. cit. 392. The word confession is linked to with the idea of guilt by some modern writers, see Murray-Swank, Aron "Understanding Spiritual Confession: A Review and Theoretical Synthesis" *Mental Health Religion & Culture* 10, 3 (2007) 275-291.

"confession" to avoid confusion.

What are the mental and physical stages a "confessor" has to go through in the Vinaya? I envisage there are several discreet stages. The process contrasts with that contained in Jainism.[106]

My objective here is to follow Attwood's suggestion, that the deployment of Foucault's ideas might be instructive in this context. I take it that he is suggesting we must move beyond a pure textual approach to the study of confession in Theravada Buddhist texts, to show how the "confession ritual" acted in an organizational setting to create a "self-disciplined" and "institutionalized disciplined" monastic. I build on this suggestion to show how the Vinaya operated in an institution to assist in the monitoring, shaping and molding of monastics as objects of disciplines, and to enforce and encourage self-scrutinizing and self forming subjects into self discipline.

There are other paradigms for confession in the Sutta Piṭaka literature which are important as they indicate the social and psychological processes involved.[107] One text recommends immediate confession as one should not conceal the transgression for a moment.[108] It is also important to find a pure monk to confess

---

[106] In Jainism the process involves (1) the declaration of the fault, (2) the repentance, (3) the guilt which he feels in his own conscience, (4) his self-reproach in the presence of the guru, (5) the repudiation of the sin, (6) the total purification, (7) the firm purpose of amendment, (8) the performance of the appropriate atonement. See Caillat, Collette "Gleaning from Comparative Readings of Early Canonical Buddhist and Jaina Texts" *Journal of the International Association of Buddhist Studies* 26, 1 (2003) 39.

[107] See discussion by Attwood op. cit. 285-290. Attwood has found 13 occurrences of confession in the Pāli Nikāyas and the Vinaya. These are D. 1.85, 3.55; M. 1.440, 3.247; S. 2.28, 2.205; A. 1.238, 2.146, 4.377; V.P. 1.315, 2.124, 2.192, 4.18-19.

[108] See the *Ratana Suta in the Sutta Nipata* trans. Fausboll, Viggo, *Sacred Books of the East Vol. 10*, Oxford: Clarendon, 1881.

to, and if a collective group is not pure, a pure monk must be sought in another residence, so a confession may be made.(109) At the same time the confessant may be questioned about their motives and the genuineness of their confession.(110)

In order to understand confession several scholars have concentrated on the familiar passage in the Sāmaññaphala Sutta.(111) I acknowledge the difficulties of making a "disciplinary interpretation" of this Sutta, in the monastic context, as Ajātasattu, although, a king, was a lay person. While the Sutta thus presents a different context to that of the monastic situation, I suggest it is instructive as it shows the disciplinary implications I later refer to. (The four factors which indicate how a monk or nun was shaped by the confession process).

The Sutta contains the story of Ajātasattu who murders his father the king (Bimbisāra). Ajātasattu is stricken with remorse so he goes to the Buddha. The Buddha says:

> Indeed, King, transgression overcame you when you deprived your father, that good and just king, of his life. But since you have acknowledged the transgression and confessed it as is right, we will accept it. For he who acknowledges his transgression as such and confesses it for betterment in future, will grow in the noble discipline.(112)

---

(109) V.P. 1.126, B.D. 4.168-169.

(110) M. 1.440.

(111) This text has been variously translated. See Rhys Davids, Thomas and Rhys Davids, Caroline *Dialogues of the Buddha* London: Oxford University Press, 1910, 94-95; Walsh, Maurice *The Long Discourses of the Buddha: A Translation of the Digha Nikāya* Boston: Wisdom Publications, 1987, 1995, 108.

(112) Translated here by Walsh ibid. 108.

As a preliminary start to my "disciplinary focus" I ask "what has taken place in the Sutta examined?" There has been a proclamation or acknowledgment of fault, an acknowledgment to make amends (patikarosi) and an acceptance by the hearer of the utterance of "the confession". Crucial here is the meaning of the term *paṭikaroti*?' Both Rhys Davids(113) and Walsh(114) translate this term as "confess". *The Pāli English Dictionary* suggests "1. to redress, repair, make amends for a sin, expiate; 2. to act against, provide for, beware, be cautious."

Attwood who has discussed almost every occurrence of this word in the Pāli canon argues these interpretations do not seem appropriate.(115) He argues that that a straight forward English equivalent means "counteract" or "dhammicaly counteract". He also argues that "unmake", "undo" or "obstructs" also fits on etymological grounds.(116) One connotation of this term that may be transferred to the 'disciplinary context' is suggested by Derrett as "render it up" or "to work in accordance with what is expected to redress, to repair".(117)

The significance of this connotation is that the Ajātasattu story reveals how a monastic should "render up" to someone skilled in Buddhist legal terms. The wrongdoer confesses and asks the Buddha to accept the confession. The reciprocal activity involved here involves both the accepting of the confession and the acknowledgment that the applicant understands the offence and is disclosing it correctly.(118)

We are told that a monk should approach another monk, "having

---

(113) Op. cit.

(114) p. 108.

(115) Attwood op. cit. 299.

(116) Ibid 283.

(117) Derrett J.D. M. (Duncan) "Confession in Early Buddhism" op. cit. 58. Attwood does not agree with this interpretation.

(118) Ibid 59.

arranged his upper robe over one shoulder, having sat down on his haunches, having saluted him with joined palms, should speak thus to him: I your reverence, have fallen into such and such offence, "I confess it". It should be said by him: "Do you see it?" "Yes, I see it". "You should be restrained in the future".(119)

The process of confession in the Pāli canon(120) involves the recognition of wrongdoing (*accayo*(121)). The significance of this, as I have indicated, is that nothing can cancel wrongdoing out.(122) There is no liturgy for repentance, only for the possibility of a rational exhortation to learn from ones mistakes.(123) At best amends may be made through introspection and reflection. However as indicated these comments do not detract from the personal and spiritual benefits of confession.(124)

---

(119) B.D. 4.167.

(120) A. 1.103, trans. as *The Book of Gradual Sayings* vol. 1. op. cit. 89.

(121) Rhys David, Thomas and Stede, William *Pāli-English Dictionary* op. cit. 7, defines *accayo* "as going beyond (the norm) transgression, offence". Further as "fault has been overcome by me (as in the confession formula). Childers op. cit. at 8, defines *accayo* as "passing away, lapse (of time); death, transgression, offence, sin".

(122) Two modern writers give us the mental processes here. Chodron, says that there are four stages in the process of confession aimed at letting go of neurotic actions. They are being mindful of regret for the action, a refrain from the action, taking remedial action and the practice of a gentle, non judgmental resolve not to repeat the action, see Chodron, Pema *Start Where You Are: A Guide to Compassionate Living* Boston: Boston, 1994. Another modern Buddhist scholar says that a clear awareness of the unwholesome contents of one's own mind, a feeling of contrition for them, and a resolve to eliminate them, are indispensable preliminaries of the spiritual life. Sangharashita, Bhikhsu *A Survey of Buddhism* Bangalore: Institute of World Culture, 1996, 452.

(123) Gombrich op. cit. 108.

(124) See the rich analysis suggested by Attwood op. cit.

I conceive that there are four aspects to the way monks and nuns would be shaped by the confession process. My approach has been to use Foucault's writings to examine Buddhist texts to indicate how confession may have acted as part of the disciplinary process within a Buddhist monastic setting.

First, the confessor had to address the ethical territory he/she breached. This would mean the confessor reflecting on the precepts[125] and the idea of *sila* or morality. Under Buddhist teachings consideration might also be given to the nature of conditioned existence, and how wrongdoing may have been motivated by unskillful behavior, such as greed hatred or delusion.[126]

At the same time the confessor had to convince the confessant that he/she was telling the truth and that the confessor was revealing their genuine motivations. Implicit in this exchange was the need for the confessor to establish to his or hearers that that the confessant also believed in the confessors explanations.[127]

Second, there is another level within the "examination" or the "clinical procedure" offered by the recitation of the confession ritual in the context of the Pātimokkha recital. This is that the confessor had to frame their action into the appropriate legal category as a means of bringing awareness to their actions and so that they should see the action as an offence.[128] Thus by this process

---

[125] Precepts in Buddhism are rules or guidelines intended to shape the mind and the body. The precepts embody the appropriate morality or virtue that constitute the proper foundations for spiritual development, see Gertz, Daniel entry "precepts" in *Encyclopaedia of Buddhism* edited Robert Buswell, New York: Macmillan, 2003, 673.

[126] For texts which address basic Buddhist teachings see Harvey, Peter *An Introduction to Buddhist Ethics* op. cit.; Gombrich op. cit.; Rahula op. cit.

[127] Foucault, Michel "About the Beginnings of the Hermeneutics of the Self" op. cit. 211, f. n. 28.

[128] I take my inspiration here from Foucault and his expression the "clinical codification of the inducement to speak", see *The History of Sexuality Volume*

the confession enhanced the subjects own diagnostic examination. This process aided the confessor's self-examination and promoted their own consequent self regulation.⑫ This type of examination was consequently a form of self discipline as it involved self-scrutiny, self-evaluation, about the conduct of a monastics life, thus inviting consequent avowal, inspection and evaluation and self-regulation.⑬

This subjective process has a third aspect in that it forced the penitent to search through the inexhaustible linkages related to sensuality and sexual desire, so to unravel the web of desire and ignorance as to his/her mental condition.⑭ In other words the penitent must "be forever extending as far as possible the range of the their thoughts however insignificant and innocent this may be"⑮

Fourth, should the confession pertain to sexual behavior, however widely conceived, this type of conduct represented a rich area for religious experience and transformation.⑯ Confessions about the body and its desires serve as an index to character, individuality and the ability of a monastic to forge their own subjectivity.⑰ Some early Buddhist writings indicate⑱ a different

One op. cit. 65. While Foucault is writing of practices from later times, this is still an appropriate formulation here.

⑫ Prado, Carlos *Starting with Foucault* Colorado: Westview, 2000, 99.

⑬ Rose, Nicolas *Governing the Soul: The Shaping of the Private Self* London: Free Association Books, 1999, 245.

⑭ Foucault *The History of Sexuality* op. cit. 65.

⑮ Foucault, Michel "The Battle for Chastity" in *Michel Foucault Ethics: Subjectivity and Truth* edited Paul Rabinow, London: Allen and Lane, 1994, 195.

⑯ Foucault, Michel "Preface to Transgression" in *Religion and Culture: Michael Foucault* London: Routledge, 1999, 57-71.

⑰ Bernstein, Susan *Confessional Subjects: Revelations of Gender and Power in Victorian Literature* Chapel Hill: University of North Carolina, 1997, 17.

⑱ Buddhist perspectives on "sexuality" was not monolithic and varied across

approach to sexual conduct than perhaps is found in the Christian
world where sexual behavior was regarded as "bad".⑱ As Faure
argues sex never became an object of inquiry: a discussion of this
topic always occurred in other domains.⑰ In the early Buddhist
world⑱ sexual activity was seen as a distraction from the quest
for Enlightenment.⑲ Sexual desire was seen in early Buddhism
as a subset and as a special case of *kāmaccanda* or sensual desire
generally. What was "productive" about the power relations
between the confessor and the confessant was that sensual desire

---

Buddhist cultures. Like Faure, I assume the existence of a generic Buddhism
for heuristic purposes. See Faure, Bernard *Buddhist Approaches to Sexuality*
Princeton: Princeton University Press, 1998, 11. However, early Buddhism
seems to adopt a cautious attitude to sex as illustrated by various comments
in the canon such as the Buddha's comments that he knew of nothing that
"overpowers a mans mind so much as the form of a women" A. 3. 68.

⑱ Gross, Rita entry "Sexuality: Buddhist perspectives" in *Encyclopaedia of
Monasticism* edited William Johnston, Chicago: Fitzroy Dearborn, 2000 vol. 2,
1115. This comment by Gross is a vast generalization about "Christian culture"
for a wide variety of texts and cultures were in existence, from those cultures
reflected in the Old Testament to medieval times. Texts within this period also
vary on marriage, sex and family. See Brown, Peter *The Body and Society:
Men, Women and Sexual Renunciation in Early Christianity* New York:
Columbia University Press, 1988.

⑰ Other domains for instance might be medical are also not uniform on the
positions or astrological.

⑱ Sexual matters we are told by historians were discussed with a "matter of fact
and were discussed without inhibition or vulgar connotations". Meyer, Johan
Sexual Life In Ancient India: A Study of Comparative History of Indian Culture
London: Routledge, 1953, 214; Fiser, Ivo *Indian Erotic of the Oldest Period*
Prague: Acta Universitatis Carolinae Philological 14 , 1966, 43.

⑲ Gross op. cit; Gyatso, Janet "Sex" in *Critical Terms for the Study of Buddhism*
edited Donald Lopez, Chicago: University Chicago Press, 2005, 271-290.

was linked to sexual desire.⑩ Sexual desire, rather than being repressed, could thus be transformed into Enlightenment.

Thus discipline on the "productive body" produces knowledge about the body, the self and the power relations in which it was implicated.⑪ As Faure⑫ argues the facing of sexual and sensual desire represents a "pivoting" (skt. parāvṛtti) moment in that by confronting sexual energy transformation occurs.

While confession played an important "subjective role" in the spiritual life it also played a role to play in the "objective life" of the social structure of units such as the Buddhist Sangha. In this regard I have overviewed Foucault's critique of the form that discipline took in small scale social units such as monasteries and schools. While one text discounts confession, claiming it became a routine matter,⑬ it must have brought home to fellow monks

---

⑩ One view on the Buddhist notion of desire is that "desire" is not limited to sexual desire as sexual desire is assimilated in all forms of sensual desire. For instance carnal desires are associated with hunger and thirst or more exactly the eating of meat and drinking alcohol. Consequently non desire implies not only chastity, but vegetarianism and sobriety Faure op. cit. 17-18. Kornfield, Joseph and Goldstein, Jack *Seeking the Heart of Wisdom* Boston: Shambala, 1987, describes the process of working with the precept " misuse of sexuality'' as "conscious sexuality" by observing how often thoughts and feelings of sexuality arise and how they may be associated with love, tension, compulsion, caring , loneliness desire, greed, pleasure and so on.

⑪ For a good analysis along these lines on Middle Eastern monasticism, see Schroeder op. cit. 56-59.

⑫ Faure, *The Red Thread* op. cit. 4. (While Faure may be writing on issues contained within Yogacara philosophy his analysis is appropriate here); Glassman, Hank entry "sexuality" in *Encyclopaedia of Buddhism* op. cit. 764.

⑬ The Mahīśāsaka Vinaya negatively asserts this role for the Pātimokkha when it tells us that owing to repeated recitals of abridged texts of the Pātimokkha young monks failed to acquaint themselves with its contents Taisho Vol. 22, 127b, trans. by Dhirasekera op. cit. 78. For observations about monks meeting wayward conduct which might have been clear for all to observe. Moreover, while each monk or nun might be self reliant,[44] even those transient monks or nuns who acted in a socially awkward fashion must be made to conform, as they represented Buddhism to the laity on which the Sangha depended for donations.[45]

It was therefore appropriate to examine the confession as a means of supervision and control. Historians of Christianity have noted the role played by confession in the preservation of the social order.[46] John Aubrey commented that in Catholic England "there were the consciences of the people kept in so great awe by confession that just dealing and virtue were habitual."[47]

This article has attempted to examine the Vinaya as an "operational process" as regards the process of "subjectification". Implicit in this inquiry has been the role of institutional arrangements, training procedures and the ability of the subject to form its self. Central to this inquiry has been the role of power in the confession ritual.

Confession rituals illustrate Foucault's ideas of disseminated power relations in that both the client and the counselor are complicit in the production of subjectivity.[48] A monk or nun may stay in fellowship should they be complicit with the preceptor

---

for confession see Clarke, Warren *Buddhism in Translations* Cambridge, Massachusetts: Harvard University Press 1947, 406-7. We are told that the "priests retired two by two together, each pair knelt down face to face and made confession of their faults in whispers." This is an account of J.F. Dickson reporting his observation of confessional rituals in Ceylon in 1874.

[44] As Harvey has shown a monastic is only responsible for intentional acts see Harvey, Peter "Vinaya Principles for Assigning Degrees of Culpability" *Journal of Buddhist Ethics* 14 (1999).

[45] Gombrich *Theravāda Buddhism* op. cit. 80.

[46] Hepworth and Turner op. cit. 53.

[47] Thomas, Keith *Religion and the Decline of Magic* London: Penguin, 1971, 184.

[48] Asad op. cit. 103.

or confessant in conceding their fault in terms of the code and adopt a system of self discipline. The confession was therefore collaborative activity that sustained the authority and relationship between the Sangha and the monk.

I argue confession does more than the restoration of penitent into the community of monastics and to legitimate proper concepts of behaviour and belief. The role of confession is not merely the narration of an indiscretion from one monastic to another, or to bring the "impalpable operations of consciousness under the regulation of the moral code".㊾

The recitation works on other levels disburdens and sets a person free at the same time the recitation creates a bond of meaning where individual wrongdoers are bought into line and social relationships cemented with laity. The recitation of the Patimokkha has 'a work like ability to transform and bring into the listeners mind something that was not there before'.

㊾ Black, Elizabeth *Rhetorical Questions: Studies in Public Discourse* Chicago: University of Chicago, 1992, 64.

Abbreviations

A. : Aṅguttara Nikāya
B.D. : Book of Discipline
D. : Dīgha Nikāya
M. : Majjhima Nikāya
S. : Saṃyutta Nikāya
V.P. : Vinaya Piṭaka

Buddhist Texts

Aṅguttara Nikāya trans. Woodward, Frank and Hare, Edward (1930-36) *The Book of Gradual Sayings*. London: Oxford University Press.

Digha Nikāya trans. Rhys Davids, Thomas and Rhys Davids, Caroline (1910) *Dialogues of the Buddha*. London: Oxford University Press.

Digha Nikāya trans. Walsh, Maurice (1987) *The Long Discourses of the Buddha: A Translation of the Digha Nikaya*. Boston: Wisdom Publications.

Majjhima Nikaya trans. Horner, Isaline (1954-59) *Middle Length Sayings*. London: Pāli Text Society London, Luzac.

Pātimokka trans. Rhys Davids, Thomas and Oldenberg, Hermann (1981) *Vinaya Texts: Sacred Books of the East Vol. 13*. Oxford: Clarendon Press, 1-69.

Pātimokkha ed. Pruitt, William and trans. Norman, Kenneth (2001), Oxford: Pāli Text Society.

Vinaya Piṭaka trans. Horner, Isaline (1949-1966) *The Book of the Discipline*. London: Pāli Text Society London, Luzac.

Saṃyutta Nikāya trans. Rhys Davids, Caroline and Woodward (1917-30) *The Book of Kindred Sayings*. Oxford: Pāli Text Society, Oxford University Press.

Sutta Nipata trans. Fausboll, Viggo (1881), *Sacred Books of the East Vol. 10*. Oxford: Clarendon Press.

Rules for Nuns according to the Dharmaguptakavinaya: The Discipline in Four Parts (2002) trans. Ann Hierman, Delhi: Motilal Banarasidass.

Bibliography

Abeysekara, Ananda *Colours of the Robe: Religion, Identity, and Difference*. Columbia. S. C: University of South Carolina Press, 2002.

Afary, Janet and Anderson, Kevin *Foucault and the Iranian Revolution*. Chicago: University of Chicago Press, 2005.

Ali, Daud "Technologies of the Self: Courtly Artifice and Monastic Discipline in Early India" *Journal of the Economic and Social History of the Orient* 41, 2, (1998) 159-84.

Asad, Talal *Genealogies of Religion*. Baltimore: John Hopkins University Press, 1993.

Attwood, Jayarava "Did King Ajātasatttu Confess to the Buddha, and did the Buddha Forgive Him?" *Journal of Buddhist Ethics* 15, 2008.

Austin, John *How to do Things with Words*. Oxford: Oxford University, 1976.

Basham, Arthur "The Rise of Buddhism, in its Historical Context" *Asian Studies* 4, (1966) 395-411.

Beasley, Tina "Self-Denial or Self-Mastery? Foucault's Genealogy of the Confessional Self" *British Journal of Guidance & Counselling* 33, 3, (2005) 365-382.

Bechert, Heinz "Some Remarks on the Kathina Rite" *Journal of the Bihar Research Society* 54 (1968) 319-329.

Bendle, Mervyn "Foucault, Religion and Governmentality" *Australian Religion Studies Review* 15, 1 (2002) 11-26.

Berggren, Erik *The Psychology of Confession*. Leiden: E.J. Brill, 1975.

Bernauer, James *Michel Foucault's Force of Flight*. London: Humanities Press, 1960.

Bernauer, James and Carrette, Jeremy *Michel Foucault and Theology: The Politics of Religious Experience*. Ashgate: Burlington, 2002.

Bernstein, Susan *Confessional Subjects: Revelations of Gender and Power in Victorian Literature*. Chapel Hill: University of North Carolina, 1997.

Bianchi, Ugo "Confession of Sins" in *Encyclopaedia of Religion* edited Marcia Eliade, New York: Macmillian (1987) 862-4.

Boyarin, Daniel and Castelli, Elizabeth "Introduction: Foucault's History of Sexuality: The Fourth Volume, or A Field Left for Others to Till" *Journal of the History of Sexuality* 10, 3-4 (2001) 357-374.

Black, Elizabeth *Rhetorical Questions: Studies in Public Discourse*. Chicago: University of Chicago, 1992.

Brown, Peter *The Body and Society: Men, Women and the Sexual Revolution in Early Christianity*. New York: Columbia University Press, 1988.

Caillat, Colette "Gleaning from Comparative Readings of Early Canonical Buddhist and Jaina Texts" *Journal of the International Association of Buddhist Studies* 26, 1 (2003) 25-50.

Carrette, Jeremy *Religion and Culture by Michael Foucault* edited Jeremy Carrette, London: Routledge, 1999.

Carrette, Jeremy *Foucault and Religion: Spiritual Corporality and Political Spirituality*. London: Routledge, 2000.

Cassian, John *The Institutes* trans. Boniface Ramsey, New York: Newman Press, 2000.

Castelli, Elizabeth "Interpretations of Power in 1 Corinthians" in *Michel Foucault and Theology: The Politics of Religious Experience* edited Bernauer, James and Carrette, Jeremy, Ashgate: Burlington, 2002, 19-38.

Chang, Kun *A Comparative Study of the Kathinavastu*. Amsterdam: Mouton, 1957.

Childers, Robert *A Dictionary of the Pāli Language*. London: Trubner, 1875.

Chodron, Pema *Start Where You Are: A Guide to Compassionate Living*. Boston: Shambala, 1994.

Clarke, Warren *Buddhism in Translations*. Cambridge Massachusetts: Harvard University Press, 1947.

Coakley, Sarah edited *Religion and the Body*. Cambridge: Cambridge University Press, 1997.

Collett, Alice "Buddhism and Gender: Reframing and Refocusing the Debate" *Journal of the Feminist Studies in Religion* 22, 2 (2006) 55-84.

Collins, Steven "The Body in Theravāda Buddhism" in *Religion and the Body* edited Sarah Coakley, Cambridge: Cambridge University Press, 1997, 185-204.

Collins, Steven *Selfless Persons: Imagery and Thought in Theravāda Buddhism*. Cambridge: Cambridge University Press, 1982.

Coward, Harold "The Role of Scriptures in the Self-Definition of Hinduism and Buddhism in India" *Studies in Religion*, 21, 2 (1992).

Davidson, Arnold "Ethics as Ascetics: Foucault, the History of Ethics and Ancient Thought." in *Cambridge Companion to Foucault* edited Gary Gutting, Cambridge: Cambridge University Press, 1994, 115-140.

Derrett, J.D.M. (Duncan) "Confession in Early Buddhism" in *Bauddhavidyāsudhākaraḥ, Studies in Honour of Heinz Bechert* edited Petra Kieffer-Pulz and Jens-Uwe Hartmann, Swisttal-Odendorf: Indica et Tibetica Verlag, 1997, 55-62.

Dhirasekera, Jotiya *Buddhist Monastic Discipline, A Study of its Origins and Development in Relation to the Sutta and Vinaya Piṭaka*. Colombo: Gunasena, 1982.

Dix, Gregory *The Shape of the Liturgy*. London: Dacre Press, 1945.

Dreyfus, Georges *The Sound of Two Hands Clapping: The Education of Tibetan Buddhist Monk*. Berkeley: University of California, Berkeley, 2003.

Dunn, Marilyn *The Emergence of Monasticism: From Desert Fathers to the Middle Ages*. Oxford: Blackwell, 2000.

Dutt, Sukumar *Early Buddhist Monarchism*. London: George Allen and Unwin, 1960.

Dutt, Sakumar *Buddhist Monks and Monasteries of India*. London: George Allen and Unwin, 1962.

Faure, Bernard *The Red Thread: Buddhist Approaches to Sexuality*. Princeton: Princeton University Press, 1998.

Finnegan, Damcho *For the Sake of Women, Too: Ethics and Gender in the Narratives of the Mulasarvastivada Vinaya*. Doctoral Thesis University of Wisconsin-Madison, 2009.

Fiser Ivo *Indian Erotic of the Oldest Period*. Prague: Acta Universitatis Carolinae Philological XIV, 1966.

Foucault, Michel *The History of Sexuality Volume 1*. London: Penguin, 1976.

Foucault, Michel *Power/Knowledge: Selected Interviews and Other Writings* edited Colin Gordon, Brighton: Harvester, 1980.

Foucault, Michel *The Use of Pleasure: The History of Sexuality Volume 2*. London: Penguin, 1984.

Foucault, Michel *The Care of the Self: The History of Sexuality Volume 3*. London: Penguin, 1986.

Foucault, Michel "Technologies of the Self" *Technologies of the Self: A Seminar with Michel Foucault* edited Luther, Martin, Huck Gutman and Patrick Hutton, Amherst: University of Massachusetts Press, 1988, 16-49.

Foucault, Michel "Nietzsche, Genealogy, History." in *The Foucault Reader: An Introduction to Foucault* edited Paul Rabinow, Cambridge: Cambridge University Press, 1991.

Foucault, Michel *Discipline and Punish: The Birth of the Prison*. London: Penguin, 1991.

Foucault, Michel "About the Beginnings of the Hermeneutics of the Self: Two Lectures at Dartmouth" *Political Theory* 2, 2 (1993) 198-227.

Foucault, Michel "The Battle for Chastity" in *Michel Foucault Ethics: Subjectivity and Truth* edited Paul Rabinow, London: Allen and Lane, 1994, 185-197.

Foucault, Michel "Subjectivity and Truth" *The Politics of Truth*. Los Angeles: Semitext(e), 1997, 199-236.

Foucault, Michel (1999) "A Stay in a Zen Temple" in *Religion and Culture by Michel Foucault* edited Jeremy Carrette, New York: Routledge Press, 1999, 110-114.

Foucault, Michel "*A Preface to Transgression*" in *Religion and Culture by Michael Foucault* edited Jeremy Carrette, London: Routledge, 1999, 57-71.

Foucault, Michel *Hermeneutique du Sujet: Cours au College de France 1981-1982* edited by Fredrick Gros, Paris Editions de Seuil, 2001.

Foucault, Michel *The Hermeneutics of the Subject: Lectures at the College De France, 1981-82*. Hounsmill: Palgrave, 2004.

Frazer, James *The Golden Bough, Spirits of the Corn and Wild*. London: Macmillan, 1912.

Furseth, Ingel and Repsted, Pal *An Introduction to the Sociology of Religion*. Aldershot: Ashgate, 2006.

Gertz, Daniel entry "precepts" in *Encyclopaedia of Buddhism* edited Robert Buswell, New York: Macmillan, 2003, 673-675.

Glassman, Hank entry "Sexuality" in *Encyclopaedia of Buddhism* edited Robert Buswell, New York: Macmillan, 2003, 459-461.

Gombrich, Richard "Pātimokka Purgative" in *Studies in Buddhism and Culture in Honour of Professor Dr. Egaku Mayeda on his sixty-fifth Birthday*, edited by the Editorial Committee, Tokyo: Sankibo Busshorin, 1991, 31-38.

Gombrich, Richard *Theravāda Buddhism*. London: Routledge, 2006.

Griffiths, Paul *Religious Reading: The Place of Reading in the Practice of Religion*. Oxford: Oxford University Press, 1999.

Gross, Rita entry "Sexuality: Buddhist perspectives" in *Encyclopaedia of Monasticism* edited William Johnston, vol. 2. Chicago: Fitzroy Dearborn, 2000, 1114-6.

Gyatso, Janet "Sex" in *Critical Terms for the Study of Buddhism* edited Donald Lopez, Chicago: University Chicago Press, 2005, 271-290.

Hamilton, Susan *Identity and Experience: The Constitution of the Human Being According to Early Buddhism*. London: Luzac Oriental, 1996

Hadot, Pierre *Philosophy as a Way of Life: Spiritual Exercises from Socrates to Foucault*. Oxford: Blackwell, 1995.

Haliczer, Stephen *Sexuality in the Confessional: A Sacrament Profaned*. Oxford: Oxford University Press, 1996.

Hansen, Anne *How to Behave: Buddhism and Modernity in Colonial Cambodia 1860-1930*. Honolulu: University of Hawaii Press, 2007.

Hara, Minoru "A Note on the Vinaya" in *Festschrift in Honour of the 80th Birthday of K.R. Norman* edited Von Hinüber, Oskar, Gethin, Rupert and Allon, Mark, Bristol: Pāli Text Society, 2007, 285-311.

Harvey, Peter "Vinaya Principles for Assigning Degrees of Culpability" *Journal of Buddhist Ethics,* 14 (1999).

Harvey, Peter *An Introduction to Buddhist Ethics*. Cambridge : Cambridge University Press, 2000.

Hattam, Robert *Awakening-Struggle: Towards a Buddhist Critical Social Theory*. Flaxton: Post Pressed, 2004.

Havens, T. "Dynamics of Confession in Early Buddhism" in *Añjali: Papers on Indology and Buddhism* edited by J. Tilakasiri, Perandiya: University of Ceylon, 1970, 20-26.

Hepworth, Mike and Turner, Bryan *Confession: Studies in Deviance and Religion*. London: Routledge, 1982.

Holt, John *Discipline: The Canonical Discipline of the Vinayapiṭaka*. Delhi: Motilal Banarsidass, 1995.

Horner, Isaline *The Early Buddhist Theory of Man Perfected*. Amsterdam: Philo Press, 1936.

Hutton, Patrick "Foucault, Freud and the Technologies of the Self " in *Technologies of the Self: A Seminar with Michel Foucault* edited Luther Martin, Huck Gutman and Patrick Hutton, Flaxton: University of Massachusetts Press, Amherst, 1988, 121-144.

Huxley, Andrew "The Vinaya Legal System or Performance Enhancing Drug?" *The Buddhist Forum* ed. T. Skorupski, London: SOAS, 1996.

Huxley, Andrew "Buddhist Law as a Religious System" in *Religion, Law and Tradition* edited Huxley, Andrew, London: Routledgecurzon, 2002, 127-147.

Karlis, Racevskis "Said and Foucault: Affinities and Dissionances" *Research in Africa Literatures* 36, 3, (2005) 83-97.

King, Richard *Orientalism and Religion: India Postcolonial Theory and the "Mystic" East*. London: Routledge, 1999.

Konik, Adrian *Buddhism and Transgression: The Appropriation of Buddhism in the Contemporary West*. Leiden: Brill, 2009.

Kornfield, Joseph and Goldstein, Jack *Seeking the Heart of Wisdom*. Boston: Shambala, 1987.

LaCapra, Dominick *Rethinking Intellectual History: Texts, Contexts, Languages*. Ithaca: Cornell University Press, 1983.

McGushin, Edward *Foucault's Askesis*. Evanston: North Western University Press, 2007.

McSweeney, John "State of the Disciplines: Foucault and Theology" *Foucault Studies* 2, (2005) 117-144.

Meyer, Johan *Sexual Life In Ancient India: A Study of Comparative History of Indian Culture*. London: Routledge, 1953.

Mrozik, Susanne "Cooking Human Beings: The Transformative effects of Encounters with Bodhisattva Bodies" *Journal of Religious Ethics* 32, 1, (2004) 175-194.

Mrozik, Susanne *Virtuous Bodies: The Physical Dimensions of Morality in Buddhist Ethics*. Oxford: Oxford University Press, 2007.

Murray-Swank, Aron "Understanding Spiritual Confession: A Review and Theoretical Synthesis" *Mental Health Religion & Culture* 10, 3, (2007) 275-291.

Nattier, Jan *A Few Good Men: The Bodhisattva Path according to the Inquiry of Ugra (Ugrarpariprccha): A study of Translation*. Honolulu: University of Hawaii Press, 2003.

Oldenberg, Hermann *Buddha: His Life, His Doctrine, His Order*. Delhi: Indological Book House, 1971.

Oldenberg, Hermann edited *Vinaya Piṭaka*. London: Williams and Norgate, 1879.

O'Farrell, Clare *Michael Foucault*. London: Sage, 2005.

Pachow, W. *A Comparative Study of the Pratimoksa* vol. 4.

Patton, Paul "Foucault" in *Companion to Continental Philosophy* edited Critchley Simon and Schroeder William, Oxford: Blackwell, 1998, 537-548.

Pettazzoni, Rafaele *LA Confessione Dei Peccati Volume Secondo*. Bologna: Forni Editore, 1929-36.

Prado, Carlos *Starting with Foucault*. Colorado: Westview, 2000.

Prebish, Charles *Buddhist Monastic Discipline: The Sanskrit Pratimoksa of the Mahasamghikas and the Mulasarvasarvadins*. University Park: Pennsylvania State University Press, 1975.

Prebish, Charles *A Survey of Vinaya Literature*. London: Routledge Curzon Press, 1996.

Rahula, Walpola *What the Buddha Taught*. Woking: Gordon Fraser, 1972.

Rhys Davids, Thomas and Stede, William *Pāli-English Dictionary*. London: Pāli Text Society, 1979.

Roberts, Richard entry "body" in *Blackwell Companion to the Study of Religion* edited Segal, Robert, Oxford: Wiley-Blackwell, 2008.

Rose, Nicholas *Governing the Soul: The Shaping of the Private Self*. London: Free Association Books, 1999.

Said, Edward *Orientalism*. New York: Pantheon, 1978.

Samuel, Geoffrey *Trantric Revisonings : New Understandings of Tibetan Buddhism and Indian Religion*. Aldershot: Ashgate, 2005.

Samuel, Geoffrey *Origins of Yoga and Tantra: Indic Religions to the Thirteenth Century*. Cambridge: Cambridge University Press, 2008.

Sangharashita, Bhikhsu A *Survey of Buddhism*. Bangalore: Institute of World Culture, 1966.

Schaub, Uta "Foucault's Oriental Subject" *PMLA* 104, (1989) 306-316.

Schopen, Gregory "Archaeology and Protestant Presuppositions in the Study of Indian Buddhism" in *Bone, Stones and Buddhist Monks*. Honolulu: University of Hawaii, 1997, 1-22.

Schopen, Gregory "The Suppression of Nuns and the Ritual Murder of Their Special Dead in Two Monastic Codes" in *Buddhist Monks and Business Matters*. Honolulu: University of Hawaii, 2004, 329-358.

Schopen, Gregory entry "Vinaya" *The Encyclopedia of Buddhism* edited Buswell, Robert, New York: Macmillan, 2003.

Schroeder, Caroline *Monastic Bodies: Discipline and Salvation in Shenoute of Atripe*. Philadelphia: University of Pennsylvania Press, 2007.

Sharf, Robert "Ritual" in *Critical Terms for the Study of Buddhism* edited Donald Lopez, Chicago: University of Chicago Press, 2005, 245-270.

Shaw, Sarah *Buddhist Meditation: An Anthology of Texts from the Pāli Canon*. London: Routledge, 2008.

Stoler, Anne *Race and the Education of Desire: Foucault's History of Sexuality and the Colonial Order of Things*. Durham: Duke University Press, 1995.

Takakusu, J. and Nagai, M. *Samantapāsādikā: Buddhaghosa's commentary on the Vinaya pitaka* edited Takakusu, J. and Nagai, M., London: Pāli Text Society, 1924-27.

Tambling, Jeremy *Confession: Sexuality, Sin, the Subject*. Manchester: Manchester University Press, 1990.

Tentler, Thomas *Sin and Confession on the eve of the Reformation*. New Jersey: Princeton University Press, 1977.

Thomas, Edward *The History of Buddhist Thought*. London: Routledge, 1963.

Thomas, Keith *Religion and the Decline of Magic*. London: Penguin, 1971.

Todd, Elizabeth "The Value of Confession and Forgiveness According to Jung" *Journal of Religion and Health* 24, 1 (1985) 39-48.

Turner, Bryan *The Body and Society: Explorations Social Theory*. London: Sage, 1996.

Upasak, Chandrika *Dictionary of Early Monastic Terms*. Varanasi: Bharati Prakashan, 1975.

Von Hinüber, Oskar *A Handbook of Pāli Literature*. Berlin: Gruyter, 1996.

Voyce, Malcolm "Ideas of Transgression and Buddhist Monks" *Law and Critique* 21, (2010) 183-198.

Voyce, Malcolm "The Communal Discipline of the Order of Monks: The Sanction of the Vinaya Pitaka" *The American Journal of Jurisprudence* 29, (1984) 123-150.

Voyce, Malcolm "The Vinaya and the Dharmasastra: Monastic Law and Legal Pluralism in Ancient India" *Journal of Legal Pluralism* 56, (2008) 33-65.

Wijayaratna, Mohan *Buddhist Monastic Life according to the Texts of the Theravāda Tradition*. Cambridge: Cambridge University Press, 1990.

Williams, Peter "Some Mahayana Buddhist Perspectives on the Body" in *Religion and the Body* edited Sarah Coakley, Cambridge: Cambridge University Press, 1997, 205-230.

Winternitz, Moriz *The History of Indian Literature*, vol. 2. Calcutta: University of Calcutta Press, 1927.

Wynne, Alexander *The Origin of Buddhist Meditation*. London: Routledge, 2007.

Yuyama, Arika *A Systematic Survey of Sanskrit Literature*. Wiesbaden: Steiner, 1979.

Zhang, Liang *The Cultivation of Self: Critique of Technical Practice within and without Chan Buddhism*. Unpublished Doctorate, Emory University, 2005.

佛教徒的懺悔：以傅柯的觀點

馮亦斯

澳洲麥克里大學法學院副教授

▌摘要

雖然有些學者已研究過基督宗教中告解做為戒律的意義，但並沒有適當的研究以戒律學的各個面向探討佛教出家眾關於懺悔的戒律。本研究由傅柯的著作中，用批判的觀點探討佛教的懺悔。

傅柯雖然沒有研究過戒律學或者佛教，但是仍可由他的著作中推斷出家眾如何被機構化的實踐所形塑，以及推斷這些出家眾如何形塑自己的內在生活，使自己能合乎於機構化的自律模式。

關鍵詞：告解、佛教、戒律學、傅柯、禪林

聖嚴法師在臺灣法鼓教團推動天台教觀的努力
——以《天台心鑰》一書為中心

黃國清

南華大學宗教學研究所助理教授

▌摘要

　　聖嚴法師為當代漢傳佛教界高僧，廣泛鑽研佛教經論，並有深厚禪修體驗，一生在華人社群與西方世界孜孜不倦地弘揚佛法，宣講淺深各種層次的佛教教義與實踐方法，攝受社會各界各階層人士，期望將地球社區建設為人間淨土。法師稟承禪宗傳承，通達中印佛學，在其生命的最後幾年深感中國佛學的價值遭致忽略，因而積極推廣漢傳佛學，講論其精義與價值，更苦心撰寫數部中國佛典註釋書，選書範圍涵蓋多個宗派，以引領當代學佛者認識中國佛學的深廣內涵及吸收古代祖師的佛法領悟。《天台心鑰——教觀綱宗貫註》是法師推廣最力的一書，他於百忙中為《教觀綱宗》做出精心註解，在法鼓山教團親自授課培養教學人才，致力使這本書成為當代佛教徒了解中國佛學思想理念與修證次第的入門書。聖嚴法師撰述此書的重要意義與推動閱讀的實施步驟，以及推廣過程的困難及目前運作的狀況，分成以下幾點而論。

　　一、對於許多學佛者主張南傳佛教與藏傳佛教較具修行

階次，批評漢傳佛教缺乏次第引導，聖嚴法師不以為然，因此引介明末智旭這部講述天台教學與修證位次的綱要著作，以幫助當代學佛者掌握古代中國義學大師統攝佛教經論多元教義之宏大思想體系的精華，以及對佛教多層教說（藏、通、別、圓）之各階修證體驗的指引。天台佛學強調止觀雙修，閱讀聖嚴法師這本著作也能為當代參禪者提供重要指導，充實有利禪修體悟的觀法內涵，及避免將淺層經驗誤為深層體證。

二、《天台心鑰》一書在〈緒論〉部分介紹天台佛學背景與《教觀綱宗》的相關資訊，然後對原文進行逐段的語譯與註解，使本來表述甚為簡奧、充滿佛教名相的古代原著具備當代的可讀性，為這部典籍的普及推廣奠定基礎。聖嚴法師運用其豐厚的佛學素養，以現代語言深入淺出地一一註解名相，串講整段文句意義，使更多學佛者得以親近這本著作。

三、一部具深度的佛學著作的推廣，須有一群人先能獲得某種程度的理解，再引導和鼓勵更多的人參與閱讀，讀書會的有效組織與運作至關重要。聖嚴法師於是分兩次召集法鼓山的精選人才，群聚法鼓園區由他親自導讀，帶領大眾閱讀和討論《天台心鑰》，獲得初步的成果。隨後由法鼓山佛學推廣中心接棒，幾位講師分工講授《天台心鑰》各章，以訓練讀書會種子成員。此後，另有講師在法鼓山分院開課及帶領讀書會，使推廣工作又有所進展。

四、天台佛學畢竟是一門高階的佛法課程，非經數年光陰的用心研讀，實難於理解；由義理理解到實踐運用又需一段時間。《天台心鑰》的讀書會種子成員絕大多數非佛學專

業人才，遑論是天台止觀教學的專門研究者，若無通達天台
學的教師持續開課，使他們獲得充實與解惑的機會，則容易
陷入學習迷惘，澆熄原本的學習熱情。若第一代的優秀讀書
會種子無法培訓出來，推廣事業必難以為繼。今日法鼓山全
球資訊網站上的佛學課程與讀書會主題未見《天台心鑰》，
似乎反映困難無法有效突破。

關鍵詞：聖嚴法師、天台教觀、天台心鑰、法鼓教團

一、前言

聖嚴法師為當代漢傳佛教界高僧，廣泛鑽研佛教經論，並有深厚禪修體驗，一生在華人社群與西方世界孜孜不倦地弘揚佛法，宣講淺深各層次的佛教教義與實踐方法，攝受社會各界各階層人士，期望將地球社區建設為一個人間淨土。法師稟承禪宗傳承，通達中印佛學，在其生命的最後幾年深感中國佛學的價值遭致忽略與扭曲，因而積極推廣漢傳佛學，講論其精義與價值，更苦心撰寫數部中國佛典的註釋書，選書範圍涵蓋多個宗派，以引領當代學佛者認識中國佛學的深廣內涵及吸收古代祖師的佛法領悟。法師在日本取得佛學博士學位，曾擔任大學佛學教席，所撰古代佛教典籍的白話註疏卻不流於滿足少眾知識分子的純學術性展示，重在以深入淺出的現代筆法傳達古代佛典的思想精華，並賦與實修應用的親切指引，讓當代更多佛教修學者得以理解中國祖師的著作，拓展他們的佛法領解，提昇他們的實踐層次，使漢傳佛教義理能夠活在今日佛教社群中。

法師所撰幾部中國佛典註疏中，《天台心鑰——教觀綱宗貫註》無疑是法師推廣最為用力的一本書，他於百忙中撥冗為《教觀綱宗》做出精心註解❶，在法鼓山教團親自授課培養

---

❶ 聖嚴法師於《天台心鑰——教觀綱宗貫註》的〈自序〉提到：「我便發願，要寫一冊讓自己看懂，也能讓廣大讀者們分享天台學智慧的書。故從二〇〇〇年夏天開始找尋資料，並連續地精讀《教觀綱宗》，確定我已真正掌握到旭師撰著此書的用心以及天台學的脈絡，即於同年十月下旬，寓居紐約象岡期間，著手撰寫本書。由於體力太弱，兩個月間，僅完成第一章緒論的部分。回到臺灣後，已無暇執筆，至今年五月初，我

讀書會種子成員，致力使這本書成為當代佛教徒了解中國佛學思想理念與修證次第的入門書。本文以《天台心鑰》做為研究主題，首先，爬梳聖嚴法師的撰述，自漢傳佛學的特質這個較廣闊的視角觀照天台佛學的特殊價值，及論說天台佛學現代化的重要意義。其次，介紹《天台心鑰》的註釋方法，說明此書如何將《教觀綱宗》的義理精華傳譯給現代讀者，又如何透過註釋充實此書的實踐應用層面。第三，說明聖嚴法師與法鼓山教團對於推廣此書研讀曾做過的努力。最後，討論此書推廣所遭遇的困難，並思索克服困難的途徑。

二、天台教觀的實踐價值及其現代化課題

身處這個全球化的時代，各傳統的佛教打破國界封限，匯流於臺灣這個人文薈萃的海島，擴充學佛者的心靈視野，讓他們可自多個佛教傳統汲取思想與實踐的資源。不同系統的佛教傳統在臺灣的遭遇，也為漢傳佛教的思想內容與傳播模式帶來巨大衝擊。就表述教義的語言而言，除了禪宗與淨土宗的一些通行語錄體作品以白話呈現之外，介紹其他義學宗派典籍的著作多運用古典漢語文句引述與現代中文解釋交織的混合文體，與當代多數讀者的閱讀能力隔著一段距離。相較於此，現

又到了紐約，在衰老病痛之中，於主持兩個為期十四天的禪修以及許多其他法務行政工作之餘，鍥而不捨地忙中抽空，提筆寫出一頁、兩頁，有幾度由於勞累，加上氣候變化，使我胸悶氣虛，頭暈目眩，總以為大概已無法寫得完了；每每略事休息，再向觀音菩薩乞願，助我寫畢此書。到了六月二十八日，終於寫完了初稿。」（聖嚴法師《天台心鑰——教觀綱宗貫註》，臺北：法鼓文化，2003年修訂版，頁8）

今傳入的南傳佛教與藏傳佛教的作品自始即採用白話文來翻譯及傳播教義，顯得親切許多。當然，也不乏運用現代中文來論說中國宗派教學之作，但通常流於精妙教義的理論詮解，或學術研究的成果展現，多數佛教徒既不易理解內容，遑論知悉如何應用於修行，削弱了這些著作的當代適用性。此外，傳統中國佛教宗派義學經常留給人的印象，是倡言佛陀悟境的高妙義理偏多，與實踐需求有所落差；或如禪宗與淨土宗教法強調簡易直截的頓入法門，因而總體而言被批評為缺少觀行次第的指導。傳來臺灣的大多數南傳與藏傳佛教著作則非如此，內容大抵貼近現代閱讀者的生活實踐需要。並非古代南傳和藏傳的佛學撰述都是淺顯易懂，而是目前傳入者主要是以廣大學佛群眾為對象的當代著作，接受度自然較高。南傳的《清淨道論》與藏傳的《菩提道次第廣論》這兩部古代著名論書，即使內容深奧，譯文也不易索解❷，但主要扣緊實修方法與修證次第給予指引，在臺灣佛教圈中獲得不錯的評價。尤其是《菩提道次第廣論》有已故日常法師的倡導之功，福智團體的積極推動，於全臺各地組織讀書會，接引許多學佛者精勤研讀。今日學佛者置身緊張繁忙的社會與家庭生活處境，普遍缺乏解讀古代佛典的佛教知識基礎和語言能力訓練，所需要者是用現代語言寫成，不流於深奧難懂，具備具體方法引導的佛學指南。因此，

---

❷ 《清淨道論》是五世紀入錫蘭的覺音論師所造，由葉均以現代中文譯出，因內容為各類禪法及其次第的解說，非深研佛學者實不易掌握其義。《菩提道次第廣論》由十四、五世紀西藏佛教改革家宗喀巴所撰，依下士道、中士道、上士道的次第指導大乘佛教修學。此書由法尊於1920年代以仿玄奘譯經的古奧譯筆翻為中文，文詞艱澀。

欲於當今社會推廣漢傳佛教的宗派教學，如何將其語言轉化為現代表達，如何將義理做以簡御繁的系統詮釋，如何補充實修方法與次第指引，如何勉勵學佛大眾發心閱讀，在在都是能否成功的關鍵。

首先關懷的一個問題，是傳統漢傳佛學的著作內容是否真的流於理論論述，不重修證面向的說明？對中國佛教流弊頗多批評的印順法師，對漢傳佛學「從禪出教」的精神，亦即由實修出教理的特色，也是多加讚賞，他於〈中國佛教之特色〉一文中說：❸

> 台賢二宗之特色有：一、源於禪觀。二、宗於契經。三、重於觀行。四、綜括一代聖教，自義理及其修行歷程，予以序列、判別、貫通之；全體佛教，綱舉目張，於融貫該攝中，以闡發如來究極之道為鵠。長於組織，誠以求真，趣於實行；中國佛教之精神，有可取焉。❹

又他於1980年接受楊惠南與宏印法師訪談，於〈中國佛教的由興到衰及其未來的展望〉中說：

> 中國佛教最值得稱道的應該不只一宗一派。像天台、

---

❸ 以下兩段引文係閱讀呂勝強：〈印順導師對於中國佛教復興之懸念探微——以義學為主〉（《福嚴會訊》，第26期，2010年4月，別行論文小冊）所檢得，不敢專美於前，特說明於此。

❹ 見釋印順《佛法是救世之光》，新竹：正聞出版社，1992年修訂一版，頁122。

華嚴恢宏博大的教理研究，禪宗、淨土在修行方面的成
就，都是值得我人讚歎的！說到為什麼會有這些輝煌的業
績，可以從兩點來說明：首先，從宗教的本質來說，各宗
各派的成立，都是建立在由修行而證得的某種體驗。這不
但限於禪、淨這些注重修行的宗派，就是台、賢等注重教
理開展的大德們，也都是從修證而建立起他們的理論。所
以，在「高僧傳」中，台、賢等宗的大德們，也都被稱為
「禪師」，而不單單是「法師」，這就是所謂的「從禪出
教」。這種「從禪出教」的精神，才能發揮宗教的真正偉
大的力量，所建立起來的理論，也才具有生生不息的真實
性；這在中國是這樣，在印度也是這樣。❺

　　天台與華嚴被視為最具中國特色的義學宗派代表，其義
理系統博大精深，誠如印順法師所說，他們的典籍中蘊含佛法
的超卓體驗與修學的廣泛指導，並非單純的思想推論之作。因
此，這些承載佛教真理的宗派教義，可以超越古今時空的界
線，給予佛教修學者良好啟發。然而，對現代多數讀者而言，
其表達語言古雅艱澀，論說內容詳密繁複，加上為數眾多的佛
教專用術語，若非受過訓練的佛學鑽研者以足夠時間研讀，難
以窺其堂奧。這麼一批極具修學指導價值的中國祖師智慧結晶
只能為少數佛教菁英所利用，實為漢傳佛教界的巨大損失。因
此，如何對這批佛法寶藏進行現代化工程，以簡明扼要的現代

❺ 見釋印順《華雨集》，新竹：正聞出版社，1998年初版三刷，第5冊，頁
146-147。

表達呈現其智慧精義與系統實踐方法，是中國佛學界應加以關注的課題，使學術研究能與佛教社群的需求相互銜接。

天台是一個特重禪觀的宗派，初祖北齊慧文的生平與教說難詳，二祖南嶽慧思是位深具體悟的精進止觀行者，植基於其禪觀經驗以詮釋佛教經論，撰成《法華經安樂行義》、《諸法無諍三昧法門》、《隨自意三昧》等著作，融通般若禪觀與法華圓頓觀，書中充滿佛教智慧與禪觀方法的展示。❻三祖天台智顗（智者大師）更是一位止觀教學的集大成者，他師事慧思學習禪觀，廣泛閱讀佛教經論，著作等身，有《釋禪波羅蜜次第法門》、《修禪六妙法門》、《摩訶止觀》、《修習止觀坐禪法要》（小止觀）等禪法專著。❼他以體系性的方式判釋主要佛教經典的中心教義與教化目的，論說佛教各層次教說（藏、通、別、圓）的教觀內涵與行位果證，而特重圓教觀門的闡發。智顗並非出於理論匯整綜合的興趣講述這些著作，而是意在提供止觀修習的參考依據。自初期佛教以來，佛陀所說的核心教法就是要弟子們在禪觀中好好思惟其義，從而獲致智慧的領悟。曾經盛行於印度的部派佛教、中觀學派與瑜伽行派的論典，何嘗不是在提供禪觀冥思的義理指導。因此，將天台教義置放在禪觀脈絡中來思考其意義，較能掌握其原本具有的實踐蘊涵。

智者大師的禪法著作以《小止觀》最為通行，此書本是

---

❻ 參見釋慧嶽《天台教學史》，臺北：中華佛教文獻編撰社，1995年增訂六版，頁31-56；潘桂明、吳忠偉《中國天台通史》，南京：江蘇古籍出版社，2001年，頁62-86。

❼ 同註❻，頁63-91。

智者大師為其俗兄陳鍼所寫，為《摩訶止觀》一書的梗概，對修習止觀的前行方便有清楚說明，於初修者助益良多，然而，對所觀法義與修學次第的闡說失之簡略，實因文字所限而無法兩全其美。❽《六妙法門》亦是小品之作，所論範圍涉及各種禪法和禪定經驗，文義略顯艱深，加上這部典籍專論「不定止觀」，內容與次第較不易掌握。❾《釋禪波羅蜜次第法門》為「漸次止觀」，文分十卷，詳論禪修的正確觀念、各種淺深禪門的體系、方法、體驗與障礙等，篇幅頗大，內容詳密❿，理解須費一番心力。《摩訶止觀》更是智者大師晚年的精心著述，文分十卷，每卷更分上下，主題為「圓頓止觀」，論說圓教的圓頓觀法，理論深度勝過前述各書，於超越次第之間又顯次第⓫，當然，掌握其義理內涵的困難度更在諸書之上。⓬智者大師的經典註釋書如《法華玄義》、

---

❽ 此書收於《大正藏》第四十六冊，第1915號，頁462上～473中。
❾ 此書收於《大正藏》第四十六冊，第1917號，頁549上～555下。
❿ 此書收於《大正藏》第四十六冊，第1916號，頁475上～548下。
⓫ 此書收於《大正藏》第四十六冊，第1911號，頁1上～140下。
⓬ 聖嚴法師說明三書與三種止觀的關係如下：「此所謂頓、漸、不定之三觀，則係配合天台智者大師的三部書：（1）《摩訶止觀》所明，是一心三觀的圓頓止觀；（2）《釋禪波羅蜜次第法門》所明，是漸次止觀；（3）《六妙法門》所明，是不定止觀。此三種止觀之中，圓頓止觀是從實踐觀心的最高境界為著眼；漸次止觀是由基礎而至高深、以至究竟的修證為宗旨；不定止觀是將頓漸各種法門，前後交換，任取一法門，隨意自在運用，並非在頓漸兩種止觀之外，另有別的法門，如《六妙法門》云：『以眾生機悟不同故，有增減之數分別利物。』故有次第相生的六妙門、隨便宜而不簡次第的六妙門、還有隨對治諸障的六妙門，因此而說：『或（修）超（越三昧），或（修九）次（第禪定）等，皆得悟入』了。」（同註❶，頁142-143）

《法華文句》等，雖在詮釋經典的思想與文義，事實上意在
解明圓教法義，以用於圓教觀法實踐，此即止觀雙運的精
神。另外，《法華三昧懺儀》、《方等三昧行法》等懺儀著
作，其著作旨趣也在輔助禪觀的進展。如果有能力閱讀與消
化智者大師的主要著作，當能了解佛教淺深各層法義，也能
獲得禪觀方法的詳細與深入指導。

問題在於面對智者大師的龐大著述，想要理解並消化談
何容易？由於天台學系代有傳承，為了幫助更多人對天台教觀
體系擁有概括性的了解，後代天台學人撰寫了一些綱要著作。
傳為智者大師得意弟子灌頂所作的《天台八教大意》，以天台
判教的化儀四教（佛陀教學方法）與化法四教（佛陀教說內
容）為綱做精要介紹，並簡述天台的十乘觀法。❸此書目的在
幫助讀者對天台教學體系獲得基本認識，不重細部與深層的解
明，這是綱要性著作的一般特點。既然天台重視圓教，何以不
單說明圓教，也介紹其他三教（藏、通、別）教義？因為天台
主張圓教所說為廣大精微的佛陀悟境，只有極少數人才能領解
這種奧義，當學習佛教法義而無法領悟，可藉其他三教的觀法
來提昇根機，以契入圓教義。因此，在圓教法義的引導之下，
其他各階教法可說都收攝在圓教體系之中，只是有主從的差
別。唐代天台中興師匠湛然撰有《止觀大意》，向員外李華
講述《摩訶止觀》一書的要旨，包括圓教大意、四種三昧、

---

❸ 此書收於《大正藏》第四十六冊，第1930號，頁769上～773下。由於此
書末尾有「天台釋明曠於三童寺錄焉」，因此有學者認為湛然門下的明
曠當為真正作者。

二十五種方便、十乘觀法等內容。❶五代宋初高麗來華僧人諦觀增補《天台八教大意》為《天台四教儀》，他補充了五味五時的意旨，再簡述化儀四教，其後對化法四教各教的名義、教法、行位、果證等一一加以介紹，於圓教部分並提及十乘觀法。❶

　　明末蕅益智旭博通天台、禪宗、淨土、律宗、華嚴、唯識等中國佛教諸宗義理，兼治儒學，他對諸宗採取融通的態度，不以一家之徒自居，但在教理方面則歸宗天台。他心儀天台教學，雖在〈八不道人傳〉這篇自傳中說是「作鬮問佛」的結果❶，其實他本人對天台教觀能矯治當時佛教界流弊的功用頗加讚許，不只一次引述古德的話說「台教存，佛法存；台教亡，佛法亡」。❶如《靈峰宗論》卷六〈印禪人閱台藏序〉說：

　　　　教觀之道難言矣。尚慧辯者，汪洋若大海，其流弊也，
　　　　逐流忘源，令鈍根增望洋之歎。崇修證者，致精如鐵橛，
　　　　其失意也，守株待兔，令無聞招暗證之譏。惟智者悟法華

---

❶ 此書收於《大正藏》第四十六冊，第1914號，頁459上～462上。
❶ 此書收於《大正藏》第四十六冊，第1931號，頁773下～780下。關於這部典籍的特點及後人的註解，可參閱朱封鰲與韋彥鐸：《中華天台宗通史》，北京：宗教文化出版社，2001年，頁267-269、374-375及415-417。
❶ 《靈峰宗論·八不道人傳》說：「三十二歲，擬註《梵網》，作四鬮問佛，一曰宗賢首，二曰宗天台，三曰宗慈恩，四曰自立宗，頻拈得台宗鬮。於是究心台部，而不肯為台家子孫。以近世台家與禪宗、賢首、慈恩各執門庭，不能和合故也。」見《嘉興大藏經》，臺北：新文豐出版股份有限公司，1987年，第三十六冊，頁253中。
❶ 參見董平《天台宗研究》，上海：上海古籍出版社，2002年，頁355-362。

三昧，得旋陀羅尼，九旬談妙，極教網之幽深，十乘修心，備觀門之攸致。燈燈相續，祖祖相傳，駕賢首、慈恩而獨盛，並黃梅、少室而爭芳。心印昭於日月，傳習遍於華夷。而部帙最大者有三，曰《法華玄義》、《法華文句》、《摩訶止觀》。《玄義》、《文句》，教正觀傍；《止觀》一書，教傍觀正，永無說食數寶之愆，高超暗證無聞之禍。荊谿大師闡揚之，翼《玄義》曰《釋籤》，翼《文句》曰《妙樂》，翼《止觀》曰《輔行》，誠佛祖慧命，眾生眼目。古云：台教存，則佛法存；台教亡，則佛法亡，非欺我也！⓲

他批評學教不做觀者偏離佛法源流，修觀不依教者流於蒙昧暗證，稱道智者大師教觀雙修，使天台教觀凌駕於側重義學的華嚴、唯識等宗及偏向禪觀的禪宗。⓳他也說明天台法華三大部中的《法華玄義》和《法華文句》以教為主而旁及觀法，《摩訶止觀》以觀為主而旁涉教理。因此，可說天台的整

⓲ 見《嘉興大藏經》，第三十六冊，頁353上～中。
⓳《靈峰宗論》卷六〈法海觀瀾自序〉言：「復有三家，一天台宗，二賢首宗，三慈恩宗。天台教觀齊舉，教可如夏，觀即如秋。賢首教多觀少，清涼收禪為頓教，圭峰自立三教以對三宗，則三教如夏，三宗如秋。慈恩弘唯識，自修兜率觀門，基公略示唯識五觀，未嘗剋實勸修，然夏後定有秋，是在學者自知領會而已，故且云諸教如夏也。禪亦自有大小兩門，於大乘中，復分頓漸，小及大漸，此所不論。達摩承佛教盛行之後，特來指示心要，如畫龍點睛，令其飛去，乃至六祖，無不皆然。雖藉《楞伽》、《金剛》印心，未嘗廢教，而貴行起解絕，不許坐在知解窠臼，故與台宗圓妙止觀同如秋也。」（《嘉興大藏經》，第三十六冊，頁369下～370上）

體著作無不在闡明教觀之學。

他不滿意諦觀《天台四教儀》概括天台教觀的方式與內容，他在〈八不道人傳〉中說：「《四教儀》流傳而台宗昧，如執死方醫變證也。」❷⓿意思是說《天台四教儀》拘泥文句，不知變通，隱沒了台宗教觀旨趣，使得本可靈活運用的醫方變成僵化的一劑方藥。因此，他著作《教觀綱宗》，欲發揮天台教觀的真實意旨。如果比較《天台四教儀》與《教觀綱宗》，可發現蕅益大師的論述方式更具條理，綱目更為明晰，使讀者較易掌握各教教法的意旨與差別。在五時判教方面，特別補充「通五時」的觀念以矯治諦觀只論「別五時」的僵固見解。在化儀四教方面，對四教各給出二義，如頓教有頓教部、頓教相，祕密教有祕密教、祕密咒，以避免觀念的混淆。在化法四教方面，給予各教適當的篇幅，都先說明教法大意，其次以「六即」為綱論說修證次第，接著概述修證果位，最後說明「十法成乘」的趣入之道。❷❶《教觀綱宗》顯示蕅益大師對天台教觀的精闢理解，對各教修證位次與觀行方法均予重視。例如，於各教皆依六即的昇進次第說明依教起觀、依觀證教的修行階位；又不像《天台四教儀》只提及圓教的十乘觀法，《教觀綱宗》對各教都論其十乘觀法。❷❷

---

❷⓿ 見《嘉興大藏經》，第三十六冊，頁253下。

❷❶ 此書收於《大正藏》第四十六冊，第1939號，頁936下～942中。

❷❷ 《教觀綱宗》十乘觀法的內容主要取自《天台八教大意》。智顗著作中雖提及四教均有十乘觀法，但如《維摩經玄疏》卷二介紹藏教十乘觀法後，對通教和別教只說：「此即是三藏教析法觀，通教體法觀十法成乘，意在此也。但別教三觀十法成乘明六種乘，義意不同，分別事

　　天台教觀雙美，統攝全體佛法建構嚴整體系，對於所觀法義、禪觀方法、各階體驗都提供詳實的指導，可謂佛法實踐的寶庫。然而，智者大師的著作架構恢弘，義理精深，論述細密，僅有少數佛教知識菁英得以領略其中妙義。這些能深入理解天台止觀的佛門宗匠就成為向學佛大眾傳遞天台教觀法門的重要媒介，回應佛教修學者的參考需要，他們確實撰寫了幾部天台教觀的綱要書，並有後出轉精之勢。然而，這些綱要書的內容精簡，加上語言與名相的隔閡，需有精通天台教觀的專家從佛法實踐角度對其進行當代詮釋，始能為現代學佛大眾所用。㉓在語言方面要轉古典漢語為現代中文；在名相方面須提供明曉的註解；在內容方面應充實法義與觀法的解明，讓學佛大眾通過一冊篇幅適中的著作即能吸收天台教觀的精華，掌握佛教各層教說的大意與重要觀修方法的運用，將法義與觀行配合起來，於面對修行問題時得以選擇相應觀門，克服煩惱，獲得佛法利益。

繁。」隨後進行有關十法成乘意義的簡單問答，即進入圓教的詮說。（參見《大正藏》第三十八冊，頁530中）

㉓ 聖嚴法師在《天台心鑰》的〈自序〉說到：「天台大師所遺的著作，不僅數量龐大，也是一門非常謹嚴而又極其豐富的學問，雖然已有章安的《八教大意》，諦觀的《四教儀》，智旭的《教觀綱宗》等幾部天台學的綱要書，但由於都很簡略，若非對於天台學有相當程度的深入認識，是很難領知其綱要而了解到天台學的智慧及其功能。有些近人所寫的天台要義及零星的論文以及專題論著，也都無法滿足天台學普及化的需求。所以天台學作為實踐與實用的書籍而言，顯得相當寂寞！」（同註❶，頁6）

三、《天台心鑰》的著作旨趣與註釋方法

聖嚴法師選出《教觀綱宗》精心註解，在法鼓山內部推動研讀與討論，除與其博士論文以蕅益智旭為主題，熟習天台教觀與智旭著述的因緣之外❷，更與他弘傳漢傳佛學的使命有關。他在《真正大好年》的〈《天台心鑰》得到中山學術著作獎〉一文中說：

> 由於近百年來漢傳佛教所出第一流的人才不多，再加上有些佛教學者，抨擊漢傳佛教不是印度佛教的本來面目，含有很多中國習俗、民間信仰的成分在內，所以被指為不純的傳說和迷信；也就是說，漢傳佛教之中的各大學派，都是中國人自己創的，或者是漢化了的佛教。因而讓許多淺識之士和一般的信眾，不再重視漢傳佛教，幾乎一窩蜂的去崇拜藏傳佛教或南傳佛教。我個人對於印度佛教的源頭非常重視，但是對漢傳佛教的適應性、消融性、開創性、自主性，則更加重視。所以在修行方面採用禪宗及念佛法門，在義理方面採用天台學，在生活的規約方面，則主張大小乘戒律的基本精神。對於禪宗、念佛及戒律，

❷ 聖嚴法師在《天台心鑰》的〈自序〉開卷處說到：「我不是天台學專家，但以我的碩士論文是研究大乘止觀法門，其著者是天台智者大師的師父慧思禪師。我的博士論文是寫明末蕅益大師智旭，他雖自稱不是天台宗的徒裔，卻被後世佛教學者們認為是中國天台學的最後一位專家。因此，我當然必須研讀天台學的重要著述。尤其是從一九七六年以來，我在東西方，多以中國的禪法接引並指導廣大的信眾們自利利人，淨化人心、淨化社會，也使我需要假重天台的止觀。」（同註❶，頁5）

我已經寫了不少書和文章，對天台則寫得不多，因此，我花了相當多的時間和心力，探討研究天台學的最後一部名著，那就是明末蕅益智旭的《教觀綱宗》。㉕

漢傳佛教有其卓越的教義思想與修行方法，卻因清末以降弘法傑出人才不出，且流傳形式多與民間信仰混雜，而遭致忽視與扭曲，以為不如南傳佛教與藏傳佛教的純正與精到。聖嚴法師深體漢傳佛教的精神內涵，對各宗教義與修行法門兼融並蓄，使他們的長處得以相互充實，加以靈活運用，以照顧到佛法實踐的各個面向。他了知中國佛教的適應性、消融性、開創性、自主性，能以這個時代所需的方式呈現與弘揚漢傳佛學。在長期教導禪宗和淨土宗的實踐方法之後，想要進一步介紹漢傳佛教的教理，天台教學體系在義理方面的廣博精彩與次第嚴密，成為他的首選；㉖又因前有蕅益大師《教觀綱宗》這部優異的綱要著述，非常有利於天台教觀的推廣。聖嚴法師說：「透過本書，可認識天台學的大綱；透過天台學，可領會全部佛法的組織體系及實踐步驟。」㉗從這句話可見到《教觀

㉕ 見聖嚴法師《真正大好年》，臺北：法鼓文化，2003年，頁258-259。
㉖ 聖嚴法師在《天台心鑰》的〈自序〉說：「天台學在中國幾乎代表了佛教的義理研究，它的組織綿密，次第分明，脈絡清晰，故被視為『教下』，與禪宗被稱為『宗門』而相拮抗，蘭菊競美，蔚為波瀾壯闊，具有中國佛教特色的一大學派。」（同註❶，頁5）。又他在《天台心鑰》的〈修正版自序〉說：「天台學乃為漢傳佛學的標竿，能受到重視，便是象徵著漢傳佛教的希望，這正是我撰寫本書的主要動機。」（同註❶，頁3）
㉗ 同註❶，頁7。

綱宗》在弘揚漢傳佛學方面的重要價值,由本書通向天台學,
由天台學通向整體佛學。

聖嚴法師並非將天台教義僅界定在與實踐相對的義學範
圍,佛教的教義不是一套獨立於實修之外的學說理論,教理就
是觀行的指導內容,其中並蘊含須加體悟的真理。聖嚴法師在
《天台心鑰》中說:

> 因為佛經的數量龐雜,層次眾多,必須要有一種合理的
> 分類方法。在每一層次的教義經典之中,亦均有其調心、
> 攝心、明心、發慧的實踐方法,那就是所謂觀行。天台教
> 觀,便是教義與觀行並重、理論與實修雙運,兩者互資互
> 用,如鳥之兩翼,如車之雙軌,講得最為細膩,故也最受
> 蕅益大師所服膺。❷

天台教學體系的特色就是將佛教經論中所見各層次的教
說做了分判與統攝,詳細論說各教的觀法與位次,意在導向教
法與觀行相資的實踐。研讀天台教觀著作,既可認識圓教止觀
法門,亦能了解藏、通、別各教的教說與行法,明了終極修證
目標所在,評判個人當前的體驗層次,以及依個人相應根機擇
取合適的觀修方法。特別是今日修禪、談禪者眾,或是對整體
法義認識不足,或是將知解誤認為體悟,在修學道路上偏離正
軌,聖嚴法師推介《教觀綱宗》另一個很重要的目的,就是要
引導他們朝向均衡的實踐歷程,以教導觀,藉觀悟教:

---

❷ 同註❶,頁21。

　　《教觀綱宗》除了重視天台學的五時八教，也重視以觀法配合五時八教的修證行位及道品次第。如果不明天台學的教觀軌則，就可能造成兩種跛腳型態的佛教徒：1. 若僅專修禪觀而不重視教義者，便會成為以凡濫聖、增上慢型的暗證禪師，略有小小的身心反應，便認為已經大徹大悟。2. 若僅專研義理而忽略了禪觀實修，便會成為說食數寶型的文字法師，光點菜單，不嚐菜味，算數他家寶，自無半毫分。如果他們滿口都是明心見性、頓悟成佛，並稱自修自悟自作證者，便被稱為野狐禪。❷

　　聖嚴法師通達中國佛學，經常往來世界各地指導禪修，對如此的修行偏頗現象有清楚了解，知道教觀並舉、架構嚴明的天台教學最能滿足矯治雙邊的需要。如果熟讀《靈峰宗論》，會發現這樣的現象也普遍出現在明末佛教圈中，蕅益大師因此重視天台止觀的導正功效。（如前節引〈印禪人閱台藏序〉所述）蕅益大師的見解對聖嚴法師有很大的啟發。

　　蕅益大師以精煉文字將他對天台教觀的理解精髓呈現出來，極有功於天台學的弘傳，然而，如前文所述，如此的綱要著作能幫助已具特定基礎的佛教學人進入與掌握天台佛學的深廣境界，卻不能直接拿來做為教導當代學佛者的普及化教本，聖嚴如此說明對《教觀綱宗》進行當代詮釋的必要性：

　　　可惜像《教觀綱宗》這樣精簡扼要的天台典籍，也必須

❷ 同註❶，頁7-8。

有人講解註釋；惟其歷來中日各家的有關諸書，依舊不適合現代人的理解運用，比較可取的是靜修的《教觀綱宗科釋》，然亦是用文言文撰寫，且其缺少現代治學的方法，雖可以從中見到若干資料，卻又很不容易眉目分明地找出頭緒，所引資料，只提書名而不標明卷數，甚至僅說某大師曰怎麼怎麼，而不告知讀者出於何書。但是對我而言，已是很大的幫助。另有兩三種近人的白話譯本及註釋本，大概它們的作者太忙了，以致無暇檢索考查《教觀綱宗》所用資料的原典原文的原來意趣，讓那些讀不懂旭師原作的讀者們，還是看不太懂。

因此，我便發願，要寫一冊讓自己看懂，也能讓廣大讀者們分享天台學智慧的書。❸

由這段引文可以推知，聖嚴法師想要撰寫一本用白話文書寫的、眉目清晰的、補充天台原典脈絡的、以現代學術方法充實資料的當代註釋書，如此才能符合現代許多讀者的需求。這一本新式註解書的重要意義在於運用適當的篇幅，透過深入淺出的名相文句詮解，使現代學佛者樂意閱讀，也幫助他們能夠趣入天台止觀的世界。《天台心鑰》這本《教觀綱宗》的註解書絕非單純的文字轉換與資料補充，而是聖嚴法師融合了智者大師和蕅益大師的視域而造的天台教觀新論釋。

《天台心鑰》全書的架構，先是聖嚴法師的〈自序〉，對本書的著作旨趣、撰寫過程、使用方法，及特殊的時代意義

---

❸ 同註❶，頁7-8。

有所說明。其後是「目錄」。接下來「緒論」一章，分成六節：（一）「天台教觀及《教觀綱宗》」，簡述天台教觀的特色，蕅益大師對天台學的態度，《教觀綱宗》的著作緣由，內容特點，及相關的註釋書籍（包括蕅益大師自撰的《釋義》與後人註解）。（二）「大乘佛教的判教源流」，介紹佛教經論與六朝隋唐時期中國各家的判教，這是因為《教觀綱宗》與天台判教體系有密切關係，了解中印大乘佛教判教觀點有助於天台判教的理解。（三）「天台教觀的濫觴」，概述天台初祖慧文禪師與二祖慧思禪師的思想梗概，及其與智者大師的相承關係。（四）「天台宗所依的經論」，介紹天台教學成立的經論依據與重要觀念來源。（五）「《教觀綱宗》的書名」，說明「教」和「觀」的意義、相依關係與重要性；以及「綱宗」可表綱要、心法之義。（六）「《教觀綱宗》的作者」，介紹蕅益大師的生平與學思歷程，及其佛學依歸。（頁21-43）❸這六節其實就是《教觀綱宗》的解題，幫助讀者在研讀之前獲得所需的背景知識。

「緒論」之後開始註釋《教觀綱宗》的正文，依該書順序分為「五時八教」、「通別五時論」、「化儀四教」、「化法四教」四章。其中，「化法四教」一章篇幅特大，又可分出「三藏教」、「通教」、「別教」、「圓教」四個部分。其後是「附錄」，包括：（一）「教觀綱宗（全文）」，是全文的新式標點，並施加綱目。（二）「附圖

---

❸ 為標明《天台心鑰》一書頁碼的方便起見，自此開始直接在引述之後以括號標示頁數。

表」，收錄幫助掌握文義內容的圖表。（三）「索引」，列示重要佛學名相及頁碼，幫助查找。

《天台心鑰》一書是聖嚴法師的精心之作，關於研讀次序與方法，聖嚴法師在〈自序〉中親做指示：

> 本書可以作為讀者們自學之用，也可作為教學講授之用，唯亦須得付出一點耐心，先看目次，次閱已經我分段標點的原著《教觀綱宗》，再看我的語譯及註釋，在有附圖之處，宜與文圖對照著讀，始可一目瞭然。看完第一遍，宜連續再看兩遍，便能將天台學的教觀綱格及其內涵，有一個具體而明確的認識了。我的註釋，往往就是一篇可以獨立的短論，也可幫助讀者省了不少再去打破沙鍋問到底的死力氣了。（頁9）

先看目次可鳥瞰全書結構，了解整體內容梗概。進入《教觀綱宗》內容的研讀，先讀一段原文，配合聖嚴法師的語譯和註解，以求理解文句與名相的意義；若該段有附圖表，配合圖表的呈現方式可使理解更加清晰。《教觀綱宗》畢竟是一部具有深度的佛教典籍，多讀幾遍，理解深度可以不斷提昇。佛法精義絕非一兩次閱讀即可領解，佛陀指示弟子要以聞（聽聞法義）、思（深入思惟）、修（禪觀領悟）的順序體悟佛法。大乘經典如《法華經》也常提及學經次第：受持（聞後記下）、讀誦（朗讀熟習）、正憶念（深入思惟）、解其義趣、如說修行。㉜聖嚴法師所言「便能將天台學的教觀綱格及其內涵，有一個具體而明確的認識」，意思應是說有基礎的了解，

切不可以為讀兩三遍即能通達天台教觀。

關於對《教觀綱宗》正文的註釋體例，是先列出一段經新式標點的「原文」，接著是以現代中文所做的淺白「語釋」，然後是對重要佛教名相的詳細「註釋」。由於現代讀者大多缺乏佛典漢語的訓練，白話語釋是幫助了解原文的中介。在原文無特殊理解困難時，聖嚴法師一般只做單純翻譯，如開卷一句「佛祖之要，教觀而已矣。觀非教不正，教非觀不傳；有教無觀則罔，有觀無教則殆。然統論時教，大綱有八，依教設觀，數亦略同」，語釋如下：

> 佛及歷代祖師們傳給我們的佛法要領，唯有教義及觀法而已。無教之觀，不是正觀；無觀之教，教便不傳。有教無觀，教即無用；有觀無教，觀便危險。然而，全盤地討論釋迦世尊的一代時教，可以得出一個大綱，總共攝為八教；依教義所設的觀法，數目也大略相同。（頁47）

當單只白話翻譯無法清楚表達語義，必要時聖嚴法師會做附帶解釋的翻譯，如「涅槃重為未入實者，廣談常住；又為末世根鈍，重扶三權。是以追說四教，追泯四教。約化儀亦名非頓非漸，而祕密、不定二種化儀，遍於前之四時。唯法華是顯露，故非祕密，是決定，故非不定」句，語釋如下：

> 《涅槃經》與《法華經》同屬第五時，是在《法華經》

---

❸² 見《妙法蓮華經·普賢菩薩勸法品》，《大正藏》第九冊，頁61下。

之後重複一次，再為尚未由權教成熟而進入實教的眾生，
廣談佛性真常久住的實教；又為如來滅度之後的末世根鈍
眾生，為免他們於佛法中起斷滅見，重複一次，扶持圓教
而設藏、通、別的三種權教。在追說化法四教的同時，也
追泯化法四教。若約化儀四教而言，《涅槃經》則既非頓
教亦非漸教。至於化儀中的祕密教及不定教，遍及華嚴、
阿含、方等、般若的四時。唯有《法華經》是顯露說，故
非祕密教，是決定說，故非不定教。（頁64）

如果少了聖嚴法師所附加的解釋，即使譯成現代中文，
讀者可能也不知所云。這兩種語釋方法的變通運用，使讀者在
參考語釋之後，可以初步理解文句意義。

欲對文義擁有深一層的理解，名相意義的掌握也非常重
要，否則便形同一知半解。佛教典籍中的大量專用術語，是阻
礙研讀者了解法義的主要因素之一。聖嚴法師廣閱經論，深研
天台，他為此書佛教名相所做的註釋極具參考價值。如先前引
文所言：「我的註釋，往往就是一篇可以獨立的短論，也可幫
助讀者省了不少再去打破沙鍋問到底的死力氣了。」他重視的
是詳細註解，適當地引用經論說法，使讀者不僅了解天台學的
術語，也藉此了解整體佛法的基本概念。例如，對於前引「涅
槃重為未入實者……故非不定」句，摘舉「常住」、「末世鈍
根」、「重扶三權」、「追說四教與追泯四教」四個註釋，其
中解釋「重扶三權」句如下：

「重扶三權」：天台宗依《涅槃經》的半滿二教說，

解釋如來一代時教，最後說出《涅槃經》，有兩種用意：
（1）當時在世的機根未熟弟子，於法華會上遺漏了的，
到《涅槃經》中更說藏通別圓的四教。（2）再使彼等弟
子，歸入一乘常圓的妙理，以捃拾法華會中漏失的殘遺眾
生。因此稱法華為大收教，涅槃為捃拾教。

雖在《法華經》中已說：「唯有一乘法，無二亦無
三」，對於佛世弟子中的鈍根者，以及法欲滅時的末世眾
生，仍需有《涅槃經》來重說藏、通、別三種權教，依正
法律，漸次修行，畢竟令入一乘常圓的實教，所以《涅槃
經》又被稱為「扶律談常教」。（頁66）

第一段依天台五時教判而論《大般涅槃經》的化導功
用。不同於《法華經》純說圓教，將藏、通、別三教教說置於
之前四時的經典中講述，《涅槃經》一經中重說藏、通、別三
教，最後再將它們會歸於圓教。參考下一個註釋「追說四教與
追泯四教」，會有更清楚的了解。這種名相註釋方法補充了佛
教經論的相關觀念及天台學說的背景脈絡。

順帶一提，蕅益大師知道《教觀綱宗》文辭簡略，自行
撰寫《教觀綱宗釋義》四十條❸，聖嚴法師也將部分解釋整合
到他的註釋當中，如「追說四教與追泯四教」條即徵引《釋
義》「涅槃追說四教追泯四教條」：

依據蕅益智旭的《教觀綱宗釋義》所明：《涅槃經》

❸ 收於《新纂卍續藏》第五十七冊，頁501中～508中。

「重為未入實者，廣談常住」，是追說圓教，「又為末世
根鈍，重扶三權」，是追說藏通別的三種權教。《涅槃
經》雖也四教並談，卻與方等經典中的四教不同，方等經
中的藏教及通教，初後都不知常；別教初亦不知常，後乃
知常；別教初心，雖知中道，唯得「但中」，不具諸法，
不同《涅槃經》的佛性；唯有圓教初心及後心，一往俱知
常住佛性。《涅槃經》中的四教，同知常住佛性，所以不
同方等經中所說的四教；此即名為「追說四教」。既然
《涅槃經》中所說的前三權教，亦皆知常，不同於方等經
中不知常的隔異的三權，這就是追泯了藏通別三教。既扶
植三權並幫助他們進入圓教，不同於方等經中相對於三權
的圓教，這就是追泯了圓教。㉞（頁66-67）

　　如此，既補足了蕅益大師自己的觀點，同時，為了照顧到
現代讀者的理解能力，又將文句改寫成白話語體，非常用心。
　　如果名相涉及實踐層面，聖嚴法師的註釋會藉此引出修
行的觀念與方法，如「藏教的觀行即」部分，有「五停心」、
「四念處」、「多貪眾生」、「多瞋眾生」、「愚癡眾生」、

㉞ 《釋義》第六條原文為：「重為未入實者廣談常住，是追說圓教也。又
為末世鈍根重扶三權，是追說藏、通、別教也。雖復四教並談，而與方
等四教不同。方等中之四教，藏、通初後並不知常，別教初不知後方知
（初心雖知中道，是但中理，不具諸法，不同涅槃佛性。），唯圓教初
後俱知。今《涅槃》中之四教同知常住，故不同也。既前三教亦皆知
常，不同方等中隔異之三，是追泯藏、通、別也。既扶三權以助一實，
不同方等中對三之一，是追泯圓教也。」（《新纂卍續藏》第五十七
冊，頁502中～下）

「多障眾生」、「四倒」五個註釋，法師提供他的著作〈五停心觀修方法〉（收於《禪鑰》中）、〈四念處〉與〈日常生活中的四念處觀〉（兩文收於《禪的世界》中）以做為參考。另外，引用《釋禪波羅蜜次第法門》（《禪門修證》）卷四的說法解釋多貪、多瞋、愚癡、多障四類眾生的情狀，以資警惕。（頁172-175）如此的註解內容有助於修行方法的學習，使教理與實踐能夠互相結合。其實，不僅較具體的觀行方法屬於實踐層面，如前所述，所有對教義的理解都是要導向觀行，開發智慧。如能了解此理，就知道整部《天台心鑰》是為實修而寫。

從以上原文、語釋、註解的註釋體例，加上圖表的視覺輔助，即使聖嚴法師所解釋的是深奧教義，他都嘗試用至為淺白的語言來傳達深刻的意趣。閱讀《天台心鑰》，可說是從整體佛教與天台教學的較廣大背景來理解《教觀綱宗》。此外，熟讀這本著作，將有助於開發智慧的觀照，誠如前引聖嚴法師所言：「我便發願，要寫一冊讓自己看懂，也能讓廣大讀者們分享天台學智慧的書。」天台的智慧也就是佛法的智慧，要須教觀修習始能領解。然而，天台教觀畢竟不是基礎的佛學，《教觀綱宗》雖有聖嚴法師的詳細註解，未受過佛學研究訓練者仍難憑藉己力讀懂，為了讓更多人閱讀與理解《天台心鑰》，必須擬定系統的推廣工作。

四、《天台心鑰》的推廣步驟與所面對的難題

聖嚴法師《天台心鑰》一書出版後，因書中涉及精深的天台佛教義理問題，剛開始法鼓山的信眾還以為法師不過新寫

了一本弘揚中國佛學的新著而已。這本書的內容很深，教理與
觀行架構龐大，包含眾多的佛教名相，應非寫給一般學佛大眾
閱讀。不意聖嚴法師嚴肅看待此事，沒過多久就積極推廣這本
新書，想讓此書成為佛學弘講與讀書會的教材，藉此傳播天台
教觀與漢傳佛學。原來聖嚴法師用如此大心力註解《教觀綱
宗》，就是期望有更多學佛者能通過他的著作掌握天台教觀，
進而了解漢傳佛學與整體佛法的精髓，並將教理與觀行配合起
來，應用到佛法實踐當中。推廣工作就在聖嚴法師的倡導與法
鼓山信眾的接續努力之下一步步展開，以下是幾個重要階段的
說明。

（一）聖嚴法師親自講授此書與帶領讀書研討

　　《天台心鑰》初版於2002年4月，不久聖嚴法師就指示佛
學推廣中心招集法鼓山的講師與預定培訓的人才，齊聚法鼓山
園區由他親自授課與帶領讀書會討論，時間是在2002年8月及
2003年元月兩回，每次為期三天。聖嚴法師在〈許多的第一
次〉提到第一次課程的情形：

　　　八月二十三日至二十五日三天，我在法鼓山上，為
　　一百一十二位可以成為弘講師資的僧俗四眾，上了八堂
　　課，主題是「教觀綱宗貫註」。是為了振興漢傳佛教而推
　　廣漢傳佛教，本來希望用兩天半的時間講完綱要，結果只
　　上了一半；我多年來上像這樣大型的學術性課程，還是生
　　平第一次。㉟

　　明白說到這次課程的重要目的是推廣漢傳佛教，培育弘講師資（也包括讀書會帶領人），並將這次課程界定為學術性質。聖嚴法師橫跨學界與教界兩邊，學術對他而言不是獨立於教界的實踐之外，佛教學術研究與佛教社群實踐應互相銜接。❸為了這次課程，聖嚴法師做好事前備課工作，他在〈《天台心鑰》得到中山學術著作獎〉一文中提及：

　　　那是從西元二〇〇〇年夏天開始，到二〇〇一年七月，完成了一部《教觀綱宗貫註》，法鼓文化給了它另外一個書名《天台心鑰》，在二〇〇二年四月出版問世。今年（二〇〇二年）夏天，我也特地為這本書給法鼓山體系內的講師群撰寫講義，上了八堂課，還只是講了一半，準備

---

❸ 同註❷，頁248。

❸ 學術與實踐結合的觀念，在聖嚴法師留日期間接觸到日本佛教學術界後已有感而發，他在碩士論文修改出版的《大乘止觀法門之研究》「前言」說：「至於我為什麼要選擇這個論題？因為我是中國沙門，我的目標仍為中國佛教的前途。誰都知道，我國佛教，一向注重學行兼顧或悲智雙運，以實踐佛陀的根本教義或菩薩精神的自利利他法門，古來宗匠，無一不是沿著這條路線在走，東老人也嘗以寧做宗教家而勿做研究宗教的學者期勉。而在今天的日本，就是把佛陀的教義當作了學術化，把《大藏經》看作研究用的資料，所謂學以致用，他們僅把自己的研究考證的論文，作為謀取職業地位以及生活之資的工具，並非拿來作為自己修證的指針。實則，若不實修實證，根本談不上對於佛法的理解，這一點在日本的現代學者們也不否認。……經我的研究之後，這部書確是慧思禪師晚年集其畢生思想的大成之作。在其由教義的疏導而進入教儀的實修之諄諄善誘下，能使一個凡人，深入法海，親證法性。所以當我研究了它之後，既可向學校的要求繳卷，又可作為自己自修方便的依準。」（臺北：法鼓文化，1999年二版，頁5-6）

次年春天再繼續講下半部。❸

　　為了在兩天半時間內講授那麼大的篇幅，聖嚴法師撰寫了一份提綱契領的講義，以提高授課成效。在上課聽講之外，每天還安排讀書會研討時間，分成幾個小組，每組安排組長帶領。除了小組討論，課程中也排有全體學員共同討論的時段。隔年第二次課程的上課方式類同於此。這兩次課程為《天台心鑰》的推廣工作奠定了基礎，也讓一些過去較少接觸佛教學術的參與學員對研讀此書產生濃厚興趣。兩次上課研討尚有一項意外收穫，就是藉由大眾研讀討論發現書中的幾十處小錯漏，於2003年修訂版中予以更正，使這部著作更形完美。❸

（二）法鼓山講師群的聯合授課

　　在聽過聖嚴法師的講解課程之後，法鼓山的講師們在農禪寺組成一個讀書會，以團隊互助的力量增進對《天台心鑰》的理解。然後，在2003年9月，由幾位講師聯合開設《天台心鑰》的培訓課程，採課堂講授與分組研討並進的方式，隔週上課一次，為期一年。《法鼓》雜誌166期（2003年10月1日）對這次課程的報導如下：

　　　　佛學推廣中心籌備多時的《天台心鑰——教觀綱宗貫註》培訓課程，九月七日於農禪寺展開。本次參與的八十

---

❸ 同註❷，頁259。
❸ 聖嚴法師在《天台心鑰》的〈修正版自序〉中言及此事。

位學員……佛學推廣中心希望透過本次課程，培育出弘講
《天台心鑰》的師資，以及讀書會的帶領人。

聖嚴師父曾指出，漢傳佛教有極深的義理及修學次第，
不過到了宋明時代，卻只重視參禪打坐，不再著重教義研
究，明末蕅益大師看到這層危機，便提倡以天台學的教理
和禪觀，回歸佛陀本懷。時至今日，師父重新註釋蕅益大
師的《教觀綱宗》，便希望更多人能認識、接觸天台學。
而本次課程，其實便是一項推廣天台學、弘揚漢傳佛教的
長程培訓計畫，以《天台心鑰》一書為教材，每兩週上課
一次，一年後完成培訓。

目前擔任弘講的師資，包括了……八位講師，除了負責
授課，也在課後帶領分組討論。佛學推廣中心輔導師果稱
法師表示，培訓課程的師資，主要採團體合作的方式，不
但可以幫助學員對天台學有完整的了解，對師資而言，也
可借重彼此的專長。

在分組討論當中，學員們旺盛的學習態度，常常引發
熱烈討論，即使下了課，學員仍把握機會，不斷向老師請
益。學員之一的教師聯誼會會長○○○說，剛開始上課
時，心中難免有疑惑，但抱持著做早晚課的態度，每天固
定研讀，相信一定能有所進步，也能盡一己之力推廣《天
台心鑰》。

對於推廣《天台心鑰》的意義與目的介紹得非常清楚，
而且報名參加的情況非常踴躍，八十名是滿額，足見聖嚴法師
倡導的感召力量。最後一段引出教師聯誼會會長的話反映許多

學員的態度，他們感覺這本書非常難讀，還是願意堅持下去。這次課程的學員包括曾上法鼓山聽過聖嚴法師講授者，以及剛開始研讀者，又擴大了推廣工作的層面。

（三） 各地分支機構的開課與讀書會

　　在法鼓山上聽聞聖嚴法師的講授課程後，講師們開始在地區分院或辦事處開設課程或帶領讀書會。就筆者目前手中蒐集到的資訊❸列示於下：

　　1. 2002年10月至12月，林其賢於屏東辦事處開課，講授前半部，為期11週。

　　2. 2002年11月至隔年4月，筆者於中壢辦事處帶領讀書會（其實為授課，因學員理解有困難，討論缺乏成效），隔週一次。

　　3. 2003年2月到隔年元月，戴良義於中山精舍開課。

　　4. 2004年7至8月，筆者於大溪齋明寺開課，講授前半部，為期8週。

　　5. 2005年3月至12月，戴良義於中正精舍開課。

　　6. 2005年6月至8月，筆者於桃園辦事處開課，講授後半部，為期11週。

　　除了上述課程，也組織十餘個讀書會，密集於2003至

---

❸ 資訊包括筆者自行蒐集者及法鼓山普化中心信眾教育院所提供者（2010年5月25日）。據負責人員於電話中告知，因《天台心鑰》課程師資較缺，較少開課。又於同年6月接獲信眾教育院電郵告知，所有讀書會均已停止，可喜的是《天台心鑰》課程將於近期在臺北重開一班。

2005年間成立。❹2006年以後即無新的課程開設或讀書會成立，推廣工作已經冷卻一段時日。

　　《天台心鑰》的課程與讀書會似乎已有所冷卻，何以當時熱烈推動的一項事業無法延續熱度？究其原因，筆者歸納出幾點可能：

　　1. 就著作本身的性質而言，即使經過蕅益大師的濃縮呈現及聖嚴法師的現代詮釋，天台教觀畢竟是一門高深學問，架構恢宏，法門深邃，名相眾多，非經數年光陰的研讀與思索，

❹ 法鼓山普化中心信眾教育院提供的讀書會資料如下表：

地點	性質	舉辦期間	備註
1. 法行會（仁愛路二段）	讀書會	91年11/05成立	
2. 基金會	讀書會	91年11/05成立	
3. 公館（辛亥路一段）	讀書會	91年11/05成立	
4. 板橋（莒光路）	讀書會	91年11/05成立	
5. 中研院	讀書會	91年11/05成立	
6. 農禪寺、法鼓文化	讀書會	91年11/08成立	2與6合併
7. 佛研所	讀書會	91年11/08成立	
8. 佛研所教育推廣中心	讀書會	91年11/09成立	
9. 中山精舍	讀書會	93年7/13成立	94年4月與15合併
10. 石牌共修處	讀書會	93年8/13成立	約二年
11. 桃園辦事處	讀書會	93年9/03-94年6月	
12. 農禪寺	讀書會	94年3/08成立	
13. 萬華共修處	讀書會	94年3/10成立	
14. 中正精舍	讀書會	94年4/03成立	共8組
15. 中山精舍	讀書會	94年4/15成立	新生2人
16. 板橋共修處	讀書會	94年5/14成立	新生8人
17. 文山共修處	讀書會	94年9/09開始	

難以適當掌握其內涵。縱使理解天台教觀的梗概,該如何有效運用於實踐中,又須歷經長時間的探索和領悟。因此,學習過程極易令人生起退屈之心。

2. 就激勵閱讀的力量而言,由於天台教觀在學習方面的困難度,研讀者必須明了學習的意義所在,並要有激勵力量予以支持。一開始在聖嚴法師的積極倡導之下興起一股風潮,後來激勵力量沒有持續發出,閱讀風氣於是消退。

3. 就核心成員的養成而言,欲使《天台心鑰》的閱讀不斷推廣出去與延續下去,培訓一批穩固的核心成員實為必要,他們要能深入了解文義,以及在實踐層面的嘗試。為了養成這些穩固成員,延聘通達天台學的教師持續開課,使他們獲得充實與解惑的機會,以幫助他們克服學習迷惘,維持原有學習熱情。若第一代優秀的師資與讀書會種子無法訓練出來,推廣事業必然難以為繼。今日推廣情況未如當初所期,似乎反映困難無法有效突破。

五、結論

本文結論歸納為以下數點:

(一)聖嚴法師重視漢傳佛教的弘傳,認為天台教觀體系最具義理與觀行相結合的特色,能予當代學佛者深層啟發與實修指導。他選取藕益大師《教觀綱宗》這部濃縮天台教學精華的典籍,加以精心註解,進行現代詮釋,成為《天台心鑰》一書,幫助閱讀者從《教觀綱宗》通向天台佛學,進而通向中國佛學與整體佛學。

(二)天台教觀博大精深,《教觀綱宗》雖能提綱契

領，但文字過於簡略，加上佛學名相眾多，聖嚴法師以深入淺
出的現代筆法註解此書，讓更多學佛者得以親近這部典籍。聖
嚴法師通過新式標點的原文、淺易明晰的語釋、內容詳實的註
解的註釋體例，加上圖表的視覺輔助，為讀者化解許多理解上
的困難。閱讀《天台心鑰》，可說是從整體佛教與天台教學的
較寬廣脈絡來理解《教觀綱宗》。同時，聖嚴法師的註釋內容
也在引導讀者於熟習之後，導入實踐觀行。

（三）《天台心鑰》的推廣步驟，包括：1. 聖嚴法師親
自講授此書及帶領讀書研討。他於2002年夏及2003年春，招
集法鼓山的講師與菁英親自授課，奠定推廣的基礎。2. 法鼓
山講師群於農禪寺的聯合授課，詳細講解全書，培訓師資與
讀書會種子。3. 於各地分支機構開設課程與組織讀書會，擴
大推廣範圍。

（四）推廣《天台心鑰》所面對的困難為：1. 著作本身
的性質，天台教觀精深難懂，須經長時間熟習。2. 激勵研讀的
力量，一開始在聖嚴法師的倡導之下形成風潮，後來缺乏持續
激勵。3. 穩固的核心成員，欲使推廣工作不斷拓展與延續，須
養成一批能掌握文義與嘗試實踐的穩固成員。必須有效突破這
些難題，《天台心鑰》的推廣始能持續進展。

Venerable Sheng Yen's Effort to Promote Tiantai Teaching and Meditation in the Dharma Drum Mountain Buddhist Groups in Taiwan

With Special Focus on His Book: *A Key to the Central Ideas of Tiantai Buddhism*

Kuo-ching Huang

Assistant Professor

Graduate Institute of Religious Studies, Nanhua University

❚ Abstract

Venerable Sheng Yen was an eminent Buddhist master in history of modern Chinese Buddhism. He had a profound and thorough understanding of Buddhist texts, as well as deep meditation experiences. His efforts to transform the world into a "pure land" can be witnessed through his lifetime effort to spread Chinese Buddhist doctrine and methods of practice to both Chinese communities and the western worlds. He felt that Chinese Buddhism has not been properly valued. As a Buddhist monk following the Chinese Chan tradition and as a scholar who has studied Indian and Chinese Buddhist theories, he actively promoted the study and practice of Chinese Buddhism especially during the last phase of his life. He focused on the main ideas and tenets of Chinese Buddhism in order to help modern Buddhists appreciate the profundity of Chinese Buddhist theory and the wisdom of ancient Chinese masters. He wrote commentaries to several classic Chinese Buddhist texts written by famous masters from various

Chinese Buddhist traditions. Among them, *A Key to the Central Ideas of Tiantai Buddhism: A Commentary on Jiao-guan-gang-zong*（天台心鑰——教觀綱宗貫註）is perhaps the book that Venerable devoted most of his efforts. The *Jiao-guan-gang-zong* was written by Ouyi Zhixu of the Ming Dynasty. The Venerable taught his work personally to a select group of Dharma Drum Mountain reading club facilitators with the hope of making his commentary the guide to disseminating Chinese Buddhism. The significance of writing this book, the methods through which the book is designed to be promoted, and the difficulties confronted in the process of disseminating this book in reading clubs are summed up as follow:

1. Many Buddhists assert that Theravāda Buddhism and Tibetan Buddhism articulate a more defined Buddhist practice than that of Chinese Buddhism, which is criticized as being without any stages of practice. Venerable Sheng Yen challenged this assertion by introducing a work by Zhixu. The Venerable's work expounds Tiantai Buddhism's central ideas and stages of practice in the structure of its fourfold model of the Buddhist path (i.e., the Tripiṭaka Teachings; the Common Teachings; the Distinct Teachings; and the Perfect Teachings). As the teaching of Tiantai School emphasizes the integration of calming (śamatha) and contemplation (vipaśyanā), a close examination of this book by the Venerable would provide modern Buddhists with a wealth of resources for furthering their practice and avoid mistaking shallow meditational experiences as profound insights.

2. In the introductory chapter of this book, the Venerable introduces the background of Tiantai Buddhism and some information about Zhixu's work, *Jiao-guan-gang-zong*. In the subsequent chapters, he interprets the text sentence by sentence, providing modern readers with commentaries that are both assessable and profound (the text was originally written in classic Chinese). The Venerable's extensive knowledge in Buddhist doctrine offers in-depth explanation to difficult terms and concepts,

allowing modern readers to appreciate the profundity of Chinese Buddhism.

3. To popularize a profound work on Buddhist teachings, it is necessary for members of DDM to fully understand its contents before disseminating it to DDM book reading clubs. The success of this task is contingent on the effectiveness of the reading clubs. The Venerable selected a handful of reading club facilitators personally and read through the book with them twice. This was the first stage of promoting the work. After that, the Dharma Drum Mountain Center for Promoting Buddhist Teaching took over the task of disseminating this book. Some facilitators taught the whole book in cooperation to train leaders of future reading clubs. In subsequent years, a few courses and reading clubs were offered at the local branches of Dharma Drum Mountain.

4. Tiantai doctrine is usually considered advance Buddhism. To gain a proper understanding of its teaching, it requires many years of study and further years of contemplation. Since the leaders of reading clubs are not professional Buddhist teachers, it is important to invite experts on Tiantai Buddhism to teach these facilitators. Courses on Tiantai would advance the facilitators' understanding and eliminate their confusions. Otherwise their motivation for facilitating the reading clubs will decrease. If the first generation of the leaders of reading clubs are not be successfully disseminating the Venerable's work, the task of promoting the work would not continue. Today, the courses and reading clubs on this book are no longer offered. This implies that difficulties are not solved.

Key words：Venerable Sheng Yen, Tiantai teaching and meditation, A Key to the Central Ideas of Tiantai, Dharma Drum Mountain Buddhist Groups

默照禪修對心理健康影響之初探

楊蓓

實踐大學社會工作學系副教授、聖嚴教育基金會執行長

▌摘要

　　本研究將默照禪與心理健康之間的關係進行初探性研究，以生命經驗觀照的觀點，檢視默照禪修的影響與效能。聖嚴法師以漢傳佛教之禪師著稱於世，接受其教導之默照禪的學員不下十萬人，如此普及的禪修方法如何影響著參與者的心理健康，是本研究之興趣所在。

　　本研究採用質性研究的方法，以立意取樣（禪修經驗超過三年，至少參加「默照禪七」三次以上），在不帶有理論預設立場的情況下，以當事人主觀生命經驗的陳述為核心，邀請12位禪修學員，以焦點團體方式蒐集研究資料，再以現象學內容分析，歸納其禪修歷程中的生命轉折。焦點團體的訪談係由接觸禪修時的身心狀況談起，對照其禪修歷程中自我認知的改變與生活變化，來探尋默照禪修的影響脈絡。

　　訪談文稿整理分析後淬取出來的研究結果顯示，默照禪修歷程與生命經驗對照之後，可分為幾個階段：一、身心遭遇瓶頸，需要突破；二、穿越痛苦，心境逐漸安定；三、在看清煩惱中，尋找改變的可能性；四、人生仍有困境，但是有方法可以因應。

　　而在這幾個階段中，大致有四種面向的改變：

　　一、身體部分：1. 透過覺察與放鬆自己，身體症狀得以治療；2. 提昇睡眠品質。

　　二、心念部分：1. 調伏負向情緒，減少負向思考；2. 覺察習性、模式；3. 懂得如何轉念。

　　三、人際部分：1. 互動較為柔軟，減少固執己見；2. 情緒控制較好，人際對立衝突較少；3. 尋找真誠說話卻不傷人的可能性。

　　四、生命態度：1. 找到生命的著力點；2. 培養以自然的態度面對生死。

　　綜合上述研究結果，研究者認為默照禪修對禪修者生命歷程所造成的影響具有正面效果，因為默照禪法的練習培養出「覺知的智慧」，使禪修者得以在身心靈全人觀照下處理自己的困境。

關鍵詞：禪修、身心靈健康、覺知的智慧、全人觀照、聖嚴
　　　　法師

一、研究背景與目的

臺灣每天平均有10.7人自殺死亡❶，159對夫妻離異❷，73通兒少虐待通報電話❸，失眠盛行率高達21.8%❹，22.2%的大學生有憂鬱的情緒❺，精神科求診人次逐年增加，這些現象反映了臺灣社會的心理健康狀態，並未因種種的建設與發展而使人們的生命品質提昇。

功成名就一直是人類社會的主流價值，追求功名利祿成為所有人努力方向，顯著地疏忽了內在心靈的踏實感。心理學的發展時間並不長，但因深受自然科學的影響，心理學研究一直在實證理性的典範中將人的行為化約為簡單的刺激反應（行為學派），或將行為歸因為一種生物性驅力（精神分析學派），而忽略了人之所以為人的整體性。在主流價值和心理學實證發展的交相作用下，人的情感、創造、自由、價值、意義等等層面一直未被重視。

到了二十世紀中葉人本心理學興起，是為心理學界的第三勢力，自此，人的自主性存在、自我成長與自我實現的潛能

---

❶ 全國2010年自殺死亡人數計3,889人，出自行政院衛生署統計室，資料擷取日期：2011年6月15日。

❷ 全國2010年離婚對數計58,037對，出自內政部統計處，內政統計通報，2011年第28週。

❸ 全國2010年1-6月各縣市政府受理之兒童及少年保護個案通報人數計有13,130人，出自內政部統計處，2010年第50週。

❹ 臺灣睡眠醫學學會自2000年來，每三年進行一次國人睡眠調查，2009年調查中顯示全臺慢性失眠症盛行率為21.8％。

❺ 根據董氏基金會2008年「大學生主觀壓力源與憂鬱情緒之相關性調查」，有22.2％的大學生明顯憂鬱情緒需專業協助。

開發被視為促進人類心理健康的重要方向，也使心理學的範圍逐漸涵括了人性的尊嚴與價值。然而人本心理學的巨擘馬斯洛（A. Maslow）和羅吉斯（C. Rogers）在其晚期的著作中均揭示了人性中一直未被心理學界所正視過的靈性（Spirituality）成長和自我超越，而這一未被正視的領域正好與西方學者對東方文明中的人性觀、宇宙觀、價值觀等的好奇匯流，而逐漸形成心理學界的第四勢力：超個人心理學（Transpersonal Psychology）（鍾秋玉，2004）。

任一現象的興起與轉變，必是因應人類與人性的需求，心理學亦然。即便是學院中的心理學者並未因應身心靈全人發展所需而大量鼓吹，但是自1990年以降，對宗教心理學、榮格精神分析、意識轉化與超越、禪修等等的相關研究，幾成倍數增加。晚近由禪修發展出來的MBSR（Mindfulness-Based Stress Reduction）更是運用在輔助各種心理治療當中（Greene, 2005；溫宗堃，2006）。至此，東方文化與西方文明終於共同建構出促進人類心理健康的新脈絡，同時亦逐漸以身心靈健康一詞取代心理健康。

聖嚴法師（1930～2009）生前為一國際知名的漢傳佛教禪師，承襲了中國禪宗流傳至今的曹洞與臨濟兩宗法脈，自謂所教導之默照禪為最適合現代人之禪修方法，修習人數不下數十萬人，如此普及之禪法是如何的影響了參與者的生活與生命品質，而對其心理健康狀態產生影響，是為本研究興趣之所在。故本文目的即嘗試透過禪修者的主觀敘述，探討默照禪在禪修者生命歷程中的影響。

二、心理健康與禪修

冥想（Meditation）一直以來，以各種形式存在於東西方的各種宗教中，如印度瑜伽，中國佛家的禪坐，西方基督宗教的祈禱、避靜，回教的蘇菲旋轉等。數千年來吸引著大量人口投入這些宗教活動，藉此獲至心靈上的平安、情緒的調整，甚至心識的啟發，然而由於這些方法依託在宗教活動中，因此未能與崇尚自然科學實證研究典範的心理學對話。即便是臺灣的心理學界，禪修與心理衛生專業人員亦鮮少正式地交流，這與臺灣的心理衛生工作侷限在照顧精神障礙和心理疾病治療為主的「小眾」服務專業有關（陳秀蓉，2007），不但不易達到治療效果，也喪失了預防的先機。

此一現象在西方國家也不例外，面對壓力、因應壓力，一直是西方心理學者關注的焦點，其背後隱含的基本假設為當人們壓力感減輕時，快樂幸福感才變得有可能；因此若檢視國外近年來有關正念減壓（MBSR）的博士論文研究也可發現，即便是用正念所發展出來的禪修方法也一直圍繞著各種壓力症狀緩減的研究（Greene, 2005; Degen, 2007; Nice, 2008; Araas, 2008），特別是對疾病的紓緩。

儘管專業心理衛生工作所涵蓋的對象有限，但是一般大眾仍然在其既有的社會文化脈絡中尋覓足以令自己身心靈健康的方法，例如養生氣功、禪修活動、宗教信仰等，藉此因應與日俱增的生存壓力，以調養身心、安身立命。因此自二十世紀末，國內陸續出現有關禪坐的學術研究，例如，「以禪修紓解工作壓力俾建構有效率的人力資源管理」一文即明確指出，學

習禪修後能夠改變心智,對於職場及家庭方面的和諧,以及在人際關係、情緒管理、心靈提昇上有正面的成效,期望藉此激發企業成員的潛能,創造組織最大效率(林俊彥等,2006)。

又如王明雯的博士研究是以慧能禪的自性認同體用系統的心性觀是否能有效地調整自我基模,使個體具有較健康的自我基模特性,並且藉此來描述個人自我基模特性與心理健康狀態的關係。其所探討的心理健康程度的指標為情緒類別、認同對象、知覺方式、關係特性等四項,他以高中生為訪問的對象,發現高中生透過短期密集式禪修訓練,禪修後,持續而普遍性應用禪觀及禪修方法,可以促使高中職學生具有較良好的自我基模特性及心理健康狀態(王明雯,1998)。

楊淑貞等人的「禪坐之自我療癒力及其對壓力、憂鬱、焦慮與幸福感影響之研究」,提到自我療癒的要素是正念、慈悲、安定、覺察,這是禪修重要的功能(楊淑貞等人,2007)。而陳秀蓉的「葛印卡內觀禪修十日課程的心理健康研究」則是找出其增進心理健康的要素,認為禪法中的戒、定、慧是基本的要素(陳秀蓉,2007)。

上述這些研究均指出禪修對於心理健康有其正面意義。其中除了陳秀蓉對葛印卡內觀禪修方法有具體而明確的指認之外,其餘研究均泛泛地統稱「禪修」或「禪坐」,即便在王明雯的博士論文中所指之慧能禪亦為彙整各家方法之統稱,並未確切指認何種禪修方法。聖嚴法師所教導之禪修理論與方法,屢被各學術研究所引述,卻未曾被仔細地研究其與心理健康之間的關係,故本研究選擇聖嚴法師所教之默照禪為焦點,檢視其對心理健康之影響。

三、默照禪與禪修

禪，意指一種心的狀態。按照釋家的說法，人的心地本來清淨自然，然而由於種種與外在環境互動所帶來的染著，再加上夙世的積累，因此要讓心再回復無染的狀態，必須要透過修行的過程。然而無染的心是什麼狀態，或謂禪是什麼狀態，只有真正體證過的人才能心知肚明，因為禪的狀態是超越了語言文字的描述。

心，之所以會染著，主要源自於感官與認知系統的作用，也就是煩惱與痛苦的根源來自於受苦者自心的作用。因此，在人跡罕至的地方修行，杜絕較多的干擾並不保證修行更得力；大乘佛教的精神即鼓勵人當在人群中修行，再將其清淨的心態來促進良性的社會發展。於是「禪修」就兼具了兩層意義，一是緩減或消除自身的痛苦，二是利益自身所處的社會環境，所以使心處於禪的狀態就成為修行的目標；禪修，則是為了讓心達到禪的狀態，而採用各種方法練習的過程。至於禪的狀態是什麼，即便是「不立文字」的禪宗，數千年來用各種方式的文字敘述仍無法說明白，由此可知對「禪」的體認是「如人飲水，冷暖自知」的主觀經驗。

禪修是一漸進鍊心的體驗過程，因此過程中，視個人狀態不同，個人的壓力，持續地隨著心的變化而變化。當心的穩定與安定逐漸增加而強大時，壓力感會下降，這也是前節有關禪修的研究結果之所以奏效的原因，例如楊淑貞等人的研究「禪坐之自我療癒力及其對壓力、憂鬱、焦慮與幸福感之研究」中，即視禪坐為一心理健康自我促進的方法，此一

研究即揭示了透過禪修,它是一個具備普及性、預防性的維護自我心理健康的方法,在醫療資源不均而又諱言就醫的華人社會中,是一可取的方法。該研究中所提到的自我療癒的要素為正念、慈悲、安定、覺察,均為心的狀態與作用。因此,持續的禪修過程中,由於心的狀態的改變,而促使禪修者的身心狀態較不遭受外在經驗強烈地干擾,當是禪修最基本的功能。唯此研究建議應對長期禪坐者進行深入的質性研究,以了解其轉化的機制。

然而禪修歷程中心的變化是千變萬化的,聖嚴法師即言透過收心、攝心、安心,而無心的鍊心調心歷程中,心由粗而細,其中自知之明漸增,進而做自心的主人(釋聖嚴,1999),於是心的狀態藉著禪修的方法由散亂、集中而統一。當心處於散亂狀態時,念頭紛亂,相互拉扯,這時的衝突,或起因於在外情境,或起因於內在價值認知的矛盾,均引起內耗,一旦外在壓力增加至無法負荷時,身心症狀就容易產生,所以禪修的方法並不直接去處理外在問題,而是直指人心,在心上下功夫。

按聖嚴法師的說法,禪宗為人解決問題的方法有兩種,一為離念,此為頓悟法,「也就是不必通過經驗、知識、思考、學問的過程和努力,只要當下把自己放到時間與空間之外,把自我意識的屏障全部抖落。」(釋聖嚴,1999);另一為觀想,「是用轉移意識的焦點,或把意識專注於某一句話,一樁事,一個點,某一個念頭。……使人的煩惱與意識漸漸沉澱、澄淨,而漸漸產生智慧。」(釋聖嚴,1999)。這兩種解決問題方法的背後,其基本論述就是人的問題皆由心的作用

而產生，因此解決問題的核心在於改變心的作用，透過禪修的方法直接使「境隨心轉」，因此禪宗在面對人世間種種的煩惱與痛苦時，禪修就是方法，而明心見性是心智修煉極致的健康狀態。

默照禪是十二世紀南宋時代兩大著名禪師之一的宏智正覺禪師（1091～1157）所首倡。1980年以後，聖嚴法師秉持曹洞宗之法脈大力推動默照禪修，在其《聖嚴法師教默照禪》一書中，開宗明義言道：

> 默照禪法是最容易用的修行方法，不需要像修次第禪觀那樣，一個次第一個次第的修。但是，默照禪法的功能是涵蓋著次第禪觀的。因為其內容是非常直接，用的方法也非常簡單，只要掌握著不把自我意識的執著心放進去，不作瞻前顧後的妄想思索，當下是什麼便是什麼，那就跟本來面目相應了；放捨我執是「默」，清清楚楚是「照」，這就是默照禪。（釋聖嚴，2004）
>
> 默，是不受自己內心以及環境的影響而動，心保持安定的狀態。照，則是清清楚楚知道所有的狀況。（釋聖嚴，2004）

因此默照禪修的方法，簡言之，只有「放鬆」、「放下」兩項原則，在此原則下，默照禪修是一種工具，它既是離念法門，也是觀想法門，目的在過程中減少妄念，其中經歷放鬆身心，體驗呼吸，只管打坐三個層次，當放鬆時，與放鬆不相干的念頭即為妄念；當體驗呼吸時，與呼吸的覺受不相干的

念頭，即需放下；當身心漸趨安定時，只需知道自己全部的身心都在打坐。如此自然而不刻意的循序漸進，心地逐漸清明自在❻，漸離自我中心，煩惱與執著也漸淡。

透過默照的方法，心的狀態漸由散亂、集中而統一；而統一心有三個層次：身心統一、內外統一、念念統一。由無心的角度而言，即便是念念統一都是要放下的，更不可心存「追求」，是所謂「放捨諸相，休息萬事」；但就心的清朗安定而言，統一心相較於散亂心，的確是一個較為安定的狀態，因此由心理健康的角度來看，默照禪修即在「默默忘言，昭昭現前」❼的練習過程中，增進了心的安定寧靜，進而能較從容地去因應生活中各種壓力。甚而，由於心的穩定，壓力感削弱之餘，原本的壓力事件在主觀覺知上已不再是壓力。

四、研究方法

以質性研究為方法，將現實世界看成一個非常複雜且多元的「現象」，而此現象是個不斷在變動的動態事實，由多個層面的意義與想法所組成，這現象與事實則是受環境與情境中主角的主觀解釋彼此間的互動所影響（簡春安、鄒平儀，1998）。因此，質性研究者在做研究時注重自然情境脈絡中人類行為的主觀意義與當事者的內在觀點，並理解人們解釋其經驗世界的過程（黃瑞琴，1991）。

本研究採用詮釋學的方法，以立意取樣，在不帶預設立

---

❻ 參見《聖嚴法師教默照禪》，臺北：法鼓文化，2004年。
❼ 出於宋代曹洞宗高僧宏智正覺禪師所著《默照銘》中之頭兩句。

場的情況下，以貼近當事人主觀經驗的陳述為核心，邀請12位在法鼓山至少參與「默照禪七」三次以上，且參與禪修活動超過三年以上的禪眾，以三次焦點團體和數次電話、書面訪談的方式，深入蒐集受訪者在禪修歷程中生命經驗的變化，以獲得深刻且詳細的禪修歷程相關資料。所有訪談資料均謄錄為逐字稿之後，運用現象學內容分析整理詮釋禪修歷程對受訪者生命經驗所形成的影響。

因此，資料分析的依循架構，是以Hycner（1985）發展的「現象學內容分析法」（phenomenological content analysis），將訪談資料做系統化的歸納分析，產生編碼、類別與主題，對受訪者的主觀經驗做深度的理解分析。研究具體的分析步驟如下：

1. 謄寫訪談逐字稿（Transcription）

2. 聆聽訪談內容以掌握整體感（Listening to the interview for a sense of the whole）

3. 界定初步的意義單元（Delineating units of general meaning）

4. 界定與研究問題有關的意義單元（Delineating units of meaning）

5. 淘汰多餘不必要的字句（eliminating redundancy）

6. 群聚相關的意義單元（clustering units of relevant meaning）

7. 從意義的群聚中決定主題（determining themes from clusters of meaning）

8. 修正主題與摘要

9. 確認整個訪談中一般性與獨立性的主題項

10.共同主題項的脈絡關係闡述（contextualization of themes）

此研究為事後訪談，採回溯的方式，因此有些事件、情緒或是感受的部分，會隨著時間與空間的改變而與事件發生當下有所差異。因此，研究結果之概念著重在事後重新對於事件賦予的解釋與意義。所以，訪談的描述傾向於整合訪談者現在對過去經驗所產生的想法。本研究對於此限制處理方式，是讓訪談者盡量詳細地敘明，並尊重其主觀的認定。

五、研究結果

彙整訪談資料發現，所有的訪談者都在生命歷程中或因身體疾病、心理不平衡、親人逝去，或對生命何去何從而迷惘等等原因而接觸禪修，而在禪修歷程中，隨著修心鍊心的過程，生命有了不一樣的轉化與詮釋。在對照之下，可分為四個階段：（一）身心遭遇瓶頸，需要突破；（二）穿越痛苦，心境逐漸安定；（三）看清煩惱之所在，尋找改變的可能性；（四）人生仍有困境，但是有方法可以因應。

由此階段來看，禪修皆因對「苦」的認知而開始，知苦之後，尋找方法想要離苦，而默照禪修歷程中因為心逐漸由散亂而集中，於是較為安定，也就比較能觀照到自心之所以紛擾的原因，進而尋求自我改善之道。一境放下之後，境境都知道如何用方法來因應困境，因應之間有的容易，有的困難，但只要不斷地、不斷地安住自心於默照的方法上，困境中的苦就能緩減，生命就會出現轉折與改變。以下描述即為一例：

　　拿自己自禪修以來對應現實社會環境的時候，心境就會
轉換，轉換的時候，這中間就會有所心得，或者姑且說得
到一些智慧。……我在大陸的時候，也曾很好過，回來的
時候也曾經什麼都沒有，經濟出了很大的危機，家庭有些
變故，要面對經濟、家庭的危機，這時候，有接觸禪修就
會有很大的差異，尤其在面對身邊親近的人往生時，更是
心境最大的依靠。從中間就可以看到定的功力以及悟的程
度到哪裡，自己很清楚。……我以前也會看生命這一塊，
只是那時候是模糊不清的，那是因為找不到著力點，進入
到師父的禪法裡面以後就找到了著力點，那個深度才能真
正的進入。

　　運用默照禪修來因應生命經驗中的苦，大致有下列四種
面向的改變：

（一）身體部分

　　1. 身體症狀得以改善：例如偏頭痛、胃痛、子宮內膜異
位疼痛，肩頸僵硬、高血壓、體力羸弱、手腳冰冷等症狀，或
消失、或減緩至不礙生活。

　　在身體方面，以前我肩頸僵硬很厲害，因為沒有辦法放
鬆，常常頭痛，那種痛起來就一直吐，偏頭痛痛到一個程
度喔，連吃止痛藥，連喝那個水，全部都要吐出來，都沒
有辦法說在胃裡面，那個常常都要到七、八個小時之後，
也不能吃東西……。我發現已經好幾年都沒有這樣了，現

在我每天打坐大概半個小時到一個小時，早上持咒，晚上睡前就是打坐，透過打坐發現氣一直往下沉。……用默照的那一陣子真的可以做到身心很輕安。

2. 提昇睡眠品質：淺眠、多夢、不易入睡、失眠等現象改善。

我有非常嚴重的子宮內膜異位，會痛到暈掉，我就開始靜坐，靜坐差不多一年多，我的子宮內膜異位問題解決了，包括我的睡眠很不好，以前每天半夜三、四點才睡得著，沒到早上十點不起床。後來因為要打坐，我就變成十二點睡覺，早上四點就會起床，打坐到六點，一天坐兩個小時，一年多我的子宮內膜異位的問題就沒有再發生過，到現在。

睡前開始靜坐放鬆，此時什麼都不懂，只是覺得晚上睡前有靜坐，比較好睡，冬天手腳較不冰冷。

（二）心理部分

1. 調伏負向情緒，減少負向思考；因此憤怒、憂鬱、哀傷等現象改善，心理壓力趨緩。

脾氣真的變好，我現在很少生氣，不太會生氣了。早期就還會。所以學佛是真的很好。早期是你明明已經知道要生氣卻煞不了，現在這一年是好很多。

有時候我們的習氣真的不是那麼容易可以改的，也許是

逐漸在淡化，但還不是那麼的快。我們可以很清楚去看到
我們自己的一些習氣、心態，當我們能夠去看到，就有辦
法去把它改進。也能夠去看到別人的長處，去欣賞別人。
心很平和，比較能夠平心靜氣比較不會發脾氣。

　　我是一個很會胡思亂想的人，很複雜，很多事情會跟著
念頭一直跑，會塑造環境跟演電影一樣，個人的執著也很
多，造成個人不愉快，會有這樣的負擔，透過禪修可以慢
慢把這些東西放掉。

　　會有一種體驗，就是說用默照禪修方法的話，腦袋會比
較乾淨一點，因為我比較是那種負向思考比較多的，然後
會跟著自己的念頭一直跑，如果說能夠用那個方法，則置
心一處呀！

2. 覺察影響自己的情緒與心念起伏的模式，而加以因應或預防。

　　比學禪前更深一層對自我的了解：我不是十善十美之
人，我會生氣、罵人（尤其是罵老公），我會難過，也會
哭，我是一位平凡人，我接受我是有缺點的人，有不足之
處，有需要他人協助之時，也有需要朋友之時。

　　在各種狀況中，我們會顯現出各種習性，會跑出來，……。
目前我會去參加義工工作，或者參加一些活動，讓自己一
些潛在的習性更浮現，因為我一定會碰到各種狀況，然後
有一些一定會隨緣感謝，裡面相對應的東西就會跑出來，
我們就會去更了解自己，更知道怎麼去改進自己，因為有

很多深層的習性平常都OK，沒有什麼狀況，也覺得還可以，可是當你碰到確切狀況的時候，其實才能夠知道自己真正的狀況是怎麼樣，工夫到底是怎麼樣的一個程度，才更能夠去檢驗自己。

我反過來從開始還沒有接觸師父禪法的看法的時候，那時候自己是怎麼對應這種事情，到剛開始接觸的時候是怎麼對應，十年前跟十年後我再回觀過去，就會知道你中間產生了什麼樣的變化，你心的對應跟你心的體悟，這中間是完全的不同。

3. 懂得如何在困境中轉念，因而能坦然的以平常如實的心態面對困境。

會比較安住在現在的狀況，……，就會知道你的心安在哪裡，可以做的，就是盡心盡力，因為我已經盡力做了，好就是好，不好就是不好，我覺得都沒關係，就是接受。因為我是導覽組義工，在帶團的時候狀況太多，其實要非常安定，隨時要去處理任何可能發生的情況，不管是團遲到還是早到，還是下雨要早走等等，就是怎麼樣都好，反正就是接受；在當下的話，就是用最安定的心去採取一個最適當的處理方式，可能當時覺得適當，但是後來人家覺得不是很好，可是已經過了，也就是只能接受。

師父說的四它是面對它、接受它、處理它、放下它，一開始覺得這道理很簡單，本來以為自己有工夫呀，真的碰到的時候就發覺還真的不行。只是工夫沒有那麼純熟，所

以有時候你碰到了，……，碰到了怎麼辦，就是面對它、接受它、處理它、放下它，再來一次，……幾次以後就發覺，知道怎麼樣去坦然面對。

我們事實上是會同情現在這些受災的人，但是你會相對性的覺得這種受災是個自然界的必然現象，因為人活在這個娑婆世界裡面，有因就有果，所以懂得這個道理，當然在親情、感情上你還是會去同情他，可是不是那麼的被這種無謂的同情包圍，而覺得很難受。這是一種心境的轉換。

（三）人際部分

1. 脾氣改善，互動較為柔軟，減少固執己見，不以完美主義來要求他人。

人際關係也變得比較好，因為懂得清楚、放鬆，我覺得大概百分之九十都是正面的，而且幾乎都用得上。……整個來講，默照對我的幫助滿大，我常會看到我以前很固執，都要別人按我的方法，都會覺得我的方法最好，你要照我這個方式。……（但現在）我就會發現說只要大家都能夠處理好，不一定要照我的方式，其實我麻煩一點點，我再做一個什麼動作，只要大家都能夠處理的很好，我都會無所謂。

那次體驗很深，就是我們執著的好跟壞，那是一體兩面，連在一起的，是我們的心去分別的。那次之後對於事情的好壞就沒有強烈的反應。有些事情有些人認為好，有些人認為不好，就是當下的分別心。我常常會抓一個人，

我不喜歡的，我會對他有情緒，包括對於外型很胖，我也
是很討厭。我後來把它拿掉之後，他還會遞東西請我，奇
怪我的心念一轉，就變成這樣子。所以有滿多體驗，所以
說學默照禪對我的幫助滿大的，要舉的例子也滿多的。

　　我的心就是很安住耶，就像現在我們這樣講話，我的心就
很清楚，也很安定。我想這應該是屬於默照吧！這樣分別心
就會比較沒有，我這樣看過去，不會給它取名字耶，我的心
不會馬上跟那物相疊在一起，給它任何的形容呀！名字呀！
比較呀！這不容易出來，就是看到事情，就是知道它。

2. 由於看見自己的狀態，人際之間的對立衝突減少，較
能以包容、同理的態度因應。

　　因禪修，忍辱之心有增強；我家師兄除是殘障人士還帶
躁鬱症（但無病理意識），一開口罵人，幾個小時不停，
……也曾我在開車中，從家（羅東）出發開始罵（走北宜
公路往臺北），到坪林前才停住，這過程未回一句話，除
專心開車外，將注意力百分之八十放在全身放鬆，百分之
二十聽他罵人，他罵人的語言文字猶如「鏡湖倒影」的符
號，我清清楚楚的知道。

　　默照是一種化，不要分別心，用在日常生活中滿重要
的，簡單舉兩個例子，沒有退休前對我們主管很不諒解，
我看得很清楚，他怎麼會這樣子，心裡就很不高興，當然
那是我的一個分別心，……我在心裡對話了很久。……本
來關係很不好，後來我的心轉變，對他的態度也轉變，後

來也看到他轉變，之後我退休，他也退休，大家變得很和氣也很歡喜，我有把方法用進去。

就回想以前我不就是會這樣嗎？若干年前，我不就是那麼笨嗎？我不就是那麼貪、瞋、癡、愛戀？我不就是那個樣嗎？那個時候同理心就出來了，同理心出來，包容心就出來了，就會進入到一種狀態，就是根本沒有什麼話好說的。

3. 尋找真誠說話，卻又不傷人的互動方法。

我們也很能夠去體察到對方的反應，應該怎麼樣適當的回應，會比較稍微圓融一點，會覺得自己更有耐心，會讓人家覺得很安心，人家願意講很多心裡的話，……我們也會傾聽他的訴說，給予適當的一些建議。……會更有同理心，看事情的時候會去站在他的立場去看這件事情，很能夠了解、理解他為何會這麼表達，比較會有寬容的心、包容的心，覺得好像視人如己，對別人真的會很真誠。

人際關係更好，由於內心改變，對外朋友間的互動更好。

我覺得有一個很大的好處就是在跟人家互動中，其實我們是看著自己耶，我們是起什麼的心態、心念，這些自己都很清楚，所以隨時都可以去調整自己。

其實我以前脾氣很壞，個性很急，當然到現在也是一樣，可是開始禪坐之後，開始對自己的起心動念感到清楚。其實我是非常擅長跟別人辯論或吵架，吵架絕對不會吵輸人家。後來我突然有種感覺，開始就覺得奇怪，好

像我要生氣了，其實第一次開始有這種感覺時讓我嚇一跳，突然怎麼在生氣之前有要生氣的感覺。那時候我覺得滿訝異的，只是後來懂了才知道，原來這就是覺察。其實就是開始很清楚自己的起心動念，我覺得這樣滿好的。

近幾年來，發現自己情緒起伏自己清楚；與人交談也可聽見其背後的用意；比以往理性很多。

（四）生命態度

1. 找到生命的著力點，知道自己想要追尋的生命意義與樣貌。

我以前也會看生命這一塊，只是那時候比較是模糊不清的。……我以前看生命那一塊找不到著力點，進入到師父禪法裡面以後就找到了著力點，因為要找到對的著力點，那個深度才能真正的進入。如果著力點是錯的，你看的東西未必是正確的，但是你會以為你是有深度的，我想很多外道是這樣，……也就是師父在正信的佛教裡面所說的，很多的認知不見得是對的，可是很多人都以假當真。……師父最難能可貴的就是很容易的、簡單的幫我們找到那個對的著力點，這個著力點它的深度就可以無遠弗屆的一直發展，所以你可以深入的去看，可以發現師父對於默照的說明，就會了解那個深度是愈看愈遠的。所以你講的沒有錯，對深度、對廣度，最重要的是那個著力點要對。

2. 勇於接納、改變現狀，在生命歷程中創造新經驗。

　　默照有趣的是我愈期待就愈得不到，愈不期待就愈得到，這是很奇妙。……因為我學默照一直去面對我最不想面對的事情，我現在遇到我想逃避的，遇到我不喜歡的，就是我要用功的點，我要去接受，就像我不喜歡打坐一樣，去接受就好了。不喜歡的人物事，你去接受了，會發現事情就沒有對跟錯，就沒有那麼難，我現在就比較容易去接受我不願意接受的事情。默照在跟我玩捉迷藏，我就很容易去接受這樣的事情，也不要預想，師父說好沒有一定的好，壞沒有一定的壞，會像腿痛一樣，會過去。所以我一直都很能接受這樣的一個事實，這是默照上體驗比較深的，在工作上，在生活上，人際關係上有的。

　　觀念、態度的轉變：我想這是最大因素，因心的改變，觀念、態度就會改變，態度改變，習慣就改變，習慣改變，行為就改了，人生就會改變。例如：一般人會用「夫妻相欠債」，而我是逆向思考，「我家菩薩是來成就我修行，他前世發願此生是來度我修行，怕我不精進才要這樣磨人」、「其實最辛苦的是他」。

　　所以我在那裡看到那時候的執著是很堅固的，我也看到我的執著，那時我在做八式動禪的時候也很放不下我的工作，後來我再回頭看的時候，我發現其實要放下最愛的時候沒有那麼難，當你在放下的時候很痛苦，再回頭看的時候沒有那麼難，反而是無限的。

　　變成是我覺得你看待事情的角度會不一樣，除了會清楚自己的起心動念，覺得就是用佛法，所謂的慈悲與智慧。因為之前在工作上就是會跟學生接觸比較多，有時

候你就會學會用另外的角度來看事情，眼界就會變的比較不一樣。

3. 培養以自然的態度面對生死。

看最親近的人走的那種痛苦，到後來也會有痛苦和悲傷，可是因為有師父教導的觀念，尤其是對生死的開示，在師父身體不好時對生死的開示，你看過之後，會有另外一種心境來看，這種心境是很平和的。所謂的平常心，我那個時候才知道什麼叫平常心。……事實上還是會有這種痛苦和悲傷，不過你不會被它駕馭，不會讓痛苦包圍到你不知如何處置，或者說難過的要死。但是難過還是有，可是你平常累積訓練下來的東西就會出現，它會在那邊看，那你這個痛苦悲傷也會在這裡，但是你不是像過去一樣整個被它包住。反過來，當這個力量比較強的時候，你會回來看它——你為什麼要有這種痛苦悲傷，這人生就是無常。這個時候就會有東西開始出來了，會回過頭來，這個力量強，它變成來cover你。

對於生老病死的一個正確的觀念，一般來講說煩惱、執著，可是我們只會講一個名相，事實上修行就是要從煩惱執著中跳脫出來，很多人都是避，想辦法閃它，想說閃了它以後就沒事啦!那我就不執著、不分別。……禪法裡面就是有一個很好的東西，你從裡面人的生老病死，無常中的苦痛，這個道理你接受它以後，你就會覺得那就是你的浮木，你去抓它，所以你抓的是那個知見，因為沒有人可

以勸醒你，也沒有人可以給你一個答案。一般來講憂鬱症
有輕跟重，重的人你也很難搞，輕的一半人現在社會百分
之七十人都有憂鬱症，輕的人你就給他一個著力點，就是
佛法裡面的正知見，就師父講的，就是如此呀，為什麼要
陷入到那個死胡同。

我運用最貼切的一次是在六、七年前我要動一個手術，
那是第一次進入手術房，會怕，本身有高血壓，手術開始
前一百八十幾，不能動，要讓血壓降下來，當時突然想到
為何不把默照方法拿出來試試看，就開始用，從會發抖到
慢慢把心沉澱下來，醫生問我全麻還是半麻，那時候想試
看看，看手術怎麼去體會，我說半麻，就開始擦消毒水，
那刀劃下去，肉掀開，裡面東西拿出來，就很清楚，一直
在看，那個過程發現這方法可以用到這個時候，就覺得
說人生到了一個更大的境界的時候，這方法可用，確實可
行，就利用那一次去驗證，到後來手術完，麻藥退了，
護士說麻藥退了會痛要按，我們就給你打止痛，我想要
體驗痛，從麻藥退了開始痛的地方去觀，當然後來還是
會痛，因為你會耗損。在這個裡面，就發覺師父所講的是
真的，不是騙人的。自己碰到這機會就拿出來驗證一下，
去體會一下，自己感覺到的一個變化是自己做事的心態、
心情會改變。

綜合上述的結果，默照禪修歷程中所促進的改變是身、
心、人際、生命態度等全方位的影響。

六、討論與結論

　　默照禪修在「放鬆」與「放下」的原則下，一方面不管妄念，回到方法——「默」，一方面知道自己的身心都在打坐——「照」，使身心鬆軟而安定，不再為緊張壓力所束縛，進而昇起觀照的智慧。由上節研究結果可以發現，生理症狀的改善明顯是由身心放鬆所致，而這項結果與國內外研究結果是一致的，而心理、人際，乃至生命態度的變化，則是由心的安定為基礎，而能覺察到自己的情緒，認知乃至行為的模式，進而摸索改善之道所致，是為「覺知的智慧」。也就是默照禪修歷程建構了一條往內如實地觀察自己的能力，憑藉著這個能力，禪修者逐漸走向心理健康的道路，釋家稱之為解脫的智慧。

　　然而站在促進心理健康過程的角度，研究者特別想強調這「覺知」的功效，因為所有的心理困境皆因「深陷其中」，而默照禪法訓練心的作用於「離妄念」的同時，又安定觀照自己在打坐這一念，於是心同時產生了離開困境和觀看自己的功能，由於觀看並不予以評斷或解釋，於是其中出現了一個凝視自己和困境的時間與空間，不再閃躲，同時也如實地接納所有。因此，這種覺知就可能創造出對自己或困境新的理解與詮釋。這也是楊淑貞等人對禪坐自我療癒力研究中所謂產生療效之機制所在。也就是說默照禪法之所以能促進這些禪修者的生命經驗產生正向的改變，其主要的機制在於默照禪的練習過程中，培養出「覺知的智慧」。這種智慧雖然尚未達到釋家所講「空的智慧」，但對個人的身心狀態與人際互動模式的覺察與接納卻有良好的影響。

西方學者對禪坐效能（Goldsteind Korfield, 1987；Walsh, 2000；Schmidt, 2004）的研究結果均集中在正念，並以安定和覺察做為支持因素。楊淑貞等人對禪坐之自我療癒力一文中顯示禪坐者自我療癒力的主要因素則加入慈悲的因素（2007）。上述研究其研究方法多為實證研究，其所關注的主要概念在於「自我療癒力」或「療效」，如本文前言所述，醫療的思維模式放在生命歷程的脈絡中看待時，仍然落在「疾病」的角度來看待人生的起伏，因此切割自我療癒為各種療效向度，其限制為無法將人視為一整體（wholeness）或一持續不斷變化的系統，而「覺知的智慧」一詞的使用，則是希望說明長期禪修者在歷程中逐漸具備這種人生態度，自然衍生出方法、技術和能力來因應各種生活事件。

因此，本研究的訪談者都很自然而然地以默照禪修的領悟，應用於日常生活當中，雖然原本的生命困境所切入的可能是生活、人際、工作等等的不順遂，但是最終會回到對生命存在價值的認知與肯定，此一現象意味著默照禪法不只對應了人們身心、社會等需求上的滿足，更將身心靈統合成為一種生命態度來面對人生的各種景況。

同時，不論禪修者的禪坐體驗到何種層次，在來來回回的練習過程中覺知到心的變化，進而在安定之餘深刻體會到自我、宇宙的存在與連結，「民胞物與」、「天人合一」的體驗，促使禪修者回觀「生命」為何，此時，縱使並未達到無心的開悟之境，慈悲之心在智慧的基礎上亦油然而生，「深陷其中」的壓力感逐漸紓緩，甚而轉化，並且超越此等自我超越的經驗，開發了靈性的世界。因此透過默照禪修歷程培養出「覺

知的智慧」的生命態度,建立身心靈的整體感,實為東方文明中促進心理健康的主要貢獻。

本研究為一初探,默照禪修歷程中實有太多細膩的轉化與超越,值得細細的爬梳,做為未來研究之參考,方能將默照禪法對人類身心靈健康的影響做更有系統的闡述。

參考文獻

1. 王明雯（1998），〈自我基模特性與心理健康之關係暨禪修對兩者的影響歷程之研究——以高中職學生為例〉（碩士論文，國立師範大學，1998），《全國博碩士論文資訊網》，086NTNU0328018。

2. 林俊彥、林宜玄、郭宗賢、郭彥谷（2006），〈以禪修紓解工作壓力俾建構有效率的人力資源管理〉，《健康管理學刊》，第四期，頁181-194。

3. 陳秀蓉（2006），〈葛印卡內觀禪修十日課程的心理健康研究〉（碩士論文，輔仁大學，2006），《全國博碩士論文資訊網》，095FJU00183003。

4. 溫宗堃（2006），〈佛教禪修與身心醫學——正念修行的療癒力量〉，《普門學報》，第三十三期，頁9-49。

5. 楊淑貞、林邦傑、沈湘縈（2007），〈禪坐之自我療癒力及其對壓力、憂鬱、焦慮與幸福感影響之研究〉，《玄奘佛學研究》，第七期，頁63-104。

6. 鍾秋玉（2004），〈超個人心理學的人觀及其在教育應用上的可能性〉，《實踐通識論叢》，第二期，頁27-47。

7. 聖嚴法師（1999），《禪門》，臺北：法鼓文化，頁75。

8. 聖嚴法師（1998），《禪與悟》，臺北：法鼓文化，頁183。

9. 聖嚴法師（2004），《聖嚴法師教默照禪》，臺北：法鼓文化，頁19、87。

10. 簡春安、鄒平儀（1998），《社會工作研究法》，臺北：巨流。

11. 黃瑞琴（1991），《質的教育研究方法》，臺北：心理。

Araas Teresa E.(2008), Associations of mindfulness, perceived stress, and health behaviors in college freshmen(Doctoral dissertation, Arizona State University). ProQuest Dissertation Consortium.

Degen Lara M.(2007), Acceptance-based emotion regulation, perceptions of control, state mindfulness, anxiety sensitivity, and experiential avoidance: Predicting response to hyperventilation(Doctoral dissertation, The American University). ProQuest Dissertation Consortium.

Greene Paul B.(2005), Stress reactivity, health, and meditation: A path analytic approach(Doctoral dissertation, Boston University). ProQuest Dissertation Consortium.

Hycner, R. H.(1985), Some guidelines for the phenomenological analysis of interview data. Human Studies, 8, 279-303.

Nice Philip R.(2008), Mindfulness interventions in the treatment of substance and mood disorders(Doctoral dissertation, Northcentral University). ProQuest Dissertation Consortium.

Goldsteind Korfield, 1987；Walsh, 2000；Schmidt, 2004.

How the Chan Practice of Silent Illumination Influence Mental Health: A Pilot Study

Pei Yang

Associate Professor

Preparatory Office of Dharma Drum University

▌Abstract

The major purpose of this pilot study is to find out how the meditation method of silent illumination related to the participants' mental health. Master Sheng Yen was an internationally well-known Chinese Chan teacher. Silent illumination is one method of his teaching in meditation. Thus, how the practice of silent illumination influences the meditators' mental health is the major interest of this study. Through the narratives of the research participants' life experiences, the influence of the method of silent illumination has been examined.

There are twelve senior meditators invited into focus groups to share their life experience about why they engaged into the practice of silent illumination and how the silent illumination influenced their lives. The data of the focus groups has been transcribed and analyzed.

The participant's life stories can be synthesized into four transformative stages: 1. encountering the bottleneck of their lives; 2. breaking hardship and calming body and mind; 3. understanding why suffered and looking for alternatives; 4. accepting puzzles in lives but holding the method of silent illumination to cope sufferings.

During the transformative stages there are four dimensions changed:

1.Physically: (1) through awareness and relaxation, physical syndromes decreased; (2) quality of sleep increased.

2. Psychologically: (1) decreasing negative emotional reaction and thinking; (2) increasing the self-awareness of behavior patterns; (3) acquainting how to transform the mind.

3. Interpersonally: (1) decending self-centered with smooth interpersonal interaction; (2) decreased interpersonal conflict with better emotional control; (3) looking for sincere communication to eliminate argument with no hurt.

4. Life attitude: (1) enriching life meaning through deep reflection; (2) cultivating a natural attitude toward death.

The wisdom of awareness has been recognized as a capacity for silent illumination meditators to deal with the hardship of lives in this research.

Key words：meditation, body-mind-spiritual health, wisdom of awareness, holistic caring, Master Sheng Yen

人間淨土系列 18

工作好修行

聖嚴法師的 38 則職場智慧

聖嚴法師 著

定價 180 元

　　自己與自己競爭，稱為「精進」；不是為了凸顯自己，而是一種力量的發揮。這種競爭不僅使社會大眾得到利益，同時也是自我的陶冶與訓練，可以幫助自己成長得更快速、更健康，也更健全。

——聖嚴法師

　　本書以自我實現與終身學習為核心，探討辦公室的人際關係、壓力管理、時間管理、領導藝術⋯⋯等專業課題，為現代人建構——工作與人生的雙贏新策略。

大智慧系列 7

禪無所求

聖嚴法師的〈心銘〉十二講

聖嚴法師 著
單德興 譯

定價 280 元

　　聖嚴法師以豐富的禪修經驗，釐清開悟者與各階段修行者的境界層次，指出修行者所應具備的正確態度，與應避免落入的陷阱；並從實修的角度，詳盡地解說「止與觀」、「定與慧」、「話頭與公案」的本質與作用，為牛頭法融禪師留下的古老詩偈，開闢一條解行並重的參悟大道。

聖嚴書院系列 4

聖嚴法師
教話頭禪

聖嚴法師 著

定價 260 元

話頭是金剛王寶劍，它與虛空等量。只要用話頭，妄念就好像漫天飛舞的雪花，一到火山口，雪花就融化了，連蒸氣都消失無蹤。

——聖嚴法師

「話」是語言，「頭」是根源，話頭，是超越文字分別，直問生命真相的禪修方法。聖嚴法師以《六祖壇經》的核心精神——無念、無相、無住，引導讀者放鬆身心，對治散亂、昏沉與起伏不定的煩惱；進而集中意念，突破邏輯慣性、自我執著等束縛，自然而然悟入空性，圓滿實踐六度波羅蜜。

智慧人系列 11

百法明門論講錄

釋繼程 著

定價 280 元

佛說一切法，為治一切心，若無一切心，何用一切法？

　　世親菩薩依《瑜伽師地論》要旨，將唯識學簡化為五位百法；當初學者掌握住心法、心所法、色法、心不相應行法及無為法的歸納架構，便能進一步深入經藏，洞察宇宙萬法的緣起。

　　繼程法師以「一切法無我」為核心，為現代人簡介一百個佛學名相，特別著重於「五十一心所法」的講解，引導讀者觀察、分析自己的心理活動與作用——積極啟發「善心所法」的無盡潛能，有效降低「煩惱心所法」的負面影響。

佛教會議論文彙編 5

觀世音菩薩
與現代社會

釋聖嚴等著
黃繹勳、William Magee 主編

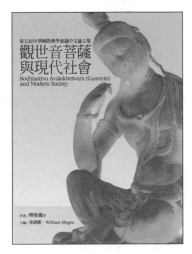

定價 400 元

　　觀世音菩薩以平等、慈悲的普世價值，成就大乘佛法弘傳過程中，最具特色的菩薩信仰。

　　2006 年第五屆中華國際佛學會議，以「觀世音菩薩與現代社會」為主題，邀集中外學者發表十一篇專論，共同探討——觀音思想、信仰之形成與演變，觀音修行法門與儀軌，觀音信仰與人文社會關懷，觀音圖像與藝術文學，觀音菩薩與區域、民間信仰；法鼓山世界佛教教育園區期望為「觀世音菩薩」注入更深廣的時代意義。

聖嚴思想論叢 3

聖嚴研究 第三輯
Studies of Master Sheng Yen Vol.3

編者	聖嚴教育基金會學術研究部
出版者	法鼓文化事業股份有限公司
主編	楊蓓
封面設計	黃聖文
內頁美編	連紫吟、曹任華
地址	臺北市北投區公館路186號5樓
電話	(02)2893-4646
傳真	(02)2896-0731
網址	http://www.ddc.com.tw
E-mail	market@ddc.com.tw
讀者服務專線	(02)2896-1600
初版一刷	2012年5月
建議售價	新臺幣380元
郵撥帳號	50013371
戶名	財團法人法鼓山文教基金會—法鼓文化
北美經銷處	紐約東初禪寺
	Chan Meditation Center (New York, USA)
	Tel: (718)592-6593 Fax: (718)592-0717

法鼓文化

國家圖書館出版品預行編目資料

聖嚴研究. 第三輯／聖嚴教育基金會學術研究部編
著. -- 初版. -- 臺北市：法鼓文化, 2012. 05
　　面；　公分（聖嚴思想論叢；3）
　　部分內容為英文
　　ISBN 978-957-598-588-2（平裝）

1.釋聖嚴 2.學術思想 3.佛教哲學 4.文集

220.9208　　　　　　　　　　101005860